核心素養的課程與教學

蔡清田　著

五南圖書出版公司 印行

推 薦 序 一

　　我國教育部已於2014年元月公布《十二年國民基本教育課程發展指引》，同年11月公布《十二年國民基本教育課程綱要總綱》以「核心素養」作為課程發展的主軸，並於2019年8月起逐年正式實施新《十二年國民基本教育課程綱要》，此次課程改革可説是我國國民教育的重大變革，在合乎新課程綱要原則下，鼓勵教師進行核心素養的課程教學改革。本書作者蔡清田教授根據參與十二年國教課程改革研究經驗，以及多年從事課程學術研究的理據，撰寫本書包括第一章核心素養的教育論、第二章核心素養的課程論、第三章核心素養的教學論、第四章核心素養的學習論、第五章核心素養的評量論，相信本書的出版，能對核心素養研究做出一定的貢獻。本書完成我先睹為快且學習良多，因此不敢獨享，希望與教育同道共享，故特別加以推薦。

國立中正大學教育學研究所榮譽教授

黃光雄

於2020年1月

推薦序二

　　「核心素養」受到許多國際組織的重視，特別是「聯合國教育、科學與文化組織」、「歐洲聯盟」、「經濟合作與發展組織」等國際組織，近年來十分重視「核心素養」的未來課程。十二年國民基本教育具有課程改革的時代意義，蔡清田教授曾經參與《全方位的國民核心素養之教育研究》，並擔任國家教育研究院所推動的《中小學課程相關之課程、教學、認知發展等學理基礎與理論趨向之研究》、《K-12中小學課程綱要之核心素養與各領域之連貫體系研究》及《K-12一貫課程綱要各教育階段核心素養與各領域課程統整之研究》等整合型研究計畫主持人，他根據參與十二年國教課程改革研究經驗，撰寫《核心素養的課程與教學》一書，包括第一章核心素養的教育論、第二章核心素養的課程論、第三章核心素養的教學論、第四章核心素養的學習論、第五章核心素養的評量論，相信本書的出版，能對核心素養研究，提升學生核心素養，做出貢獻，我非常樂見此書之出版，故特別加以推薦。

國立臺中教育大學校長

王如哲

於2020年1月

自 序

「核心素養」受到許多國際組織的重視，特別是受到「聯合國教育、科學與文化組織」（United Nations Educational, Scientific and Cultural Organization）、「歐洲聯盟」（European Union）、「經濟合作與發展組織」（Organisation for Economic Co-operation and Development）之影響，並將之納入其會員國課程改革之核心，成為課程綱要的教育目標之重要來源。在國際全球共同重視核心素養的大時代背景下，作者撰寫《核心素養的課程與教學》，以「核心素養」作為「大觀念」，指出「核心素養的教育、課程、教學、學習、評量之五論模式」（簡稱核心素養的ECTLA理論模式），說明「核心素養」是「可以透過教育加以引導」、「可以透過課程加以規劃」、「可以透過教學加以培養」、「可以透過學習獲得成就」、「可以透過評量加以推估」。

本書組織架構經過精心設計，具有系統性邏輯體系，指出五個重要改變，包括第一章「核心素養的教育論」，闡述國際組織的相關教育研究，次論核心素養的教育理念價值，探討核心素養課程改革之特色及一個核心三面九項的核心素養教育內涵，再論「教育階段核心素養」之設計。第二章「核心素養的課程論」，指出「以核心素養為導向的課程改革」，可透過學校課程規劃，導引領域／科目課程連貫與統整，強調「核心素養」的學校本位課程發展模式（Core Competence School-Based Curriculum Development Model）；第三章「核心素養的教學論」，提出「核心素養的教學原理」與「核心素養的OSCP教案設計模式」；第四章「核心素養的學習論」，提出「核心素養的SIE學習模式」與「核心素養的學習原理」，歸納出核心素養的「深度學習策略」；第五章「核心素養的評量論」，根據核心素養「冰山模式」，提出「核心素養的SIEA學習評量模式」。本書系統地論述核心素養的教育論、課程論、教學論、學習論、評量論，可以回應各界對核心素養的殷切盼望。本書有助於準備公務人員高普考試、教師甄試、教師資格檢定

考試之「課程與教學」考科用書，並能提供各級學校教師與課程研究發展人員，作為進行課程發展設計之參考，特別是可供校長、主任領導學校課程發展委員會及各領域教學研究會開發學校課程之重要工具書；亦可提供關心教育改革的政府與民間相關人士，作為推動課程改革的參考，更可提供各大學相關系所及師資培育中心開設「核心素養」、「課程與教學」、「課程教學論」、「課程發展與設計」、「課程改革」、「學校課程革新」等科目的教學用書與研究參考工具。

蔡清田

於國立中正大學教育學院

2020年1月

目　錄

第一章 核心素養的教育論

　　「核心素養」（core competence）是指一個人爲適應現在生活及面對未來挑戰，所應具備的知識、能力、態度（教育部，2014；國家教育研究院，2014a；2014b；陳伯璋、張新仁、蔡清田、潘慧玲，2007；黃光雄、蔡清田，2015；UNESCO, 2003；OECD, 2005；EU, 2005），而且「核心素養是可以教導出來的」，透過「核心素養」的學校教育課程規劃，可以協助教師進行核心素養的課程統整及教學設計（林永豐，2019；林進材，2019），更可以引導學生學習獲得「核心素養」（蔡清田，2016）。因此，許多國際組織的會員國皆透過延長國民基本教育（national basic education），提高學生離校年齡（school leaving age）（McCulloch, 2019），透過「核心素養」的學校教育課程規劃（蔡清田，2018），引導學生學習因應社會生活所需的「核心素養」（UNESCO, 2003; EU, 2005; OECD, 2005）；一方面協助個人發展獲得「優質生活」，另一方面促進社會發展協助人類因應「優質社會」的生活挑戰（OECD, 2018; Rychen & Salganik, 2003）。

　　尤其是現代人類面臨新世紀「工業4.0」人工智慧（Artificial Intelligence）的資訊科技社會生活，這是一個全球化快速變遷、強調創新、創業、創造的區塊鏈（Block Chain）、加密電子貨幣（Cryptocurrency）、新製造及物聯網（Internet of Things）的共享經濟趨勢新時代（李子建、姚偉梅、許景輝，2019），如能透過「核心素養」的教育，將可培養斜槓青年（Slash）獲得「優質生活」，擁有多重職業身分如律師／演員／設計師的精采生活，成爲「優質社會」跨領域的 π 型人才（蔡清田，2019）。因應社會生活需要的「素養」與時俱進，不斷再概念化（reconceptualization），已由過去強調讀書識字的知識（Knowledge）之「素養1.0」、進化到重視做事技術能力（Skill）的「素養2.0」、能力再進化爲用心的態度（Attitude）之「素養3.0」，並再升級爲統整知識、能力、態度的ASK「素養4.0」，亦即「素養4.0」＝（知識＋能力）^{態度}，不宜簡化或窄化爲過去傳統的能力觀（吳璧純、詹志禹，2018）；同樣地，「核心素養」的概念也與時俱進，歷經不斷升級進化再概念化，已由培養學科知識之「核心素養1.0」（蔡清田，2011），進化到重視基本能

力的「核心素養2.0」（蔡清田，2012），再進化到重視態度情意之「核心素養3.0」（蔡清田，2014），並再升級為統整學科知識、基本能力、態度情意的「核心素養4.0」包括core competence、key competencies、literacy、ability、knowledge、skill、capacity、proficiency、attitude、responsibility、value、character、competence（素養的總稱）／competency（單項的素養）／competencies（多項的素養）等概念（蔡清田，2018），亦即因應「工業4.0」優質社會生活所需的「核心素養4.0」＝（學科知識＋基本能力）^{態度情意}（蔡清田，2019）。

　　面對新世紀「工業4.0」資訊科技社會變遷的全球化教育改革浪潮，臺灣海峽兩岸的中小學基礎教育邁向「核心素養」的新時代。2014年8月1日我國實施「十二年國民基本教育」，2014年11月28日公布《十二年國民基本教育課程綱要總綱》，以「自發」、「互動」及「共好」為基本理念，以「成就每一個孩子——適性揚才、終身學習」為願景（教育部，2014；國家教育研究院，2014a；2014b），而「核心素養」正是「十二年國民基本教育」新課程綱要的DNA（蔡清田，2014），教育部「十二年國民基本教育課程審議委員會」於2019年6月22日下午完成歷經2年6個月又29天的所有《十二年國民基本教育課程綱要》相關審議，並於同年8月1日新學年度正式實施「十二年國民基本教育」新課程綱要，指引學校進行「核心素養」課程發展（蔡清田，2018），引導學生學習現在及未來生活所應具備的「核心素養」（蔡清田，2019）。這彰顯學校教育扮演著重要角色，透過課程規劃與教學設計，可使師生對於「核心素養」有所理解，並體認到「核心素養」的重要性，引導學生習得「核心素養」。尤其是面對「工業4.0」資訊科技社會的來臨，學校必須評估課程發展現況，引導學生學習因應現在及未來「優質社會」生活所需「核心素養」（蔡清田、陳伯璋、陳延興、林永豐、盧美貴、李文富、方德隆、陳聖謨、楊俊鴻、高新建、李懿芳、范信賢，2013）。因此，我國政府、師資培育大學、各級學校教師宜同舟共濟合力進行十二年國民基本教育的「核心素養」課程改革，透過學校課程規劃，並經由各領域／科目課程設計與實施，培養具有核心素養之健全公民。無獨有偶地，2016年9月中國大陸內地正式對外發布《中

國學生發展核心素養》總體框架，隨後教育部2018年1月發布新修訂《普通高中課程方案及課程標準》，明確了學科領域／科目核心素養要求。但是究竟如何讓「核心素養」在學校教育的課程教學和學習情境落實？這是有待進一步探究的重要議題，是以本書聚焦研究「核心素養」的「教育論」、「課程論」、「教學論」、「學習論」、「評量論」，進而有效引導教育、課程、教學、學習與評量的緊密聯結實踐核心素養。

　　本書組織架構經過精心設計具有邏輯體系，系統指出核心素養的「教育論」（Education）、「課程論」（Curriculum）、「教學論」（Teaching）、「學習論」（Learning）、「評量論」（Assessment）之五論模式，簡稱為「核心素養的ECTLA理論模式」，如圖1-1「核心素養的教育、課程、教學、學習、評量之五論模式」所示，以「核心素養」作為大概念，說明「核心素養」是「可以透過教育加以引導」、「可以透過課程加以規劃」、「可以透過教學加以培養」、「可以透過學習獲得成就」、「可以透過評量加以推估」，強調核心素養的「教育論」、「課程論」、「教學論」、「學習論」、「評量論」之間連鎖反應關係密切，教育情境改變可促動課程教學學習評量的更新調整，以回應全球化資訊科技社會「工業4.0」的教育情境之新改變，尤其是「核心素養」的教育理念，可引導課程、教學、學習、評量的理念改變與實踐緊密聯結，有效縮短「核心素養」教育理念與教學現場的落差，將「核心素養」落實於學生學習經驗與生活情境中，一方面協助個人發展獲得「優質生活」，另一方面促進社會發展因應「優質社會」生活挑戰。

圖1-1　核心素養的教育、課程、教學、學習、評量之五論模式（簡稱核心素養的ECTLA理論模式）

　　簡言之，本書研究「核心素養的ECTLA理論模式」五個重點，第一章「核心素養的教育論」，闡述國際組織的相關教育研究，次論核心素養的教育理念價值，探討核心素養課程改革之特色及一個核心三面九項的核心素養教育內涵，再論「教育階段核心素養」之設計。第二章「核心素養的課程論」，指出「以核心素養為導向的課程改革」，可透過學校課程規劃，導引領域／科目課程連貫與統整，強調「核心素養」的學校本位課程發展模式（Core Competence School-Based Curriculum Development Model），可作為學校本位課程發展以實踐核心素養之參考；第三章「核心素養的教學論」，提出「核心素養的教學原理」與「核心素養的OSCP教案設計模式」，並闡述教師進行核心素養教學，應調整過去偏重學科知識灌輸教學型態，改為著重扮演「助學者」的角色，採專業化的「適性教學」、個別化的「差異教學」與精確化「有效教學」等策略；第四章「核心素養的學習論」，提出「核心素養的學習理念」、「核心素養的SIE學習模式」與「核心素養的學習原理」，進而歸納出核心素養的「深度學習策略」，呼籲由傳統的「淺層學習」翻轉為「深度學習」，由「被動學習」翻轉為「自主學習」，由「虛假學習」翻轉為「情境學習」，由「個體學習」翻轉為「合作學習」；第五章「核心素養的評量論」，論述「核心素養」的理念本質，根據核心素養「冰山模式」提出「核心素養的SIEA學習評量模式」，說明可運用「真實學習」之評量（簡稱「真實評量」〔authentic assessment〕）推估「核心素養」的表現水準，稍後請詳見各章闡述。

　　本章「核心素養的教育論」說明「核心素養」是「可以透過教育加以引導」，並強調由養成基本能力升級為「核心素養」的培養，首先，闡述核心素養的國際社會情境，探討國際組織相關教育研究，指出「核心素養」教育論的意涵，在於強調開展學生學習潛能，實現終身學習理念，培養學生因應社會生活所需的「核心素養」，次論核心素養理念的教育價值，探討「核心素養」課程改革之教育特色、一個核心三面九項的「核心素養」教育內涵，再論「教育階段核心素養」之設計，分述如次：

一、核心素養的國際組織教育研究

　　「核心素養」是建立在國內外相關研究基礎上，包括「聯合國教育、科學與文化組織」（United Nations Educational, Scientific and Cultural Organization，以下簡稱「聯合國教科文組織」）（UNESCO, 2003）、「經濟合作與發展組織」（Organisation for Economic Co-operation and Development）（OECD, 2005）、「歐洲聯盟」（European Union）（EU, 2005）等國際組織「核心素養」之理念與實踐。本章探討「核心素養的教育論」，一方面強調學校教育價值功能，重視透過教育促進個體的全人發展，實施「十二年國民基本教育」課程改革，提升學生「核心素養」（陳伯璋、張新仁、蔡清田、潘慧玲，2007；蔡清田、陳延興、吳明烈、盧美貴、陳聖謨、方德隆、林永豐，2011）；另一方面，「核心素養」屬於新興的教育理念，具有課程與教學之教育研究價值（林崇德，2016；崔允漷，2016；鍾啓泉，2016；余文森，2017；楊向東，2017；黃瑞菘，2018；楊俊鴻，2018；靳玉樂、張銘凱、鄭鑫，2018；蔡清田，2019），可作爲建構「核心素養」之教育理論與實踐基礎。

　　就「核心素養」之教育理念而言，「核心素養」是指一個人爲適應現在生活及面對未來挑戰，所應具備的知識、能力、態度（教育部，2014；國家教育研究院，2014a；2014b；UNESCO, 2003；OECD, 2005；EU, 2005），是代表社會成員所應具備的共同素養，具有關鍵的、必要的、重要的特質（洪裕宏、胡志偉、顧忠華、陳伯璋、高湧泉、彭小妍等人，2008；陳伯璋、張新仁、蔡清田、潘慧玲，2007；蔡清田，2012），「核心素養」是公民處於社會須具備之「關鍵的素養」，是個人生活所需之「必要的素養」，更是社會國家發展人力資本所不可或缺的「重要的素養」。「核心素養」之所以受到世界各國重視並將之納入學校教育課程改革，是受到「聯合國教科文組織」、「歐洲聯盟」、「經濟合作與發展組織」等影響，這些國際組織均設有專門委員會或專門組織進行研究，研發制訂過程相當嚴謹，指出「核心素養」應涵蓋知識、能力與態度三要素，唯有這三要素均能充分展現，較能在實際情境中評估應用，具課程改革參

考價值（蔡清田、陳延興、吳明烈、盧美貴、陳聖謨、方德隆、林永豐，
2011；蔡清田、洪若烈、陳延興、盧美貴、陳聖謨、方德隆、林永豐、李
懿芳，2012；蔡清田、陳伯璋、陳延興、林永豐、盧美貴、李文富、方德
隆、陳聖謨、楊俊鴻、高新建、李懿芳、范信賢，2013），論述如下：

（一）聯合國教育、科學與文化組織的「核心素養」

「聯合國教育、科學與文化組織」係由二十一世紀國際教育委員會
（International Commission on Education for the Twenty-first Century）負
責研究「核心素養」，在2002年提出「素養十年」計畫，以「素養」爲教
育核心，指出「素養」是個體進行「終身學習」的關鍵要素；特別是2003
年「聯合國教育、科學與文化組織」的教育研究所出版《開發寶藏：願
景與策略2002-2007》（*Nurturing the Treasure: Vision and Strategy 2002-
2007*），新增加了「學會改變」（learning to change），將之視爲終身學
習「核心素養」的第五支柱（UNESCO Institute for Education, 2003），
充實了原於1996年《學習：蘊藏寶藏》（*Learning: The treasure within*）
報告書提出「學會求知」（learning to know）、「學會做事」（learning
to do）、「學會共處」（learning to live together）、「學會自處」（學會
自我實現）（learning to be）等終身學習「核心素養」的四大支柱；這些
「核心素養」彼此緊密關聯，且現代公民要具備「核心素養」，則須先學
會學習如何學習，俾核心素養能在各面向日益精進，如表1-1「聯合國教
育、科學與文化組織」的「核心素養」（UNESCO Institute for Education,
2003）。

（二）經濟合作與發展組織的「核心素養」

「經濟合作與發展組織」進行《素養的界定與選擇》（Definition
and Selection of Competencies: Theoretical and Conceptual Foundations，
簡稱DeSeCo）之跨國研究，由瑞士聯邦統計局（Swiss Federal Statistical
Office）主導推動，並與美國教育部（U.S. Department of Education）的國
家教育統計中心（National Center for Education Statistics，簡稱NCES）以

表1-1 「聯合國教育、科學與文化組織」的核心素養

核心素養架構的五大支柱	核心素養的十七項內涵
學會求知	1.學習如何學習 2.專注力 3.記憶力 4.思考力
學會做事	1.職業技能 2.社會行為 3.團隊合作 4.創新進取 5.冒險精神
學會共處	1.認識自己的能力 2.認識他人的能力 3.同理心 4.實現共同目標的能力
學會自處（學會自我實現）	1.促進自我實現 2.豐富人格特質 3.多樣化表達能力 4.責任承諾
學會改變	1.接受改變 2.適應改變 3.積極改變 4.引導改變

及加拿大統計局（Statistics Canada）共同研究「核心素養」（Rychen & Salganik, 2003）。「經濟合作與發展組織」從1997年至2005年提出總結報告為止（OECD, 2005），進行將近九年大規模研究《素養的界定與選擇》，界定「能互動地使用工具溝通」（using tools interactively）、「能在異質社群中進行互動」（interacting in socially heterogeneous group）與「能自律自主地行動」（acting autonomously）等三組「核心素養」各涵蓋了三項具體內涵如表1-2（OECD, 2005; Rychen & Salganik, 2001, 2003），提供「核心素養」的理論基礎，構成一個嚴謹架構，深具課程改革意義，說明如次：

表1-2　「經濟合作與發展組織」的核心素養

核心素養的三維架構	核心素養的九項內涵
「能自律自主地行動」	1. 能在宏觀開闊而圖像遠大的環境脈絡中進行行動 2. 能規劃並執行生活的計畫與個人的人生計畫 3. 能捍衛維護與伸張自己的權利、利益、限制與需求
「能互動地使用工具溝通」	1. 能互動地使用語言、符號與文本 2. 能互動地使用知識與資訊 3. 能互動地使用科技
「能在異質社群中進行互動」	1. 能與他人維持優質人際關係 2. 能與人團隊合作 3. 能管理與解決衝突

　　「經濟合作與發展組織」強調這些「核心素養」是現代公民因應社會生活所需的關鍵素養，需透過終身學習的歷程來達成核心素養之培養，其主要目標為「建構一個關聯到個人立基於終身學習所欲發展之核心素養架構」，由個人關聯到家庭、社區、社會、國家（蔡清田、陳延興、吳明烈、盧美貴、陳聖謨、方德隆、林永豐，2011），前瞻地探索「優質社會」公民應具備的核心素養（陳伯璋、張新仁、蔡清田、潘慧玲，2007），一方面協助個人發展獲得「優質生活」，另一方面促進社會發展協助人類因應「優質社會」生活，以促成「成功的個人生活」（successful life）及「功能健全的社會」（well-functioning society）（Canto-Sperber & Dupuy, 2001; Rychen & Salganik, 2003）。

　　1. 第一組「能自律自主地行動」，強調個人「相對的自律自主性」與「自我認同主體」；是指人格發展與決定、選擇與行動的相對自律自主性，強調個體具有掌握大局的情境視野，以便與外在世界產生互動；這類「核心素養」包括：(1)能在宏觀開闊而圖像遠大的環境脈絡中進行行動；(2)能規劃並執行生活的計畫與個人的人生計畫；(3)能捍衛維護與伸張自己的權利、利益、限制與需求。有趣的是，「經濟合作與發展組織」的《素養的界定與選擇》之「能自律自主地行動」所提及之三項「核心素養」，

實際上與「聯合國教育、科學與文化組織」的「學會自處」、「學會做事」、「學會改變」等面向相通，其中能在宏觀開闊而圖像遠大的環境脈絡中進行行動，乃為「學會做事」不可或缺之「核心素養」；能規劃並執行生活的計畫與個人的人生計畫，捍衛維護與伸張自己的權利、利益、限制與需求的核心素養，則可與「聯合國教育、科學與文化組織」所提出「學會自處」（學會自我實現）、「學會改變」等面向相通（蔡清田、洪若烈、陳延興、盧美貴、陳聖謨、方德隆、林永豐、李懿芳，2012）。

2. 第二組「能在異質社群中進行互動」，其焦點強調學習者個人與他人的人際互動，尤其是與不同族群、不同文化背景、不同價值的他人之間互動。這是指適應多元文化、多元價值與多族群、多種族、多宗教等異質社群的素養；包括：(1)能與他人維持優質人際關係；(2)協同合作；(3)能管理與解決衝突。這些「核心素養」與「聯合國教育、科學與文化組織」所提出的「學會共處」面向之「核心素養」相互呼應。

3. 第三組「能互動地使用工具」，其焦點強調公民能使用物質的與社會文化的工具（包括語言與傳統學術科目），以便與世界產生互動，包括：(1)能互動地使用語言、符號與文本，用以理解世界宇宙和與人溝通，發展知識與有效與環境互動；(2)能互動地使用知識與資訊；(3)能互動地使用科技。「經濟合作與發展組織」的《素養的界定與選擇》之「能互動地使用工具」的這些「核心素養」與「聯合國教育、科學與文化組織」所提及的「學會求知」、「學會改變」等面向之「核心素養」相互輝映（蔡清田、陳伯璋、陳延興、林永豐、盧美貴、李文富、方德隆、陳聖謨、楊俊鴻、高新建、李懿芳、范信賢，2013）。

「經濟合作與發展組織」根據《素養的界定與選擇》之研究架構，進行「國際學生評量計畫」（Programme for International Student Assessment，簡稱PISA）調查發現，在大部分國家生活中所需具備的關鍵知識與技能有待加強，甚至有些國家有超過三分之一的學生無法完成適當的閱讀任務，而這卻是公民所應具備的素養（洪裕宏、胡志偉、顧忠華、陳伯璋、高湧泉、彭小妍等人，2008）。因此「經濟合作與發展組織」2009年正式公布的「國際學生評量計畫」文件（PISA 2009 Assessment

Framework: Key Competencies in Reading, Mathematics and Science）
（OECD, 2009），特別強調「核心素養」重要性。

　　值得注意的是，「經濟合作與發展組織」進行《素養的界定與選擇》，提出「能互動地使用工具溝通」、「能在異質社群中進行互動」與「能自律自主地行動」等三面向的「核心素養」，進而提出「邁向未來2030年的教育與技能」之學習架構（OECD, 2018），強調「核心素養」能統整知識、能力、態度價值，能協助每一位學習者透過學習累積生活經驗，探索未來社會公民應具備的全方位「核心素養」（陳伯璋、張新仁、蔡清田、潘慧玲，2007），發展成為實踐學習潛能的「全人」（whole person）（蔡清田，2019），並建構關於個人、群體與全球人類生活的「優質社會」幸福感（well-being）（OECD, 2018）；此種強調「核心素養」導向教育、全人教育的精神、營造個人與社會的幸福感（楊俊鴻，2018），相似於我國《十二年國民基本教育課程綱要》的「核心素養」，同時涵蓋知識、能力、態度等內涵，旨在培養「終身學習者」的一個核心三面向的核心素養（教育部，2014；蔡清田，2014）。

（三）歐洲聯盟的「核心素養」

　　「歐洲聯盟」將培養「核心素養」視為因應新世紀「工業4.0」資訊科技社會與全球經濟的重要教育改革策略，以促進公民的就業力、社會融合、積極主動的公民資質以及個人發展。西元2000年歐盟高峰會議於里斯本（Lisbon）召開，確認要從終身學習的角度，為教育建構一套「核心素養」（蔡清田、陳延興、吳明烈、盧美貴、陳聖謨、方德隆、林永豐，2011），作為歐盟各會員國的共同教育目標，並由歐盟執行委員會（European Commission）負責執行此一「里斯本策略」（Lisbon strategy）。2002年歐盟為了解各國在國民教育階段的「核心素養」，曾進行一大規模調查活動，稱為「Eurydice核心素養調查」。其目的在調查該國認為哪些「核心素養」具有何種程度、有關「核心素養」之課程改革範圍如何、學校課程活動與跨學科領域課程目標如何支持「核心素養」。從此一調查結果，歐盟得以更精準掌握各國狀況。歐盟執行委員會在2002

年第一次工作報告中提出八項「核心素養」，及各領域所需之知識、能力與態度。2003年持續就有關社會與人際能力、文化表達、學習如何學習、成人識字等項目，提出第二次進程報告。2004年則特別注重一致的終身學習策略，以及確保所有公民在資訊科技社會中，皆具備「優質生活」與「優質社會」所需之「核心素養」（王世英、張鈿富、吳慧子、吳舒靜，2009）。

　　歐盟執行委員會於2005年提出《終身學習核心素養：歐洲參考架構》，界定：1.母語溝通；2.外語溝通；3.數學素養以及科技基本素養；4.數位素養；5.學習如何學習；6.人際、跨文化與社會素養以及公民素養；7.積極創新應變的企業家精神；8.文化表達等，為終身學習八大「核心素養」（European Commission, 2005）。歐盟並透過相關目標規劃之教育方案，以培養上述「核心素養」，旨在促使歐洲人能更積極參與永續發展並行使民主公民權，以增進歐洲繁榮與社會融合（European Union, 2007）。此一「核心素養」架構如表1-3「歐洲聯盟的核心素養」，於2006年正式被歐洲議會採用，成為各會員國的實踐策略（European Commission, 2007）。

表1-3　歐洲聯盟的核心素養

核心素養的八大架構	貫穿核心素養的七項共同能力
1.母語溝通 2.外語溝通 3.數學素養以及基本科技素養 4.數位素養 5.學習如何學習 6.人際、跨文化與社會素養以及公民素養 7.積極創新應變的企業家精神 8.文化表達	1.批判思考 2.創造力 3.主動積極 4.問題解決 5.風險評估 6.作決定 7.感受管理

　　歐盟八大「核心素養」的建構，係涵蓋了歐盟會員國的政策決策者、學者專家、實務工作者等各領域人士共同參與，這些「核心素養」彼此連結且相互支持。特別是語言、識字、數學及資訊與通訊科技等素養是必要的學習基礎，學習如何學習的素養則支持一切學習活動之進行；此外，批

判思考、創造力、主動積極、解決問題、風險評估、作決定、感受管理係貫穿於八項「核心素養」之內，扮演著重要角色（European Commission, 2005; 2007）。

　　上述「聯合國教育、科學與文化組織」、「歐洲聯盟」、「經濟合作與發展組織」等等國際組織會員國的先進國家，紛紛推動「核心素養」相關研究的課程改革。特別是「經濟合作與發展組織」根據《素養的界定與選擇》之跨國研究，推動「國際學生評量計畫」（簡稱PISA），試圖協助各國學生不僅擁有閱讀、數學、科學等方面的素養，並具有能在複雜社會解決問題的核心素養。例如：美國配合「經濟合作與發展組織」進行《素養的界定與選擇》研究，提出溝通與資訊處理、規劃與管理、系統導向、社會素養與團隊合作、公民素養、價值導向、自主行動者等核心素養。美國教育部及全國教育協會（National Education Association）與著名跨國公司如蘋果（Apple）、微軟（Microsoft）、戴爾（Dell Computer）、思科（Cisco Systems）等大公司組成產官學界合作組織創辦「新世紀技能聯盟」（Partnership for 21st Century Skills，簡稱P21），於2008年發表《二十一世紀技能、教育和競爭力報告》（*21st Century Skills, Education, and Competitiveness*），規劃培育二十一世紀人才所需的技術能力架構，包括：1.學習與創新技能（Learning and Innovation Skills）；2.資訊、媒體與科技技能（Information, Media and Technology Skills）；3.生活與生涯工作技能（Life and Career Skills）。

　　德國配合「經濟合作與發展組織」進行《素養的界定與選擇》研究計畫，並依其國情參考《素養的界定與選擇》年度成果報告（OECD, 2002），將素養分為基礎素養（fundamental competencies）以及進階的核心素養（further key competencies）。基礎素養包括理解知識（intelligent knowledge）、應用知識（applicable knowledge）、學習素養（learning competency）、使用工具的素養（instrumental competency）、社會素養（social competency）、價值導向（value orientation）；進階的核心素養包括網際網路素養（thinking in networks）、後設認知與後設知識（meta-cognition and meta-knowledge）、溝通素養（communication competency）、媒體素養（media competency）、經濟素養（economic competency）、文化素養（cultural competency）、跨文化素養（intercultural competency）、情緒智能（emotional intelligence）、動機（motivation）等「核心素養」（Trier, 2003）。

　　紐西蘭受到「經濟合作與發展組織」進行《素養的界定與選擇》之影響（Hipkins, 2010），在其「國定課程架構」（National Curriculum Framework）公布四種「核心素養」（Ministry of Education, 2005）：重視思考、能互動地使用工具溝通（using tools interactively）、能在異質社群中進行互動（interacting in socially heterogeneous group）與自律自主地行動（acting autonomously），特別強調個人自律自主的自我管理、人際關係、社會參與貢獻等公民「核心素養」（MOE, 2007）。澳洲於1990年代進行以核心素養為本的教育（key competencies based education，簡稱KC教育）（成露茜、羊憶蓉，1996），相當接近臺灣過去的基本能力或關鍵能力，芬（Finn）委員會於1991年所提出的「青年人於義務教育後的繼續教育與培訓參與」（Young People's Participation in Post-compulsory Education and Training）強調實際工作及生活能力，是青年人準備就業須學習與職業相關的核心素養（employment-related key competencies），扭轉過去以知識本位的教育，轉而強調解決問題、溝通及資訊、團隊合作等生活及工作所需之素養（羊憶蓉，1996；成露茜、羊憶蓉，1996；許菊芳，2007），透過學校教育培養公民具備終身學習、職業投入及社會參與的「核心素養」（DEST, 2005）。梅爾委員會（Mayer Committee, 1992）更提出「核心素養」報告，指出青年人為有效參與新興工作組織及型態的七項「核心素養」分別為：1.蒐集、分析、組織資訊（Collecting, Analysing and Organising Information），2.溝通觀念及資訊（Communicating Ideas and Information），3.規劃與組織活動（Planning and Organising Activities），4.與他人團隊合作（Working with Others and in Teams），5.數學概念與技術應用（Using Mathematical Ideals and Techniques），6.解決問題（Solving Problems），7.應用科技（Using Technology），此七大「核心素養」並分為三個層次水平，各層次對學生

應達成之學習目標有不同水準的描述。澳洲所發展出之「核心素養」內涵已整合於「二十一世紀國家學校教育目標」（MCEETYA, 1999），此外並加入自然生態、生命態度及生活規劃、公民意識、文化尊重與理解等面向目標，使其架構更完整。2002年提出《未來所需就業力技能》白皮書指出「就業力技能架構」（employability skills framework），教育目的在於培養所需八項「核心素養」：1.溝通技能、2.團隊合作技能、3.解決問題技能、4.原創與進取技能、5.規劃與組織技能、6.自我管理技能、7.學習技能及8.科技技能。澳洲各州教育廳長更在2010年12月8日的教育、幼兒發展與青少年事務部委員會（Ministerial Council for Education, Early Childhood Development and Youth Affairs, MCEECDYA）第七次會議中正式認可國家中小學統一課程綱要（Australian Curriculum）（陳明印，2011；MCEECDYA, 2010）。

　　英國國定課程的「核心素養」是指普通的、可移動的、對未來生活有關鍵作用的素養（Qualification and Curriculum Authority, 2006），是完成任務時不可或缺的重要素養，並可適應社會情境變化（蔡清田，2003；Qualification and Curriculum Development Authority, 2010）。1990年英國國定課程委員會（National Curriculum Council）提出「16-19歲的核心素養課程」，強調「核心素養」在16-19歲教育的重要性；2000年配合「課程2000」推行「核心素養」之證書與課程（Qualifications and Curriculum Authority, 2000a; 2000b; 2000c）。英國證書與課程署（Qualifications and Curriculum Authority, 1999a; 1999b; 1999c），指出「核心素養」包括：1.溝通能力、2.數字應用、3.資訊技術、4.與他人合作、5.學習和業績的自我提升、6.解決問題，前三項是英國國家職業資格課程必修的「核心素養」，後三項是廣泛的一般素養，已列出未來生活所須具備的素養；大學畢業生則應具備學習能力、工作獨立性、書寫溝通技巧、團隊工作、壓力下工作、正確專注細節、集中力、口語溝通、解決問題、原創力、適應力及容忍力（王如哲，2008）。

　　從國際接軌的觀點而言，國際組織的相關研究可融合互補作為我國核心素養之理論基礎，如表1-4「核心素養與國際組織主要研究對照表」（蔡

清田，2014）所示：

表1-4　核心素養與國際組織主要研究對照表

相關研究 / 面向	蔡清田等（2011）核心素養	UNESCO（2003）	OECD（2005）	European Commission（2007）
自主行動	身心素質與自我精進	學會自處（學會自我實現）	保護及維護權利、利益、限制與需求的能力	
	系統思考與解決問題	學會改變學會自處（學會自我實現）	管理與解決衝突的能力 在廣泛脈絡情境的行動能力	學習如何學習 批判思考 解決問題 風險評估 作決定
	規劃執行與創新應變	學會改變學會做事學會自處（學會自我實現）	形成及執行生活方案與個人計畫的能力	創造力 創業家精神 主動積極 風險評估 感受管理
溝通互動	符號運用與溝通表達	學會求知學會改變	使用語言、符號與文本互動的能力	母語溝通 外語溝通 數學能力以及基本科技能力 學習如何學習 文化表達
	科技資訊與媒體素養	學會求知學會改變	使用知識與資訊互動的能力 使用科技互動的能力	數位能力
	藝術涵養與美感素養	學會求知學會改變		文化表達

相關研究 面向	蔡清田等（2011）核心素養	UNESCO（2003）	OECD（2005）	European Commission（2007）
社會參與	道德實踐 與 公民意識	學會共處	保護及維護權利、利益、限制與需求的能力	人際、跨文化與社會能力以及公民能力
	人際關係 與 團隊合作	學會共處	與他人建立良好關係的能力 團隊合作能力 管理與解決衝突的能力	人際、跨文化與社會能力以及公民能力
	多元文化 與 國際理解	學會共處		文化表達 人際、跨文化與社會能力以及公民能力

　　我國的「核心素養」建立在中小學相關課程發展基礎研究之上，包括聯合國教科文組織、經濟合作與發展組織、歐盟等國際組織的「核心素養」，以及國內「核心素養」相關研究文獻與政策文件（蔡清田、陳伯璋、陳延興、林永豐、盧美貴、李文富、方德隆、陳聖謨、楊俊鴻、高新建、李懿芳、范信賢，2013），兼顧接軌國際學術研究與延續本土研究的雙重理論依據，一方面看見世界的「寬」、突破國內研究視野的「框」，另一方面因應國內本土教育之需要，邁向國際學術研究趨勢，促成「核心素養」的國際研究與本土研究的雙重視野交融；特別是「經濟合作與發展組織」的「邁向2030年教育與技能的未來」計畫，指出圖1-2「邁向2030年的學習架構」，強調核心素養是能統整「知識」、「能力」、「態度」等教育要素之「行動實踐智慧」（蔡清田，2018），承諾協助每一位學習者發展成為「全人」（whole person），並建構關於個人、群體與全球人類生活的幸福感（well-being），形塑一個「優質社會」的共同美好未來（楊俊鴻，2018；蔡清田，2019；OECD, 2018）。上述「核心素養」的國際組織研究，可作為研擬「核心素養」之參考，但不能一味將國外的研究移植到我國教育情境中，宜研擬出合我國文化、社會經濟、教育特色

的「核心素養」，以作為新課程綱要的課程目標之來源，據此進行課程規劃、教學設計實施，這將可對我國「十二年國民基本教育」課程綱要之擬定與實施，提供適切的理論依據，促使課程改革更具有「合理性」及「正當性」（陳伯璋、張新仁、蔡清田、潘慧玲，2007；蔡清田，2011；蔡清田，2012；蔡清田、陳延興、吳明烈、盧美貴、陳聖謨、方德隆、林永豐，2011；蔡清田、洪若烈、陳延興、盧美貴、陳聖謨、方德隆、林永豐、李懿芳，2012）。

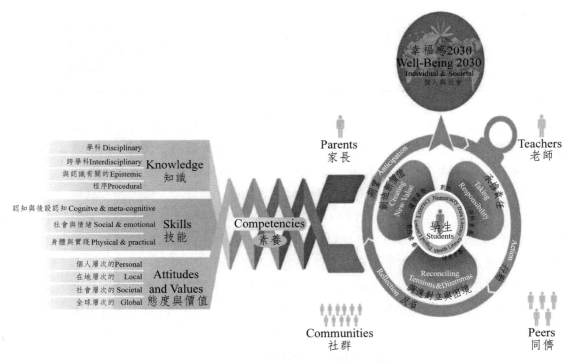

圖1-2　邁向2030年的學習架構

「核心素養」之國內本土相關研究與重要課程政策分析，包括教育部（2008）《國民中小學九年一貫課程綱要》的十大基本能力、教育部（2006）《中小學一貫課程體系參考指引》，尤其是2005年開始的《界定與選擇國民核心素養：概念參考架構與理論基礎研究》（洪裕宏，2011；

胡志偉、郭建志、程景琳、陳修元，2008；高湧泉、陳竹亭、翁秉仁、黃榮棋、王道還，2008；陳伯璋、張新仁、蔡清田、潘慧玲，2007；彭小妍、王瓊玲、戴景賢，2008；顧忠華、吳密察、黃東益，2008），特別是其子計畫於2007年首先完成《全方位的國民核心素養之教育研究》界定「能使用工具溝通互動」、「能在社會異質團體運作」、「能自主行動」之三面架構（陳伯璋、張新仁、蔡清田、潘慧玲，2007），2009年《中小學課程相關之課程、教學、認知發展等學理基礎與理論趨向》研究建立中小學課程發展的哲學、心理學、社會學、文化人類學與教學論等學理基礎（蔡清田、陳延興、李奉儒、洪志成、鄭勝耀、曾玉村、林永豐，2009），2011年《K-12中小學一貫課程綱要核心素養與各領域連貫體系研究》提出以溝通互動、社會參與、自主行動三大面向「核心素養」及幼兒園、小學、初中、高級中等教育階段的「教育階段核心素養」；蔡清田、洪若烈、陳延興、盧美貴、陳聖謨、方德隆、林永豐、李懿芳等2012年《K-12各教育階段核心素養與各領域課程統整研究》，建立領域／科目的課程目標、核心素養與學習重點，以及蔡清田、陳伯璋、陳延興、林永豐、盧美貴、李文富、方德隆、陳聖謨、楊俊鴻、高新建、李懿芳、范信賢等2013年完成的《十二年國民基本教育課程發展指引草案擬議研究》，發展以「核心素養」為課程組織軸線的課程發展指引。這些從2005年到2013年一系列核心素養的「八年研究」，建立「核心素養」之理據，歸納自主行動、溝通互動、社會參與之「三維論」，據此開展出「身心素質與自我精進」、「系統思考與解決問題」、「規劃執行與創新應變」、「符號運用與溝通表達」、「科技資訊與媒體素養」、「藝術涵養與美感素養」、「道德實踐與公民意識」、「人際關係與團隊合作」、「多元文化與國際理解」等「九軸論」內涵，影響了《十二年國民基本教育課程發展指引》與《十二年國民基本教育課程綱要》，更以「核心素養」作為各領域／科目垂直連貫與水平統整課程設計的核心，因此，被譽為十二年國民基本教育課程改革的DNA（蔡清田，2019）。

我國教育部在2013年11月30日通過《十二年國民基本教育課程發展指引》，並隨後公布《十二年國民基本教育課程綱要總綱》要求各級學

校實施A「自主行動」、B「溝通互動」及C「社會參與」三大面向核心素養，並具體轉化為A1「身心素質與自我精進」、A2「系統思考與問題解決」、A3「規劃執行與創新應變」、B1「符號運用與溝通表達」、B2「資訊科技與媒體素養」、B3「藝術涵養與美感素養」、C1「道德實踐與公民意識」、C2「人際關係與團隊合作」、C3「多元文化與國際理解」等九大項目，作為課程連貫統整的核心，強調從個人「自主行動」到人我之間的「溝通互動」到個人與群體之間關係的「社會參與」。中國大陸教育部則於2014年3月30日頒布「關於深化課程改革落實立德樹人根本任務的意見」，把「核心素養」置於深化課程改革、以落實立德樹人的教育目標，這是「核心素養」一詞，首次出現在中國大陸官方的檔案當中，教育部袁貴仁部長更在2015年全國教育工作會議指出「加快研製發布中國學生發展核心素養體系」，「中國學生發展核心素養（徵求意見稿）」將學生應具備終身發展和社會發展需要的必備品格和關鍵能力等，綜合為社會責任、國家認同、國際理解、人文底蘊、科學精神、審美情趣、身心健康、學會學習、實踐創新等九大素養，2016年9月13日則由北京師範大學林崇德教授以課題組結果方式發布《中國學生發展核心素養》的總體框架構成，包括文化基礎（人文底蘊、科學精神）、自主發展（學會學習、健康生活）、社會參與（責任擔當、實踐創新）三個方面六大素養，海峽兩岸皆強調「核心素養」功能，以下闡述「核心素養」的教育價值。

二、核心素養理念的教育價值功能

「核心素養」屬於新興的教育理念，具有教育研究發展的價值（林崇德，2016；崔允漷，2016；鍾啓泉，2016；石鷗，2017；余文森，2017；辛濤，2017；張華，2017；楊九詮，2017；楊向東，2017；褚宏啓，2017；靳玉樂、張銘凱、鄭鑫，2018）。「核心素養」的理念，涵蓋了東方傳統文化的「優良素質教育涵養」以及現代西方世界歐美國家所常用core competence、key competencies、literacy、ability、knowledge、skill、capacity、proficiency、attitude、responsibility、value、character、competence

（素養的總稱）／ competency（單項的素養）／ competencies（多項的素養）等概念（蔡清田，2011），「核心素養」是指一個人為了適應現在生活及未來生活挑戰，並發展成為一個健全個體，必須透過教育而學習獲得因應社會生活需求所不可欠缺的「知識」、「能力」與「態度」，使個人得以過著成功與負責任的社會生活，且能「轉識為智」並透過行動落實成為「實踐智慧」，展現出「優良素質教育涵養」（黃光雄、蔡清田，2015）。就「核心素養」的教育本質而論，「核心素養」不是先天遺傳的，而是後天教育所學習獲得的，有別於部分非經學習的先天能力，而且「核心素養」是指經過學校教育課程設計而學習獲得的「優質教養」，能展現出優良素質的教育涵養，強調「教育」與「學習」之重要功能，可以透過教育加以規劃設計與實施，循序漸進培養學生獲得「核心素養」（蔡清田，2018）。此種「核心素養導向教育」（core competence-oriented education）是培養學生具備核心素養的實踐途徑，是以學生為學習主體，學生能活用所學並實踐於行動中的一種新的教育取向（Schröder, 2015）。

　　本章在「核心素養」相關教育研究基礎之上，進一步探討「核心素養」的教育價值功能，強調學校教育價值功能（Rychen & Salganik, 2003）。教育是國家建設重要的一環，要繁榮國家經濟建立「優質社會」，促進個體的全人發展及終身學習「核心素養」的培養，進而促進社會發展，以建立功能健全的社會（陳伯璋、張新仁、蔡清田、潘慧玲，2007；蔡清田、陳延興、吳明烈、盧美貴、陳聖謨、方德隆、林永豐，2011），教育扮演重要的角色（蔡清田，2018；OECD, 2016）。從教育功能的價值論點而言，核心素養是「可以透過教育加以引導的」（蔡清田，2011），核心素養的第一項教育價值功能是可導正過去重知識能力而忽略態度之偏失（蔡清田，2012）；核心素養的第二項教育價值功能是可以作為更新學校「教育目的」之重要來源（蔡清田，2014）；核心素養的第三項教育價值功能是可以作為推動各「教育階段課程改革」的指引（蔡清田，2016）；核心素養的第四項教育價值功能是可作為政府透過教育改革課程政策研訂新《課程綱要》的架構與具體內涵（蔡清田，2018）；核心素養的第五項教育價值功能是政府可透過新《課程綱要》規劃以核心素養

為主的「課程與教學」（蔡清田，2019），論述如次：

（一）核心素養的第一項教育價值功能，是核心素養可導正過去重知識能力而忽略態度之偏失

　　核心素養的第一項教育價值功能，是核心素養「可導正過去重知識能力而忽略態度之偏失」。「核心素養」之定義，除了知識、能力之外，尚包括了態度的意涵，是指個人為了發展成為一個健全個體（馮朝霖、范信賢、白亦方，2011；Morin, 1999），必須因應生活情境需求所不可欠缺的全人素養或全方位的素養（陳伯璋、張新仁、蔡清田、潘慧玲，2007），是指個人展現出有效因應社會生活所需的知識、能力與態度之統整，如圖1-3「素養的理論構念之意涵」所示（蔡清田，2011），「素養」是包含知識、能力與態度等認知、技能、情意的三維螺旋複合構念（蔡清田，2012）；「素養」就是在九年國民義務教育所重視的「知識」基礎之上，並延續國民中小學九年一貫課程改革培養學生帶得走的「能力」，再進一步強調展現出知識、能力與態度之統整，換言之，素養是知識能力的再升級，涉及到認知、技能與情意價值等複雜心智的統整（洪裕宏、胡志偉、顧忠華、陳伯璋、高湧泉、彭小妍等人，2008；蔡清田，2012；Haste, 2001；Weinert, 2001），因此，「素養」就是在知識能力之上再加上用「心」的「態度」，這也就是本書一開頭所言「素養4.0」＝（知識 ＋ 能

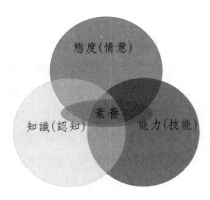

圖1-3　素養的理論構念之意涵

力）^{態度}，可協助學習者因應未來生活所需之任務要求（蔡清田，2018）。
因為「知識能力」只能決定教師在課堂上的教學內容，但「用心」的「態
度」卻能決定學生學到什麼內容與如何學習的方法及如何加以應用的價值
方向，如果不「用心」而欠缺適當「態度」情意，而載浮載沉或沉淪於
「知識」、「能力」的洪流當中，形成「態度」失調、價值偏頗，甚至道
德淪喪，淹沒於「智育掛帥」的「國、英、數、自、社」考試洪流之中，
忽略「德、體、群、美」等社會生活所需的素養，將導致五育「病」重
（蔡清田，2014）！這說明「核心素養」的學習，與人的心靈相關，若學
生的「心」沒有用在學習上，沒有「用心」，就不可能有「核心素養」的
深度學習，本書第四章會再加以論述。

　　簡言之，個人為了健全發展，並發展成為一個健全個體，必須透過教
育而學習獲得因應社會生活所需的知識、能力與態度，素養是具有理據的
「理論構念」，是由知識、能力與態度三者組合而成的「複合理論構念」
（蔡清田，2019）。

　　更進一步地，可參考表1-5「素養與能力」之比較，從內涵定義
（intension）、外延定義（extension）、先天／後天、適用社會、理論依
據、實例範疇等六個面向比較「素養」與「能力」（蔡清田，2011）。

　　是以，核心素養的教育特色，乃因「核心素養」不只是知識，也不
只是能力，而是包含知識、能力與態度之統整（蔡清田，2012），而能
「轉識為智」並透過行動落實成為「實踐智慧」，展現出「優良素質教
育涵養」，強調知行合一及樂意在生活情境實踐的行動智慧（蔡清田，
2015），使個人得以積極與負責任態度的回應個人及社會生活情境需求
（蔡清田，2016），成功地面對現在與未來的社會生活挑戰（蔡清田，
2018）。教育的目的之一，正是協助學生學習獲得社會生活所需知識、能
力與態度的核心素養（Pellegrino, 2017）。採用「核心素養」一詞，可以
彰顯其核心地位以涵蓋「關鍵能力」、「基本能力」、「核心能力」等相
關名詞，以同時包含知識、能力與態度，一方面可避免常人誤認能力相對
於知識且容易忽略態度之偏失，另一方面並可強調知識、能力與態度之統
整（蔡清田，2011）。

表1-5 「素養與能力」之比較

名稱	內涵定義	外延定義	先天／後天	適用社會	理論依據	實例範疇
素養	素養的內涵定義比較精確，優良素質教育涵養包括知識、能力與態度之統整，不能引起力相對於知識之誤解，能反映外部所見特徵，尚能展現態度內藏潛在特徵的重要性	素養的外延定義較為嚴謹周延，能清楚界定知識、能力與態度之差異，不易引起能力與態度之混淆，而且所謂「誠於中而形於外」，因此素養是「知行合一」，不僅有能力而態度適當	素養強調價值素習，天是力獲合、知、情育能是學果先，努而並非遺傳後天學得乎技意的認能的、教育目標	素養適用於複雜多變的「新經濟時代」與「資訊社會」之科技網路世代各種生活場域，可積極地回應生活情境下的複雜需求，特別是因應當前後現代社會複雜生活所需的知識、能力與態度	兼重小我與大我，超越行為主義的能力，具有哲學、人類學、心理學、經濟學、社會學等不同的理論根據，可促進個人與社會發展	例如語文素養、人文素養、倫理素養、科學素養、民主素養、資訊素養、媒體素養、美感素養、國際素養、多元文化素養、環境生態素養、能自律自主行動、能與他人互動、能使用工具溝通、會開車且願禮讓
能力	能力的內涵定義較不精確，能力的範圍比較狹隘而不整，只能反映能力的外部表面特徵，不易彰顯能力的內在特徵，容易引起能力於知識之誤解	能力的外延定義過於寬鬆較而不夠周延而不未定力，未能清楚界定知識、能力與態度之差異，易引起能力包含態度之混淆，然有開車能力卻不一定態度適當，有開車能力但態度不一定會禮讓人	能力的形成是由先天與後天學得的；延於不不未定力，能力是經由傳務遺天習獲力得的	能力是偏向於過去「傳統社會」與「工業社會」所強調的技術能力、技能、職能	重視小我，偏個人工作謀生偏向「個人主義」「功利導向」，易有流於能力本位行為主義之爭議	聽、說、讀、寫以及操作簡易的機器設備，如會使用打字機、傳真機、收音機、隨身聽、電視、電話、洗衣機、會開車等能力

就個人小我的論點而言，核心素養可視為增能賦權與自我實現的素養（Rychen & Salganik, 2001）；就社會整體的大我觀點而言，核心素養是可教的，可依據特定教育情境規劃課程發展教學活動，引導學習者學習核心素養具備社會參與貢獻的知識、能力與態度，協助個人具備勝任工作者、家庭成員與「優質社會」公民角色（Canto-Sperber & Dupuy, 2001）。換言之，核心素養是將公民個體視為「優質社會」的成員，核心素養是指公民個體的教育修養狀態，能在「優質社會」情境場合勝任所需的任務行動。是以，就「核心素養的教育價值」而言，傳統的知識累積與能力訓練，已不足以幫助個人面對當代社會生活的挑戰，個人要面對這些挑戰必須具備核心素養（Canto-Sperber & Dupuy, 2001）。因此，核心素養的第一項教育價值是「可導正過去重知識能力而忽略態度之偏失」（蔡清田，2019；Rychen & Salganik, 2003），一方面可導正過去重知識能力而忽略態度之偏失；另一方面，可進一步協助個人在道德和智慧思想上更為成熟，能擔負起自我學習和行動責任，超越傳統知識能力訓練的限制，這也呼應了許多國際組織宣揚核心素養教育改革的重要性。

（二）核心素養的第二項教育價值功能，是核心素養可以作為更新學校教育目的之重要來源

核心素養的第二項教育價值功能，可追溯到「聯合國教育、科學與文化組織」、「歐洲聯盟」、「經濟合作與發展組織」等宣揚核心素養教育改革的影響，主張以核心素養作為更新學校「教育目的」之重要來源。「核心素養」可涵蓋「學科知識」、「基本能力」、「核心能力」、「關鍵能力」等相關名詞，一方面可避免常人誤認「能力」相對於「知識」且忽略「態度」之偏失（蔡清田，2019），可避免「基本能力」作為「教育目的」之爭議，因「能力本位」既非「生命整體」，也非「人之所本」，以其為教育目的的課程並未真正理解教育對於個體與社會的價值功能（馮朝霖，2016）；另一方面，核心素養的教育價值功能，可促進「個人發展」與「社會發展」，可培養生活所需素養成為健全人民，進而培養社會所需人才，更有助於建立功能健全社會，可達成「培養現代公民素養」的

目標。

　　核心素養的第二項教育價值功能，是核心素養可以作爲更新學校「教育目的」之重要來源，尤其是核心素養具備多元功能，能夠達成各種重要目標，並且能在多元脈絡情境中解決各種問題，有助於增強個人的成就動機、工作的品質，同時強調社會的需求與功能。因此可以協助個人獲得「成功的個人生活」，進而建立「功能健全的社會」。核心素養可以同時促進「個人發展」與「社會發展」，具有同時促進個人發展自我實現以及社會發展的雙重功能（蔡清田，2019；Rychen & Salganik, 2003）。一方面從「個人發展」的論點而言，核心素養的任務不只是可以協助學生學會共同語言的聽說讀寫，透過共同理解，以減少族群隔閡，並可以增能賦權促成個人的自我實現，追求個人成功的「優質生活」；另一方面從「社會發展」的論點而言，具有核心素養的個人可以透過社會參與和異質性社群進行互動，核心素養更可以負起傳遞社會共同價值規範之任務以達成共同目標，是與人權與民主價值的人類世界願景相互呼應（OECD, 2018），能達成社會凝聚之功能，促進社會發展並做出社會貢獻，以建立功能健全、運作良好的「優質社會」（蔡清田，2012）。換言之，核心素養是個人生活所必備的素養（Haste, 2001），對於個人的自我實現與發展、社會融合、積極公民權及就業，具有「關鍵的、必要的、重要的」核心價值條件，是「優質社會」公民生活所須具備而不可欠缺的「關鍵素養」、「必要素養」、「重要素養」，核心素養同時有利於獲得「成功的個人生活」，並有助於建立「功能健全的社會」，兼具「個人發展」與「社會發展」之雙重「教育目的」。

（三）核心素養的第三項教育價值功能，是核心素養可以作為推動各教育階段課程改革的指引

　　核心素養的第三項教育價值功能，是核心素養可以作爲推動各「教育階段課程改革」的指引。核心素養可以學習遷移並運用到國小、國中、高中、大學等許多不同教育階段的領域／科目與社會情境，能夠幫助學生前瞻地因應未來社會生活需要；就核心素養的廣度而言，核心素養具有「多

元場域」特性可以學習遷移並運用到許多不同的教育階段領域／科目與各種不同生活的多元「社會場域」如親子關係、文化、宗教、健康、消費、教育訓練、工作、媒體、資訊及社區等（Schröder, 2015）。核心素養可以協助個人無論在哪一個機構、擔任不同的工作或處在各種不同情境所需要的素養，能夠協助個人有效參與各教育階段、各行業市場、社會團體，以及家庭生活，並跨越各教育階段的主要學科領域／科目課程內容及社會生活新興議題（Rychen & Salganik, 2001）。因此，「聯合國教育、科學與文化組織」、「歐洲聯盟」、「經濟合作與發展組織」等國際組織會員國的先進國家地區如芬蘭、德國、英國、法國、美國、加拿大、紐西蘭、澳洲、新加坡、日本、韓國等等，紛紛推動以核心素養爲指引的各教育階段課程改革（蔡清田，2014）。

（四）核心素養的第四項教育價值功能，是核心素養可作為政府透過教育改革課程政策研訂新《課程綱要》的架構與具體內涵

　　核心素養的第四項教育價值功能，是核心素養可作爲政府透過教育改革課程政策研訂新《課程綱要》的架構與具體內涵。核心素養牽涉到人因應情境的高深複雜心智運作（Weinert, 2001），已經超越行爲主義層次的能力（Spencer & Spencer, 1993），牽涉到內在動機、自我概念、認知、技能、態度或價值等（Perrenoud, 2001），包括認知的技能智慧與非認知的技能與情意，這是有必要透過政府規劃教育改革課程政策研訂新《課程綱要》的架構、透過學校教育加以培養的核心素養（Paniagua & Istance, 2018）。因爲核心素養是建立在社會生活所需的個人內部心智運作機制的認知、技能、情意等等行動的先決條件之上，必須透過個人內部心智運作機制的認知、技能、情意等等行動的先決條件，促進個人與環境互動的學習（Giddens, 1984），才能有助於個人獲得「優質生活」，促進功能健全的「優質社會」（Rychen & Salganik, 2003）。因此，核心素養可作爲政府透過教育改革課程政策研訂新《課程綱要》的架構。《課程綱要》是國家課程政策的具體展現，更是國家課程規劃設計與實施的準則，主要目的

在確立各級學校教育，規劃新課程架構並訂定實施的原則。因此，政府可透過教育改革課程政策研訂新《課程綱要》的架構，明確界定一套完整的核心素養「參考架構」。

甚至，政府可透過教育改革課程政策研訂新《課程綱要》的核心素養架構與具體內涵，如我國便明確界定A「自主行動」、B「溝通互動」及C「社會參與」三大面向核心素養，並具體轉化為A1「身心素質與自我精進」、A2「系統思考與問題解決」、A3「規劃執行與創新應變」、B1「符號運用與溝通表達」、B2「資訊科技與媒體素養」、B3「藝術涵養與美感素養」、C1「道德實踐與公民意識」、C2「人際關係與團隊合作」、C3「多元文化與國際理解」等九大項目之核心素養的架構與具體內涵，一方面提供民間出版社，作為編輯學校教科書的依據；另一方面作為政府審查教科書之用，師生才能有適切和優質的教科書可用，以提升學生核心素養水準（蔡清田，2016）。

（五）核心素養的第五項教育價值功能，是政府可透過新《課程綱要》，規劃以核心素養為主的課程與教學

核心素養的第五項教育價值功能，是政府可透過新《課程綱要》，規劃以核心素養為主的「課程與教學」。核心素養是「可以透過教育加以引導的」，而且在一定情境條件下，可以經由課程與教學的觸動引發學生學習核心素養，且可以透過新《課程綱要》，規劃進行各級教育階段課程與教學的長期培育，才能協助學生習得因應社會生活所需之核心素養（Goody, 2001）。特別是，核心素養的培養乃是終身學習的終生歷程，貫穿人的一生，可持續發展，且在不同人生階段中強化之。新《課程綱要》的「核心素養」是「課程與教學」的經緯線，具有課程設計垂直連貫之重要性，並可轉化成為各「教育階段核心素養」，使幼兒園、小學、國中、高中教育階段的課程前後連貫，向下扎根到幼兒教育階段，並向上連貫到高中的後期中等教育階段，更可進一步轉化成為各教育階段的「領域／科目核心素養」，清楚呈現各教育階段領域／科目的課程連貫統整及銜接，促成新《課程綱要》的「連貫性」、「統整性」與「銜接性」，如同人體

構造要素之DNA組織綿密且環環相扣而結構嚴謹，可清楚呈現各教育階段領域／科目的課程連貫統整及銜接，並發揮各教育階段領域／科目課程與教學功能（蔡清田，2014），因此，「核心素養」可譽為是新《課程綱要》的關鍵DNA（蔡清田，2019）。

　　此種理念特質彰顯了「核心素養」具有動態發展的本質，是可教的，必須透過不同教育階段「課程與教學」的長期培育（蔡清田，2018），而且各項核心素養的培養，均是一種終身學習的歷程，而非僅存於特定的學校教育階段，可以透過學習歷程持續發展，也就是透過每個教育階段之課程設計與教學實施加以培養，並經學習者一段時間之學習累積充實而獲得核心素養，以建立個人的成功生活與功能健全的社會。是以政府可透過學校教改的課程政策研訂新《課程綱要》，規劃以核心素養為主的「課程與教學」，闡明核心素養之課程規劃、教學策略、學習評價方法等，以落實核心素養之教育價值。

　　簡言之，「核心素養」具有教育價值，「可導正過去重知識能力而忽略態度之偏失」；可以作為更新學校「教育目的」之重要來源；可以作為推動各學校教育階段課程改革的指引；可作為政府透過教改課程政策研訂新《課程綱要》的架構與具體內涵，規劃以核心素養為主的「課程與教學」（蔡清田，2019）。這些教育價值功能，和核心素養的課程規劃、教學設計及學習理念有著密切關係，本書稍後各章進一步闡述。

三、十二年國民基本教育課程改革教育特色

　　自1968年迄今，臺灣歷經三波重要的國民教育改革，第一波「九年國民義務教育改革」，重視學科知識；第二波是「國民中小學九年一貫課程改革」強調基本能力；「十二年國民基本教育」是第三波課程改革（黃光雄、蔡清田，2015），特別是教育部公布《十二年國民基本教育課程綱要總綱》（教育部，2014）與《十二年國民基本教育課程發展建議書》（國家教育研究院，2014a）、《十二年國民基本教育課程發展指引》（國家教育研究院，2014b），強調培養「終身學習者」統整知識、能力與態度

的「核心素養」，「核心素養」是指位於「核心」地位且最為關鍵重要而必要的「素養」（蔡清田，2016），更延續擴展「九年國民義務教育」強調的學科知識與「國民中小學九年一貫課程改革」培養基本能力之成效，成為十二年國民基本教育課程改革之「核心」（蔡清田，2011；2012；2014），如圖1-4「學科知識、基本能力、核心素養的關係」所示（蔡清田，2016），亦即「核心素養4.0」＝（學科知識 ＋ 基本能力）^{態度情意}（蔡清田，2019）。

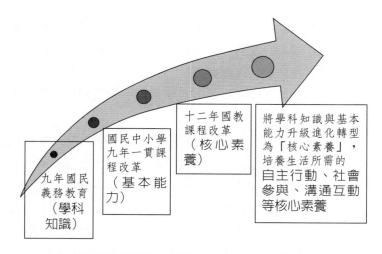

圖1-4　學科知識、基本能力、核心素養的關係

　　十二年國民基本教育透過學校教育培養學生習得因應社會生活所需的「核心素養」統整知識能力及態度，包括四項重要的時代意義：首先，《十二年國民基本教育課程綱要》是升級版的《國民中小學九年一貫課程綱要》與進階版的《高中職課程綱要》，是將國民中小學「九年」一貫課程改革，升級為「十二年」國民基本教育課程改革；其次，《十二年國民基本教育課程綱要》的重要改革是將「基本能力」升級為「核心素養」；其三，十二年國民教育課程改革是將眾多繁雜瑣碎的「能力指標」升級轉型簡化成為「領域／科目核心素養」及其相互呼應的「領域／科目學習重點」（簡稱學習重點）（蔡清田，2018）；其四，十二年國民教育課程改

革將過去的學校本位課程發展，升級爲「核心素養」導向的「學校本位課程發展」，也將過去的課程統整設計，升級成爲「核心素養」導向的「課程統整設計」，更強調核心素養的「學習重點」之「學習內容」與「學習表現」。特別是《十二年國民基本教育課程綱要總綱》強調「核心素養」導向的課程、教學、學習及評量，從學校課程規劃與課程統整設計到教學實施及學習評量的方式，都是爲了落實「核心素養」；因此，教育當局應鼓勵教師進行「核心素養」的學校本位課程發展，強調課程統整設計的專業素養，以學生需求及學校社區情境資源爲起點，發展學校特色且培養學生「核心素養」。簡言之，《十二年國民基本教育課程綱要》，一方面強調一個以終身學習者爲核心的三面九項「核心素養」；另一方面擴展並延續了十大基本能力的主要內涵，並加以升級成爲垂直連貫的「教育階段核心素養」與可水平統整的「領域／科目核心素養」，詳如表1-6所示：

表1-6　《十二年國民基本教育課程綱要》與《國民中小學九年一貫課程綱要》比較表

十二年國民基本教育課程綱要	國民中小學九年一貫課程綱要
國家教育研究院研擬，並由教育部課程審議委員會審議通過後於2014年公布課程綱要總綱	國民中小學九年一貫課程發展專案小組研擬，並由教育部於1998年公布課程綱要總綱
國民中小學連貫到高中職十二年課程改革	國民中小學九年一貫課程改革
自發、互動、共好之「自動好」三大基本理念，呼應「成就每一個孩子—適性揚才、終身學習」的願景（以學習者為主體）	人本情懷、統整能力、民主素養、鄉土與國際意識、終身學習等五大基本理念
四大課程目標	十大課程目標
以終身學習者為核心的「自動會」三面九項核心素養與各「教育階段核心素養」（核心素養導向）	十大基本能力（基本能力導向）
五個學習階段（國小低、中、高年段、國中與高中職）	四個學習階段（國小低、中、高年段與國中）

十二年國民基本教育課程綱要	國民中小學九年一貫課程綱要
部定課程與校訂課程的課程架構 部定必修課程之安排，學校得依實際條件就授課年段、學期或週數進行彈性開設，以降低學生每學期修習科目數。高一及高二每學期部定必修科目之開設以十二科以下為原則	部定領域節數與彈性學習節數課程架構
八大領域（「科技」從原來的「自然與生活科技領域」分出，並將「生活科技」與「資訊教育」加以統整成為一個新的「科技領域」）	七大學習領域
領域內可分科教學（單領域可單科或多科）。 自然科學、社會、藝術、綜合活動、健體等領域均含數個科目，除實施領域教學外，經學校課程發展委員會通過後，亦得實施分科教學，同時可在不同年級彈性修習不同科目，不必每個科目在每學期都修習，以減少每學期修習的科目數量，但領域學習總節數應維持不得減少。跨領域統整課程最多占領域學習課程總節數五分之一，其學習節數得分開計入相關學習領域，並可進行協同教學。	領域內協同教學為原則 （單領域不分科）
各領域／科目課綱明定「領域／科目核心素養」 （領域／科目依特性彈性呼應九項核心素養）	各領域課程綱要明定領域能力指標 （各領域必須對應十大基本能力）
領域／科目「學習重點」含學習表現與學習內容	基本學習內容
實施要點重視「核心素養」學校本位課程發展與課程統整設計結合學習表現與學習內容	實施通則重視學校本位課程發展與課程統整設計
各領域／科目課程綱要附錄 含「學習重點」與領域／科目核心素養之呼應表	各領域課程綱要附錄 含基本學習內容

　　詳細而言，十二年國民基本教育課程改革具有八項重要特色：第一項特色是「以核心素養為導向的課程改革」，十二年國民基本教育課程改革的「核心素養」，係指透過新課程習得面對生活挑戰所應具備的知識、能力與態度，統整了過去「基本能力」、「核心能力」與「學科知識」，如圖1-5「核心素養的理論構念之意涵」所示：

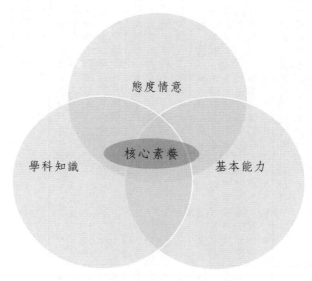

圖1-5　核心素養的理論構念之意涵

　　十二年國民教育課程改革的「核心素養」，是指一個人為適應現在生活及未來挑戰，所應具備的知識、能力與態度，承續過去的「學科知識」、「基本能力」與「核心能力」，但涵蓋更寬廣和豐富的教育內涵。核心素養的表述可彰顯學習者的主體性，而非只是針對某個特定的領域／科目而已，不以「學科知識」作為學習的唯一範疇，而是關照學習者可透過「做中學」、「知行合一」與「學以致用」，強調其在動態發展的社會生活情境中能實踐力行的特質。如表1-7「核心素養」與「基本能力」之比較所示，可從意義界定、實例範疇、先天／後天、適用社會、理論依據、教育功能等進一步澄清「核心素養」與「基本能力」之異同。簡言之，學

表1-7 「核心素養」與「基本能力」之比較

名稱	意義界定	實例範疇	先天／後天	適用社會	理論依據	教育功能
核心素養	核心素養core competence界定較精確，而素養涵蓋較周延，核心素養是指一個人為了發展成為一個健全個體，必須因應複雜社會生活需求所不可欠缺的知識、能力、態度	一、「自主行動」 1.身心素質與自我精進 2.系統思考與解決問題 3.規劃執行與創新應變 二、「溝通互動」 4.符號運用與溝通表達 5.科技資訊與媒體素養 6.藝術涵養與美感素養 三、「社會參與」 7.道德實踐與公民意識 8.人際關係與團隊合作 9.多元文化與國際理解	核心素養教育功能的並遺傳而是後天努力獲得，是學習得乎技意的結果而非先天遺傳天生的認知、情、意能的教育目標。	核心素養適用於複雜多變的經濟與「新」時代資訊科技網路各種「代」「社」會生活場域各地情境複雜特別當前社會生活情境特別需求所當前社會所需的知識、能力、態度	核心素養已超為主義的人類哲理學學等學門學理經濟社會同理論的根據，是具有人類心理經濟社會不同的理論依據	核心素養兼重「個人發展」與「社會發展」雙重功能，特別是發展成為一個健全個體，必須因應複雜情境之社會與生活需求所不可欠缺的知識、能力、態度
基本能力	基本能力basic ability界定較含糊，基本指能項能力涉及意義不會較不精確，能力是指某一個人能夠勝任實際潛在能力與態度，及價值一有密切關係。	1.了解自我與發展潛能 2.欣賞、表現與創新 3.生涯規劃與終身學習 4.表達、溝通與分享 5.尊重、關懷與團隊合作 6.文化學習與國際了解 7.規劃、組織與實踐 8.運用科技與資訊 9.主動探索與研究 10.獨立思考與解決問題	基本能力形成是先天與後天努力獲得的，基本能力的形成由遺傳天努力獲得的	基本能力偏向於美、澳洲、紐西蘭等國「傳統工業社會」所重的技術、技能、職能等國語，這些因應社會所出民因社會而出民，目前也因應「資訊社會」時代所需的新核心素養	基本能力偏個人工作謀生向「個人主義」偏向能力行為之爭議，易流於位義本主義	基本能力強調發展「個人」所需具備的素養較能以滿足「個人」「基」本之生活需要，解決日常生活、學習等基本生活的問題

生所需的「核心素養」不只是知識，也不只是能力，也不只是知能，而是包含知識、能力與態度之統整（蔡清田，2016），強調「德行」與累積習慣構成的「品德」，以及經由道德評價後形成的優質「人格」（李琪明，2003），重視知行合一學以致用，強調樂意在生活情境加以實踐的行動智慧（蔡清田，2015），進而展現知善、行善與樂善的「核心素養」（蔡清田，2017），這種「核心素養」不僅是一種「強大而有力量的知識」（Young, Lambert, Robert, & Robert, 2014），有助於學生學習獲得什麼（what）知識內容、如何（how）獲得能力、理解為何（why）學習，有助於判斷在何時（when）與何處（where）有效加以應用在生活情境中，更能累積生活經驗（life experience）與生命智慧（wisdom of life），使個人得以積極負責任地回應個人及社會生活需求（洪裕宏，2011），成功地面對社會生活挑戰（蔡清田，2012）。

　　十二年國民基本教育課程改革之「核心素養」，乃是呼應「聯合國教育、科學與文化組織」、「經濟合作與發展組織」及「歐洲聯盟」等國際組織對「核心素養」的界定，是指學生能在現代社會中扮演積極公民角色所需具備的核心素養，呼應了十二年國民基本教育的「自發」、「互動」、「共好」之「自動好」理念的全人圖像，可以引導全人發展，強調以人為本的「終身學習者」為核心，包括「自主行動」、「溝通互動」、「社會參與」等「自動會」三面向，以及「身心素質與自我精進」、「系統思考與解決問題」、「規劃執行與創新應變」、「符號運用與溝通表達」、「科技資訊與媒體素養」、「藝術涵養與美感素養」、「道德實踐與公民意識」、「人際關係與團隊合作」、「多元文化與國際理解」九項目（教育部，2014）。「自主行動」強調個人為學習的主體，學習者應能選擇適當的學習方式，進行系統思考以解決問題，並具備創造力與行動力。學習者在社會情境脈絡中，能自我管理，並採取適切行動，提升身心素質，裨益自我精進。「溝通互動」強調學習者應能廣泛運用各種工具，有效與他人及環境互動。這些工具包括物質工具和社會文化工具，前者如人造物（教具、學習工具、文具、玩具、載具等）、科技（含輔助科技）與資訊等，後者如語言（口語、手語）、文字及數學符號等。工具不

是被動的媒介，而是人我與環境間正向互動的管道。此外，藝術也是重要的溝通工具，國民應具備藝術涵養與生活美感，並善用這些工具。「社會參與」強調學習者在彼此緊密連結的地球村中，需要學習處理社會的多元性，以參與行動與他人建立適切的合作模式與人際關係。每個人都需要以參與方式培養與他人或群體互動的素養，以提升人類整體生活品質。社會參與既是一種社會素養，也是一種公民意識。此即核心素養一個核心三面九項的「三維論」與「九軸論」（蔡清田，2014），學生能在不同教育階段學習核心素養（蔡清田，2015），因應生活情境變遷而時俱進成為終身學習者（蔡清田，2016），可彌補十大基本能力的涵蓋範疇不全、區隔不清以及缺漏重要生活議題，如表1-8「一個核心三面九項核心素養」可涵蓋「十大基本能力」所示（蔡清田，2018）。

表1-8 「一個核心三面九項核心素養」可涵蓋「十大基本能力」

三面九項核心素養內涵				十大基本能力內涵
一個核心：終身學習者	A 自主行動	A1. 身心素質與自我精進	具備身心健全發展的素質，擁有合宜的人性觀與自我觀，同時透過選擇、分析與運用新知，有效規劃生涯發展，探尋生命意義，並不斷自我精進，追求至善。	1.了解自我與發展潛能（充分了解自己的身體、能力、情緒、需求與個性，愛護自我，養成自省、自律的習慣、樂觀進取的態度及良好的品德；並能表現個人特質，積極開發自己的潛能，形成正確的價值觀。） 3.生涯規劃與終身學習（積極運用社會資源與個人潛能，使其適性發展，建立人生方向，並因應社會與環境變遷，培養終身學習的能力。）

三面九項核心素養內涵			十大基本能力內涵
一個核心：終身學習者	A 自主行動	A2. 系統思考與解決問題	具備問題理解、思辨分析、推理批判的系統思考與後設思考素養，並能行動與反思，以有效處理及解決生活、生命問題。	9.主動探索與研究（激發好奇心及觀察力，主動探索和發現問題，並積極運用所學的知能於生活中。） 10.獨立思考與解決問題（養成獨立思考及反省的能力與習慣，有系統地研判問題，並能有效解決問題和衝突。）
		A3. 規劃執行與創新應變	具備規劃及執行計畫的能力，並試探與發展多元專業知能、充實生活經驗，發揮創新精神，以因應社會變遷、增進個人的彈性適應力。	2.欣賞、表現與創新（培養感受、想像、鑑賞、審美、表現與創造的能力，具有積極創新的精神，表現自我特質，提升日常生活的品質。） 3.生涯規劃與終身學習（積極運用社會資源與個人潛能，使其適性發展，建立人生方向，並因應社會與環境變遷，培養終身學習的能力。） 7.規劃、組織與實踐（具備規劃、組織的能力，且能在日常生活中實踐，增強手腦並用、群策群力的做事方法，與積極服務人群與國家。）
	B 溝通互動	B1. 符號運用與溝通表達	具備理解及使用語言、文字、數理、肢體及藝術等各種符號進行表達、溝通及互動，並能了解與同理他人，應用在日常生活及工作上。	4.表達、溝通與分享（有效利用各種符號〔例如語言、文字、聲音、動作、圖像或藝術等〕和工具〔例如各種媒體、科技等〕，表達個人的思想或觀念、情感，善於傾聽與他人溝通，並能與他人分享不同的見解或資訊。）

三面九項核心素養內涵			十大基本能力內涵
一個核心：終身學習者	B 溝通互動	B2. 科技資訊與媒體素養	具備善用科技、資訊與各類媒體之能力，培養相關倫理及媒體識讀的素養，俾能分析、思辨、批判人與科技、資訊及媒體之關係。
			8.運用科技與資訊（正確、安全和有效地利用科技，蒐集、分析、研判、整合與運用資訊，提升學習效率與生活品質。）
		B3. 藝術涵養與美感素養	具備藝術感知、創作與鑑賞能力，體會藝術文化之美，透過生活美學的省思，豐富美感體驗，培養對美善的人事物，進行賞析、建構與分享的態度與能力。
			2.欣賞、表現與創新（培養感受、想像、鑑賞、審美、表現與創造的能力，具有積極創新的精神，表現自我特質，提升日常生活的品質。）
	C 社會參與	C1. 道德實踐與公民意識	具備道德實踐的素養，從個人小我到社會公民，循序漸進，養成社會責任感及公民意識，主動關注公共議題並積極參與社會活動，關懷自然生態與人類永續發展，而展現知善、樂善與行善的品德。
			5.尊重、關懷與團隊合作（具有民主素養，包容不同意見，平等對待他人與各族群；尊重生命，積極主動關懷社會、環境與自然，並遵守法治與團體規範，發揮團隊合作的精神。）

三面九項核心素養內涵				十大基本能力內涵
一個核心：終身學習者	C 社會參與	C2. 人際關係與團隊合作	具備友善的人際情懷及與他人建立良好的互動關係，並發展與人溝通協調、包容異己、社會參與及服務等團隊合作的素養。	4.表達、溝通與分享（有效利用各種符號〔例如語言、文字、聲音、動作、圖像或藝術等〕和工具〔例如各種媒體、科技等〕，表達個人的思想或觀念、情感，善於傾聽與他人溝通，並能與他人分享不同的見解或資訊。） 5.尊重、關懷與團隊合作（具有民主素養，包容不同意見，平等對待他人與各族群；尊重生命，積極主動關懷社會、環境與自然，並遵守法治與團體規範，發揮團隊合作的精神。）
		C3. 多元文化與國際理解	具備自我文化認同的信念，並尊重與欣賞多元文化，積極關心全球議題及國際情勢，且能順應時代脈動與社會需要，發展國際理解、多元文化價值觀與世界和平的胸懷。	6.文化學習與國際了解（認識並尊重不同族群文化，了解與欣賞本國及世界各地歷史文化，並體認世界為一整體的地球村，培養相互依賴、互信互助的世界觀。）

　　第二個特色是「以學生為主體的課程發展」，十二年國民基本教育課程以學生為主體，彰顯學習主體的重要性（洪詠善、范信賢，2015），一方面強調「彈性學習課程」的實施，增加學生自主學習的時間與空間，例如彈性學習課程每週節數國小高年級「第三學習階段」原3-6節改為4-7節，國中「第四學習階段」原7、8年級4-6節，9年級3-5節，皆改為3-6節（國家教育研究院，2014a），而且高中學科的必修時數下降，選修課學

分占了三分之一，且各高中須以發展特色，增加4到8學分「校訂必修」；另一方面更重視所有學生都能依教育階段的身心發展逐漸具備生活所需的「核心素養」（蔡清田，2014），不再只以學科知識作為學習的唯一範疇，而是以學生為主體，關照學習者可統整運用於生活情境，強調其在生活中能實踐力行的特質（蔡清田，2018）。

　　第三個特色是「以終身學習者為核心的課程設計導引領域／科目課程連貫與統整」，《十二年國民基本教育課程綱要總綱》強調生活所需的「核心素養」係以「終身學習者」為核心，界定核心素養的三面向為「自主行動」、「溝通互動」、「社會參與」，透過「以終身學習者為核心的領域／科目課程設計導引課程連貫與統整」，引導學生學習獲得自主行動、溝通互動及參與社會生活所需之核心素養，進而導向社會永續發展的共好生活，特別是以終身學習「核心素養」為各教育階段及領域／科目核心素養課程連貫統整的主軸，導引領域／科目課程連貫與統整，強化學生主動探究與終身學習角色（蔡清田，2018），使其具備因應生活情境所需的終身學習「核心素養」，而且終身學習「核心素養」和幼兒園課程、國民中小學與高級中等教育等教育階段各領域／科目具有連貫與統整的密切關係（黃光雄、蔡清田，2015），可建置以終身學習核心素養的連貫與統整之K-12年級課程（蔡清田，2016），特別是各「教育階段核心素養」除可進行垂直連貫外，並可與各教育階段領域／科目進行課程連貫與統整（蔡清田，2014），進而發展領域／科目核心素養之課程，確保每一個接受十二年國教的學生都具備核心素養。各領域／科目課程綱要的研修，需參照教育部審議通過的《十二年國民基本教育課程綱要總綱》及《十二年國民基本教育課程發展指引》，考量領域／科目的理念與目標，結合或呼應核心素養具體內涵，以發展及訂定「各領域／科目之核心素養」及「各領域／科目學習重點」（蔡清田，2019）。

　　第四個特色是「以領域／科目與核心素養為基礎的課程統整」，《十二年國民基本教育課程綱要總綱》與各領域／科目課程綱要皆重視領域／科目與核心素養統整的重要性，可強調知識、能力與態度統整的理念，也可以引導領域／科目內容的發展。《十二年國民基本教育課程綱要

總綱》指出課程發展要能因應不同教育階段之教育目標與學生身心發展之特色，提供彈性多元的學習課程，以促成學生適性發展，彰顯學習主體的重要性，一方面強調「部定課程」與「校訂課程」的「彈性學習課程」與「彈性學習節數」的實施，重視領域／科目的重要性，並增加學生自主學習的時間與空間；另一方面核心素養主要應用於國民小學、國民中學及高級中等學校的一般領域／科目，至於技術型、綜合型、單科型高級中等學校則依其專業特性及群科特性進行發展，核心素養可彈性納入（蔡清田，2019）。

　　《十二年國民基本教育課程綱要總綱》一方面保留傳統課程綱要優點，另一方面又注入核心素養的新生命力，可循序漸進逐步進行課程改革，而且各領域／科目課程綱要規劃訂定時，已參酌適切的學習節數發展「領域／科目核心素養」與「領域／科目學習重點」（簡稱「學習重點」）。各領域／科目考量本身的理念與目標，結合各「教育階段核心素養」，發展及訂定符合學習節數的「領域／科目核心素養」及「學習重點」，各領域／科目課程綱要可保留部分原有課程目標，並創新增訂各「領域／科目課程目標」，確立與核心素養關係最為密切的課程目標，並發展「領域／科目核心素養」，彰顯該領域／科目的特色，而且各領綱特別重視領域／科目「學習重點」及其呼應的「領域／科目核心素養」以統整「學習內容」與「學習表現」（蔡清田，2018）。

　　第五個特色是「以核心素養進行跨領域／科目的課程統整」，《十二年國民基本教育課程綱要總綱》之「核心素養」是同時強調「領域／科目核心素養」與「跨領域／科目」（transversal or cross domain / subject）的「核心素養」（蔡清田，2016）。「核心素養」是因應現在及未來社會生活所需具備的「知識」、「能力」與「態度」之統整，可透過「領域／科目核心素養」引導「領域／科目學習重點」的課程發展（蔡清田、陳伯璋、陳延興、林永豐、盧美貴、李文富、方德隆、陳聖謨、楊俊鴻、高新建、李懿芳、范信賢，2013），並透過「學習內容」與「學習表現」，展現各領域／科目「學習重點」課程設計（蔡清田，2018），引導學生學習因應社會生活所需的「核心素養」。十二年國民基本教育課程改革則進

一步強調培養學生能應用在生活情境所需的「核心素養」，較過去的「學科知識」、「基本能力」、「核心能力」涵蓋更寬廣和豐富的教育內涵，更注重學習歷程及方法策略（蔡清田，2014），強調培養終身學習者，彰顯學習者的主體性，不以學科知識作為學習的唯一範疇，不以傳統有限的「基本能力」窄化教學內容或以「核心能力」束縛學習內容，而是以「基本能力」與「核心能力」為基礎，加以擴展升級為核心素養（蔡清田，2011），關照學習者可將「學科知識」與「基本能力」整合運用於生活情境（黃光雄、蔡清田，2015），並由個體生活擴展到社會生活，強調在生活情境中實踐力行的特質（蔡清田，2016）。

《十二年國民基本教育課程綱要總綱》一方面重視「領域／科目核心素養」，亦即各領域／科目內部的學科知識、能力、情意的統整，另一方面也重視「跨領域／科目」的「核心素養」之培養，兩方面相輔相成且同等重要。尤其是在符合教育部教學正常化之相關規定及領域學習節數之原則下，學校得彈性調整或重組「部定課程」之領域學習節數，實施各種學習型式的跨領域統整課程。跨領域統整課程最多占領域學習課程總節數五分之一，其學習節數得分開計入相關學習領域，並可進行協同教學。教師若於領域學習或彈性學習課程進行跨領域／科目之協同教學，提交課程計畫經學校課程發展委員會通過後，其協同教學節數可採計為教師授課節數，相關規定由各該主管機關訂定之（教育部，2014）。

第六個特色是「以核心素養為焦點的教學與學習」，十二年國民基本教育課程改革，不僅強調以學生作為學習的主體以及師生互動參與，同時重視知識能力與態度情意的「領域／科目核心素養」，透過「學習重點」的課程設計，統整學科知識的「學習內容」與核心能力的「學習表現」，兼顧能力導向學習與知識導向學習，並且因應學生由國小到國中、高中的認知技能情意之階段發展過程；而且延續「跨領域／科目」課程統整的特色，教師教學應調整過去偏重學科知識的教學型態，活化教學現場與學習評量，除了引導學生學習學科知識之外，也要強調轉化實踐行動的知能，培養學生因應未來生活所需的「跨領域／科目」核心素養。特別是《十二年國民基本教育課程綱要總綱》，一方面強調校訂課程和公開備課、觀

課、議課，讓教師專業社群經營成為學校行政與課程發展的重心，共同備課和觀課、議課也將營造全新的學校團隊氛圍，翻轉傳統的教師教學（洪詠善、范信賢，2015）；另一方面《十二年國民基本教育課程綱要總綱》重視「核心素養」，強調以學生作為學習的主體及師生互動參與，而非傳統的教師講授主導教學。尤其是十二年國民基本教育的核心素養課程改革，同時重視知識能力與態度情意的教學與學習，透過「學習重點」的課程設計，統整「學習內容」與「學習表現」，並配合學生認知結構發展，因應學生由國小到國中、高中的教育階段發展過程。

　　簡而言之，「學習重點」指的就是領域／科目的「學習內容」與「學習表現」（林永豐，2019），這些是教師的教學重點，也是學生的學習重點，也是提供各領域／科目進行課程發展的教材設計、教科書審查及學習評量的重要依據。特別是「學習內容」是該領域／科目「核心」的知識、能力、態度等有價值的「內容」，能呼應核心素養的重要、關鍵、必要之特質（蔡清田，2018），並引導學生透過「學習內容」而展現「學習表現」以達成目標，但毋須像傳統教材大綱一樣列出所有教材或內容，以避免教材太多或不當重複或脫節遺漏之缺失。「學習內容」需能涵蓋該領域／科目之重要事實、概念、原理原則、技能、態度與後設認知等知識，學校、地方政府或出版社得依其專業需求與特性，將學習內容做適當的轉化，以發展適當的教材。此種「學習重點」的架構方式，提供各領域／科目進行教材設計時的彈性，在不同版本的教材中，「學習內容」與「學習表現」可以有不同的對應關係。教科用書編輯人員或學校教師可依不同學生的需求或學習階段的差異，彈性地組合領域／科目的「學習表現」與「學習內容」，這有利於將課程綱要內涵轉化為實際教材，且提供學生更為適性的學習機會（國家教育研究院，2014a）。

　　第七個特色是「以核心素養為依據的學習評量」，十二年國教課改強調以核心素養為依據的學習評量，應以「學習重點」為依據進行學習評量，換言之，學習評量應依據呼應「核心素養」的「學習重點」，考量學生生活背景與日常經驗，妥善運用在地資源，發展真實有效的學習評量工具。以「核心素養」為主軸的學習評量，須兼顧整體性和連續性，以了解

學生在相對於「核心素養」的「學習重點」之學習進展，並有效進行追蹤，長期評估學生在「學習重點」的「學習內容」與「學習表現」之成長與進步。特別是「學習表現」是指該領域／科目關鍵而重要的「核心」認知、技能、情意等有價值的「表現」，能呈現該領域／科目有關「非內容」（non-content）面向的學習特質，引導學生學習達成認知、技能、情意之「學習表現」而達成「學習目標」，且能呼應「領域／科目核心素養」的重要、關鍵、必要之特質（蔡清田，2014），毋須像傳統課程綱要一樣列出所有能力指標或學習指標，以避免指標過多數量龐大或流於繁瑣而難以掌握或不當重複或脫節遺漏之缺失。「學習表現」是強調以學習者為中心的概念，學習表現重視認知、情意與技能之學習展現，代表該領域／科目的非「內容」向度，應能具體展現或呼應該「領域／科目核心素養」。認知向度包括記憶、理解、應用、分析、評鑑、創造等層次；情意向度包括接受、反應、評價、價值組織、價值性格化等層次；技能向度包括感知、準備狀態、引導反應或模仿、機械化、複雜的外在反應、調整、獨創等層次。

　　第八個特色是強調「核心素養的學校本位課程發展與課程統整設計」，將過去的學校本位課程發展，升級成為「核心素養」導向的學校本位課程發展，並將過去的課程統整設計，升級成為「核心素養」導向的課程統整設計，更強調核心素養的課程統整設計，呼應以學習者為主體的課程改革。特別是《十二年國民基本教育課程綱要總綱》強調「核心素養」導向的課程、教學、學習及評量，從學校課程規劃與課程統整設計到教學實施及學習評量的方式，都是為了落實十二年國民基本教育的「核心素養」；因此，教育當局應鼓勵學校進行「核心素養」的學校本位課程發展與課程統整及教學方案設計，以學生需求及學校社區情境資源為起點，發展學校特色且培養學生「核心素養」；特別是《十二年國民基本教育課程綱要總綱》明確指出要透過學校課程發展委員會的組織與運作，持續精進「核心素養」的學校本位課程發展與課程統整設計，培養學生的「核心素養」，營造以學習者為中心的新學習風貌，永續經營「核心素養」的學校本位課程發展與課程統整及教學方案設計，有其劃時代課程改革的重要性。

　　就課程發展的原理而言，十二年國民基本教育課程改革，延續過去國民中小學九年一貫課程改革強調「課程綱要取代課程標準，學生學習中心取代學科本位中心，學校本位課程發展取代中央政府統一編輯」，重視教師進行「核心素養」的學校本位課程發展與課程統整及教學方案設計之專業角色，合乎世界各國教改潮流，結合國家政策本位的課程發展（national policy-based curriculum development）、教師教學本位的課程發展（teacher teaching-based curriculum development）、行動研究本位的課程發展（action research-based curriculum development）等進路（黃光雄、蔡清田，2015），強調「教師即研究者」的課程發展理念，說明教師不僅是國家層次課程改革的實施者，更是「核心素養」的學校本位課程發展與課程統整及教學方案設計之教育專業者，這是臺灣課程改革的一個里程碑（蔡清田，2018）。

　　此次《十二年國民基本教育課程綱要》強調「核心素養」學校本位課程發展與課程統整設計，提供學校及教師更多彈性教學自主空間；降低各年級上課時數，減輕學生負擔；減輕對教科書的依賴；結合課程、教學與評量，改進中小學課程的連貫性與統整性。其改革的最主要特色是以培養生活所需的核心素養為課程設計核心，一方面統一國民教育階段學校教育目標，並且重視生活所需的核心素養與各「教育階段核心素養」的垂直連貫；第二方面依據核心素養，規劃各「領域／科目核心素養」以統整「學習重點」的「學習內容」與「學習表現」，並落實在生活情境之中；藉由「核心素養」的學校本位課程發展與課程統整及教學方案設計，縮短「理念建議的課程」、「正式規劃的課程」、「資源支持的課程」、「運作實施的課程」、「學習獲得的課程」、「評量考試的課程」之間的差距（蔡清田，2016），落實培養學生核心素養與充實學生學習經驗，符合情境論的學校本位課程發展與課程統整設計之理念（蔡清田，2019）。

　　如圖1-6「核心素養的理想願景與教育功能」所示（蔡清田，2014；Gilomen, 2003），「核心素養」的學習，可實現「優質個人生活需求」的經濟地位與收入、政治權利與權力、教育與學習資源、住宅與基礎建設、個人健康與安全、社會資本與網路、休閒與文化活動、個人自主與價

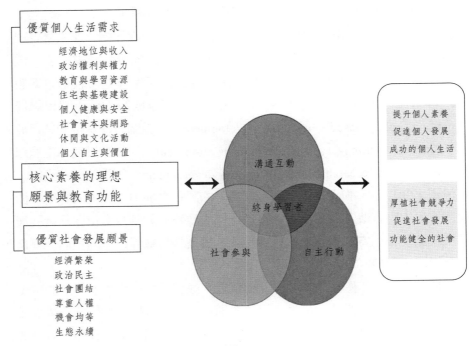

圖1-6　核心素養的理想願景與教育功能

值等以營造「成功的個人生活」，更可以達成「優質社會」理想願景的經濟繁榮、政治民主、社會團結、尊重人權、機會均等、生態永續以建構「功能健全的社會」。可見「核心素養」兼重「促進個人發展」與「促進社會發展」的雙重功能，可展現「優質社會」理想願景，可提升公民素養及個人競爭力，協助個人獲得「成功的個人生活」，進而建構「功能健全的社會」以「厚植社會競爭力」（蔡清田，2012）。以下先就《十二年基本教育課程綱要》核心素養的一個核心三面九項的教育內涵，闡述其教育意涵。

四、一個核心三面九項的核心素養教育意涵

　　從整體的觀點而論，「核心素養」係指學生透過學校教育課程設計

且應該可以透過學習而獲得之統整性的知識、能力及態度。特別是從教育哲學論而言，法國哲學家Edgar Morin（1999）重視「整體論」的複雜科學／系統思考之複合思維，主張「核心素養」（core competence）應該只有一個「核心」（core），而不是多個核心（蔡清田，2011；Rychen & Salganik, 2001），而且培養學生成為未來公民社會生活所需的核心素養，應該「心」中有「人」（human），以「人」為核心，以全人教育為理念，培養學生成為「終身學習者」，彰顯教育係在引導人的幸福發展，並協助學生成為終身學習者，進而透過繼續不斷的學習，而能協助其達成自我實現的人生價值。

　　從個別分析的角度而言，每一個個人終其一生一定需要許許多多的素養，以因應各種社會生活之所需，這些是一般普羅大眾生活必須具備的素養，如聽說讀寫等語文溝通等日常生活所需的素養，但是，這些社會所有成員都應該共同具備的素養，是可再區分為量少質精的「必要素養」、「重要素養」、「關鍵素養」（key competencies）（蔡清田，2012；Rychen & Salganik, 2001），以及不能被取代而且居於「最核心」地位的「關鍵素養」叫做「核心素養」。因此，一個「核心素養」可延伸出來其他周邊外圍的「關鍵素養」、「必要素養」、「重要素養」，這些都可廣義通稱為「核心素養」（蔡清田，2019；Rychen & Salganik, 2003；UNESCO, 2003；OECD, 2005；EU, 2005）。例如：我國《十二年國民基本教育課程綱要總綱》，旨在培養「終身學習者」為核心的「自主行動」、「溝通互動」及「社會參與」等三面向「核心素養」，以及「身心素質與自我精進」、「系統思考與解決問題」、「規劃執行與創新應變」、「符號運用與溝通表達」、「科技資訊與媒體素養」、「藝術涵養與美感素養」、「道德實踐與公民意識」、「人際關係與團隊合作」、「多元文化與國際理解」等九項目之核心素養，進而據此發展出「教育階段核心素養」與「領域／科目核心素養」（教育部，2014），強調「核心素養導向的教育」（蔡清田，2018）。

　　「核心素養導向的教育」，是一種全新的學校教育模式。這種全新學校教育模式，如同本章一開頭的圖1-1「核心素養的教育、課程、教學、

學習、評量之五論模式」（「核心素養的ECTLA理論模式」）所示，說明「核心素養」是「可以透過教育加以引導」、「可以透過課程加以規劃」、「可以透過教學加以培養」、「可以透過學習獲得成就」、「可以透過評量加以推估」，更強調核心素養的「教育論」、「課程論」、「教學論」、「學習論」、「評量論」之間動態密切的關係如同連鎖反應，將影響學校課程規劃、教師教學、學生學習、評量測驗，涉及核心素養導向的課程、核心素養導向的教學、核心素養導向的學習與核心素養導向的評量，而且核心素養的培養過程中，學校教育扮演著重要角色，可透過核心素養的一個核心之三面九項教育內涵，以及各「教育階段核心素養」，協助學校教育人員對核心素養有所認識，並體認到「核心素養」的重要性，進而引導學生習得「核心素養」，關注每位學生成為「終身學習者」如圖1-7「核心素養的滾動圓輪意象」所示，彰顯教育引導人的全面發展，協助學習者自我實現。

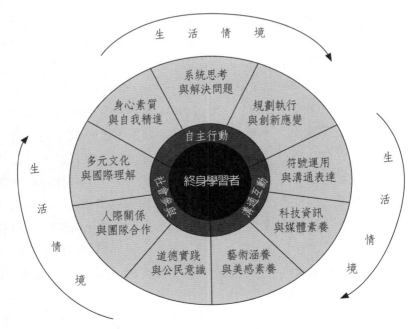

圖1-7　核心素養的滾動圓輪意象

　　上述「核心素養的滾動圓輪意象」如同培養新世紀未來人才的搖籃（黃光雄、蔡清田，2015），呼應新世紀教育課程改革的特色，如「以核心素養為導向的課程改革」、「以學生為主體的課程發展」、「以終身學習者為核心的課程設計導引課程連貫與統整」、「以領域／科目為基礎的課程統整」、「以核心素養進行跨領域／科目的課程統整」、「以核心素養為焦點的教學與學習」的課程改革巨幅圖像。

　　本書第四章「核心素養的學習論」將進一步闡述「自主行動」、「溝通互動」、「社會參與」三維面向之下的「身心素質與自我精進」、「系統思考與解決問題」、「規劃執行與創新應變」、「符號運用與溝通表達」、「科技資訊與媒體素養」、「藝術涵養與美感素養」、「道德實踐與公民意識」、「人際關係與團隊合作」、「多元文化與國際理解」等多樣型態範疇的九項核心素養之學習原理（蔡清田、陳伯璋、陳延興、林永豐、盧美貴、李文富、方德隆、陳聖謨、楊俊鴻、高新建、李懿芳、范信賢，2013）。

　　「核心素養」是經過後天的教育而學習獲得，「核心素養」是預期學生經過學校教育之後所須具備的素養，將來可以有效地適應社會生活，進而促成「個人發展」與「社會發展」（蔡清田，2012）。特別是當前科技發展日新月異以及社會快速變遷，加上全球化浪潮席捲世界，形成變動不居的多元社會，如何建立永續的經濟發展、社會福祉、社會融合、社會正義與個人福祉，這與核心素養之學習息息相關。尤其二十一世紀是一個全球國際化、資訊化的社會，必須協助學生學習核心素養，才能以在未來社會中能夠促成「個人發展」與「社會發展」。

　　就「核心素養」的本質而言，「核心素養」不是先天遺傳的，而是經由後天教育所學習獲得的（Weinert, 2001），「核心素養」是「可以透過教育加以引導」、「可以透過課程加以規劃」、「可以透過教學加以培養」、「可以透過學習獲得成就」（蔡清田，2011），而且國家可以透過教育培養「核心素養」，學校更可透過相關教育活動、領域／科目課程規劃、教學引導、學生學習、評量、教務、學生事務、輔導與心理、總務等，如圖1-8「核心素養與學校教育對應的滾動圓輪意象」所示，以逐漸充

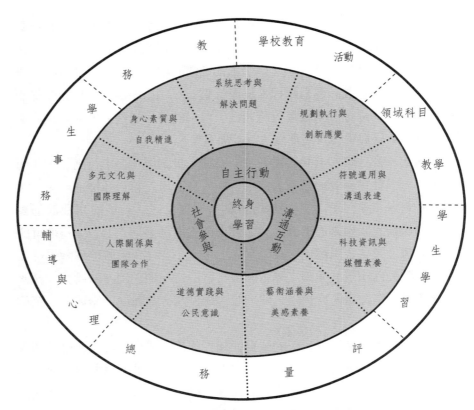

圖1-8　核心素養與對應教育活動的滾動圓輪意象

實學生「核心素養」的知識能力態度之內涵與提升其水準品質,可以進一步培養社會所需的優質公民,同時促成「成功的個人生活」及「功能健全的社會」。

五、教育階段核心素養之課程設計

　　我國洪裕宏、胡志偉、顧忠華、陳伯璋、高湧泉、彭小妍等人於2005年到2008年進行的《界定與選擇國民核心素養:概念參考架構與理論基礎研究》與陳伯璋、張新仁、蔡清田、潘慧玲(2007)的《全方位的國民核心素養之教育研究》,從哲學整合心理學、社會與歷史、教育、科學

與人文藝術等學理以界定國民所需核心素養，建立「核心素養」的理論基礎；蔡清田、吳明烈、盧美貴、方德隆、陳聖謨、林永豐、陳延興等人（2011）的《K-12中小學一貫課程綱要核心素養與各領域連貫體系研究》，提出一個核心三面九項核心素養及各教育階段核心素養，分齡設計幼兒園、國小、國中、高級中等教育階段核心素養；蔡清田、洪若烈、陳延興、盧美貴、陳聖謨、方德隆、林永豐、李懿芳等人（2012）的《K-12各教育階段核心素養與各領域課程統整研究》，針對核心素養進行現行各領域課程綱要的檢視，以了解現行各領域課綱符應程度，並透過「核心素養」與各領域／科目課程統整研究，建立領域／科目核心素養與學習重點之連貫體系，以及蔡清田、陳伯璋、陳延興、林永豐、盧美貴、李文富、方德隆、陳聖謨、楊俊鴻、高新建、李懿芳、范信賢（2013）等《十二年國民基本教育課程發展指引草案擬議研究》，發展以核心素養為核心的課程發展指引，這一系列從2005年到2013年有關臺灣核心素養之重要研究沿革，通稱為臺灣學生核心素養「八年研究」，本書第二章「核心素養的課程論」，將進一步論述其具有核心素養研究與課程改革規劃設計的關聯價值。

此處，特別值得進一步闡述的是，其中從2010年7月到2011年6月的《K-12中小學一貫課程綱要核心素養與各領域連貫體系研究》，其研究成果是垂直連貫幼兒園、小學、國民中學、高級中等教育之「教育階段核心素養」，強調以終身學習者為主體，進而培養「溝通互動」、「社會參與」、「自主行動」三面向能均衡發展的健全公民。「教育階段核心素養」是指核心素養應依據學生身心發展階段不同的教育階段循序漸進，因材施教培養難易程度不同的核心素養，而且從幼兒園、國民小學、國民中學、高級中等教育等各教育階段循序漸進培養學生核心素養的效果，應該會比只在高中階育階段才培養核心素養的效果更好，因此，重視學校教育扮演著重要角色，可透過各「教育階段核心素養」之課程設計，循序漸進引導學校教師協助學生習得「核心素養」。

核心素養係指自主行動、溝通互動、社會參與之三大面向及身心素質與自我精進、系統思考與解決問題、規劃執行與創新應變、符號運用與溝通表達、科技資訊與媒體素養、藝術涵養與美感素養、道德實踐與公民

意識、人際關係與團隊合作、多元文化與國際理解之九大項目。「核心素養」具有課程設計垂直連貫之重要性，不只是課程設計的經緯線，更如同人體構造要素之DNA組織綿密且環環相扣而結構嚴謹（蔡清田，2014），可轉化成為各「教育階段核心素養」，並可進一步轉化成為各教育階段的學習領域課程目標與領域／科目核心素養，清楚呈現各教育階段領域／科目課程的連貫性、統整性及銜接性，不僅使幼兒園、小學、國中、高中教育階段的課程前後連貫（教育部，2014），向下扎根到幼兒教育階段，並向上連貫到高中的後期中等教育階段，更可促成未來K-12年級課程綱要的「連貫性」、「統整性」、「銜接性」，因此，「核心素養」被譽為是課程發展與設計的關鍵DNA（蔡清田，2016），如圖1-9所示「素養」、「核心素養」、「教育階段核心素養」等三層次理念體系，具有循序漸進的關係如同人體構造要素之DNA，可作為以核心素養為指引的學校課程設計之架構內涵，彰顯以核心素養為指引連貫各教育階段課程設計的重要性。

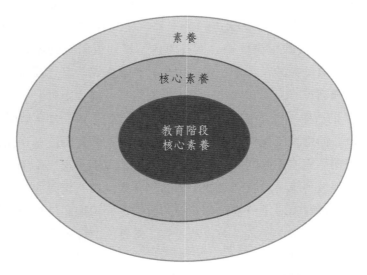

圖1-9　「素養」、「核心素養」、「教育階段核心素養」三層次理念體系

　　「國民核心素養」或簡稱爲核心素養：係指A自主行動、B溝通互動、C社會參與之三大面向及A1身心素質與自我精進、A2系統思考與解決問題、A3規劃執行與創新應變、B1符號運用與溝通表達、B2科技資訊與媒體素養、B3藝術涵養與美感素養、C1道德實踐與公民意識、C2人際關係與團隊合作、C3多元文化與國際理解之九大項目。「教育階段核心素養」：係指國小、國中、高級中等教育所對應之教育階段的九項核心素養，依各階段的教育特質加以衍伸，並加上階段別編碼；其中，E代表12歲的國小階段、J代表15歲的國中階段、U代表18歲的後期中等教育階段，例如：「E-A2具備探索問題的思考能力，並透過體驗與實踐處理日常生活問題」、「J-B3具備藝術展演的一般知能及表現能力，欣賞各種藝術的風格和價值，並了解美感的特質、認知與表現方式，增進生活的豐富性與美感體驗」、「U-C1具備對道德課題與公共議題的思考與對話素養，培養良好品德、公民意識與社會責任，主動參與環境保育與社會公益活動」等係指國小、國中與高級中等教育所對應之教育階段的「A2系統思考與解決問題」、「B3藝術涵養與美感素養」、「C1道德實踐與公民意識」等項核心素養。「教育階段核心素養」，依照個體身心發展階段各有其具體內涵，依序分爲小學、國民中學及高中教育階段，是以接受基礎教育的學生需要透過學校教育循序漸進習得國民應具備的核心素養。

　　就十二年國民基本教育的完整圖像而言，強調培養以人爲本的「終身學習者」，並以此爲基礎建構出小學、國民中學及高中等關鍵「教育階段核心素養」之「階段性」，頗能彰顯發展心理學的「認知發展論」與「階段發展任務」，呼應核心素養的滾動圓輪意象，強調其「階段任務」之動態發展，可以人爲主體的生命教育詮釋終身學習者的核心素養內涵，進行初等教育、前期中等教育、後期中等教育等階段課程的「連貫」，學生可透過學校教育循序漸進學習，具有層次分明漸進發展的課程改革圖像，更呼應「核心素養」的滾動圓輪意象，能依所欲培養的核心素養，以解決生活情境中所面臨的問題，並能因應生活情境之快速變遷而與時俱進，成爲一位終身學習者。

　　當學生開始接受學校教育之後，應該逐漸發展出核心素養，俾能適應

社會生活。核心素養應該持續發展、維持與更新，並且成為終身學習的一部分，而非僅存於特定的教育階段，強調核心素養需要透過幼兒教育、初等教育階段、前期中等教育、後期中等教育等不同教育階段的長期培養，以建立K-12年級的各教育階段核心素養之連貫體系，以核心素養作為K-12年級課程設計的核心要素，必須明確區分出各項核心素養在6歲、12歲、15歲、18歲的發展進階與學習表現之期望水準，可建立K-12年級垂直連貫的四組關鍵「教育階段核心素養」簡稱「四階論」，合乎艾瑞克森（Eric H. Erikson）有關從幼兒期到青年期學生身心發展與社會情境交互作用「階段發展任務」的心理社會發展階段理論學說（蔡清田，2014）。

　　特別是，就「教育階段核心素養」的整體圖像而言，如表1-9核心素養與四組關鍵「教育階段核心素養」具體內涵重點所示（修改自教育部，2014；國家教育研究院，2014b），可建立K-12年級課程的連貫性、統整性與銜接性，合乎學生身心發展的「階段發展任務」（蔡清田，2018），學生可透過學校教育階段循序漸進學習，逐步提升公民個人競爭力並厚植社會競爭力，具有層次分明漸進發展的課程改革巨幅圖像。特別是6-12歲兒童期「國小教育階段」是初等教育階段，是奠定學生各項素養基礎的重要階段，強調從生活情境及實作中，陶養學生在自主行動、溝通互動及社會參與等方面應具備的最基本素養；12-15歲青少年期「國中教育階段」是前期中等教育階段，國中學生正值青春期，是身心發展、自我探索與人際互動面臨轉變與調適階段，因此需完整提升各面向的素養，以協助此階段學生成長發展需要；15-18歲青年期「高級中等教育階段」是後期中等教育階段，也是十二年國民基本教育的最後一個階段，此階段教育應著重提供學生學習銜接、身心發展、生涯定向與準備所需具備之素養，同時需讓學生具備獨立自主能力，滿足終身學習者及世界公民所需的核心素養。

表1-9　核心素養與四組關鍵「教育階段核心素養」具體內涵重點

一個核心	三個面向	九個項目	項目說明	4-6歲「幼兒期」學前教育階段之幼兒園內涵重點	6-12歲「兒童期」初等教育階段之國民小學內涵重點	12-15歲「青少年期」前期中等教育階段之國民中學內涵重點	15-18歲「青年期」後期中等教育階段高級中等學校之具體內涵重點
		核心素養與各「教育階段核心素養」的整體說明		幼兒園是奠定「核心素養」的第一個關鍵教育階段，具有幼兒主動探索、豐富想像與創造能力發展的潛能，由人體驗與參與環境做人與生活的涵養學習的素養。	國民小學階段是奠定「核心素養」的第二個關鍵教育階段，是各項素養學生基礎陶冶的重要生活，強調從生活情境中，以自主行動、溝通互動及社會參與等方面的應具備最基本的核心素養。	國民中學階段是奠定「核心素養」的第三個關鍵教育階段，是國中青春期，正值身心發展的青少年期，面臨人際互動與轉變調適階段，因此階段需整合完整的面向發展，以協助學生成長學習需要。	高級中等教育階段是培養核心素養的第四個關鍵教育階段，也是最後一個基本教育階段，此階段學生身心發展具備此階段應接近身心成熟，同時具備獨立自主學習能力，提供學生終身學習及世界公民所需的各項核心素養。
終身學習者	A 自主行動	A1 身心素質與自我精進	具備身心健全發展的素質，擁有合宜的人性觀與自我觀，同時透過選擇、分析與運用新知，有效規劃生涯發展，探尋生命意義，並不斷自我精進，追求至善。	K-A1 具備良好的生活自理習慣與自我表達，並能表達需求與選擇。	E-A1 具備良好的生活習慣，促進身心健全發展，並認識個人特質及發展自我潛能。	J-A1 具備良好的身心發展知能，並欣賞、探索與發現自我潛能，進而肯定自我價值，探索生命意義與價值，並積極實踐。	U-A1 提升各項身心素質，健全全人發展，擁有個人潛能，有效規劃生涯，並透過自我精進，追求至善與幸福人生。

一個核心	三個面向	九個項目	項目說明	4-6歲「幼兒期」學前教育階段之幼兒園具體內涵重點	6-12歲「兒童期」初等教育階段國民小學之具體內涵重點	12-15歲「青少年期」前期中等教育階段國民中學之具體內涵重點	15-18歲「青年期」後期中等教育階段高級中等學校之具體內涵重點
終身學習者	A 自主行動	A2 系統思考與解決問題	具備問題理解、思辨分析、推理批判的系統思考與後設思考素養，並能行動與反思，以有效處理及解決生活、生命問題。	K-A2具備探索環境的能力，並能試著解決生活上的問題。	E-A2具備探索問題的思考能力，並透過體驗與實踐處理日常生活問題。	J-A2具備理解情境全貌，並做獨立思考與分析的知能，運用適當的策略處理解決生活及生命議題。	U-A2具備系統思考、分析與探索的素養，深化後設思考，並積極面對挑戰以解決人生的各種問題。
		A3 規劃執行與創新應變	具備規劃及執行計畫的能力，並試探與發展多元專業知能、充實生活經驗，發揮創新精神，以因應社會變遷、增進個人的彈性適應力。	K-A3具備以圖像或符號計畫工作的能力，並能因應情境調整活動的進行。	E-A3具備擬定計畫與實作的能力，並以創新思考方式，因應日常生活情境。	J-A3具備善用資源以擬定計畫、有效執行，並發揮主動學習與創新求變的素養。	U-A3具備規劃、實踐與檢討反省的素養，並可因應新的情境或問題，以創新應變的態度與作為。

一個核心	三個面向	九個項目	項目說明	4-6歲「幼兒期」學前教育階段幼兒園之具體內涵重點	6-12歲「兒童期」初等教育階段國民小學之具體內涵重點	12-15歲「青少年期」前期中等教育階段國民中學之具體內涵重點	15-18歲「青年期」後期中等教育階段高級中等學校之具體內涵重點
終身學習者	B 溝通互動	B1 符號運用與溝通表達	具備理解及使用語言、文字、數理、肢體及藝術等各種符號進行表達、溝通及互動，並能了解與同理他人，應用在日常生活及工作上。	K-B1具備運用肢體、口語與圖像的素養，並能進行日常生活表達或記錄。	E-B1具備「聽、說、讀、寫、作」的基本語文素養，並具有生活所需的基礎數理、肢體及藝術等符號知能，能以同理心應用在生活與人際溝通。	J-B1具備運用各類符號表情達意的素養，能以同理心與人溝通互動，並理解數理、美學等基本概念，應用於日常生活中。	U-B1具備掌握各類符號表達的能力，以進行經驗、思想、價值與情意之表達，並能以同理心與他人溝通與問題解決。
		B2 科技資訊與媒體素養	具備善用科技、資訊與各類媒體之能力，培養相關倫理及媒體識讀的素養，俾能分析、思辨、批判人與科技、資訊及媒體之關係。	K-B2具備運用生活中基本科技資訊與媒體的素養，並能豐富生活經驗。	E-B2具備科技與資訊應用的基本素養，並理解各類媒體內容的意義與影響。	J-B2具備善用科技、資訊與媒體以增進學習的素養，並察覺、思辨人與科技、資訊、媒體的互動關係。	U-B2具備適當運用科技、資訊與媒體之素養，進行各類媒體識讀與批判，並能反思科技、資訊與媒體的倫理議題。

一個核心	三個面向	九個項目	項目說明	4-6歲「幼兒期」學前教育階段 幼兒園之具體內涵重點	6-12歲「兒童期」初等教育階段 國民小學之具體內涵重點	12-15歲「青少年期」前期中等教育階段 國民中學之具體內涵重點	15-18歲「青年期」後期中等教育階段 高級中等學校之具體內涵重點
終身學習者	B 溝通互動	B3 藝術涵養與美感素養	具備藝術感知、創作與鑑賞能力，體會藝術文化之美，透過生活美學的省思，豐富美感體驗，培養對美善的人事物，進行賞析、建構與分享的態度與能力。	K-B3具備感官探索、覺察與欣賞美好生活中各種事物的美，並能運用各種媒材表現創作。	E-B3具備欣賞與創作藝術的基本素養，進行多元感知與生活環境中的美感體驗。	J-B3具備藝術展演的一般知能及欣賞能力，欣賞各種藝術風格和表現方式，並了解其價值和特質的認知，增進生活的豐富性與美感體驗。	U-B3具備藝術感知、創作、體會、賞析與鑑賞藝術作品的能力，欣賞社會、歷史、文化與藝術之間的互動關係，進而透過生活美學的涵養，對美善的人事物，建構與分享。
	C 社會參與	C1 道德實踐與公民意識	具備道德實踐的素養，從個人小我到社會公民，循序漸進，養成社會責任感及公民意識，主動關注公共議題並積極參與社會活動，關懷自然生態與人類永續發展，而展現知善、樂善與行善的品德。	K-C1具備主動參與團體活動的規範，並在生活中展現尊重與關懷。	E-C1具備個人生活道德的知識與是非判斷的能力，理解並遵守社會道德規範，培養公民意識，關懷生態環境。	J-C1培養道德思辨與實踐能力，具備民主素養、法治觀念與環境意識，並主動參與公益活動，關懷自然生態與人類永續發展的倫理議題與生態環境。	U-C1具備對道德課題與公共議題的思考與對話素養，培養良好品德、公民意識與社會責任，主動參與環境保育與公益活動。

一個核心	三個面向	九個項目	項目說明	4-6歲「幼兒期」學前教育階段 幼兒園之具體內涵重點	6-12歲「兒童期」初等教育階段 國民小學之具體內涵重點	12-15歲「青少年期」前期中等教育階段 國民中學之具體內涵重點	15-18歲「青年期」後期中等教育階段 高級中等學校之具體內涵重點
終身學習者	C 社會參與	C2 人際關係與團隊合作	具備友善的人際情懷及與他人建立良好的互動關係，並發展與人溝通協調、包容異己、社會參與及服務等團隊合作的素養。	K-C2具備與人協商及關心他人的素養，同時會調整自己的態度與行為。	E-C2具備理解他人感受，樂於與人互動，並與團隊成員合作之素養。	J-C2具備利他與合群的知能與態度，並培育互相和諧、合作及與人和諧互動的素養。	U-C2發展適切的人際關係，並展現包容異己、溝通協調與國際團隊合作的精神及行動。
		C3 多元文化與國際理解	具備自我文化認同的信念，並尊重與欣賞多元文化，積極關心全球議題及國際情勢，並能順應時代脈動與社會需要，發展國際理解、多元文化價值觀與世界和平的胸懷。	K-C3具備欣賞他人及家人之間的差異，並尊重人己的素養，並能接納多元文化的態度。	E-C3具備理解與關心本土與國際事務的素養，並認識與包容文化的多元性。	J-C3具備敏察和接納多元文化的涵養，並關心本土與國際事務，並尊重與欣賞差異。	U-C3在堅定自我文化價值的同時，又能尊重欣賞多元文化，拓展國際視野，並主動關心全球議題或國際情勢，具備國際移動力。

註：各「教育階段核心素養」係指幼兒園、國小、國中與高級中等學校教育階段所對應之教育階段的九項核心素養，依各階段的教育特質加以衍伸，並加上階段別之編碼，其中K代表6歲的幼兒園階段（kindergarten）、E代表12歲的國民小學教育階段（Elementary school education）、J代表15歲的國民中學教育階段（Juniorhigh school education）、U代表18歲的高級中等學校教育階段（Upper secondary education），例如E-A2、J-B3、U-C1等。

　　「核心素養」是過去傳統中小學校應該教而未教的「懸缺課程」，學校教育常流於考試領導教學的弊病，「沉淪於考試之中」，僅重視知識與能力的學習，而忽略態度情意的重要性，因此學生在接受各級學校教育以後，學習到部分學科知識與能力，但並未具備現代公民所需要的「素養」（洪裕宏，2011；胡志偉、郭建志、程景琳、陳修元，2008；高湧泉、陳竹亭、翁秉仁、黃榮棋、王道還，2008；陳伯璋、張新仁、蔡清田、潘慧玲，2007；彭小妍、王瓔玲、戴景賢，2008；顧忠華、吳密察、黃東益，2008）。

　　面對新世紀「工業4.0」資訊科技社會變遷的教育改革浪潮，終身學習時代數位學習方興未艾，必須評估檢討學校課程現況與問題，因應社會的環境變遷與需求。我國過去的教育，在升學壓力下，中小學課程偏重學科知識取向，過度強調智育掛帥，無法落實德、智、體、群、美等五育均衡發展的全人教育，五育「病」重，偏重智育的「知識」而忽略「能力」與「態度」，如果只重「能力」的學習，可能淪為「忽略知識」而且「缺乏情意」的「訓練」，欠缺「態度」情意價值引導，則如修車廠技工空有修車「能力」卻「態度」不當缺乏誠信，以致不當更換汽車零件或浮報價格地大敲顧客竹槓；或如食品製造商人有「能力」在食物中添加「起雲劑」，卻「態度」不當地添加有毒的「塑化劑」，這些商人有「能力」卻「態度」不當而做出傷天害理之事，造成公民身心健康嚴重受損並破壞國家聲譽（蔡清田，2011）。因此，「核心素養導向的教育」，刻不容緩。這種全新學校教育模式，如同本章「核心素養的ECTLA理論模式」所論，「核心素養」是「可以透過教育加以引導的」，可透過學校教育培育所需的「核心素養」（蔡清田，2016），「核心素養」必須實質融入各級學校課程，各級學校的課程應依「核心素養」進行設計並加以教學實施而使其有連貫性、統整性與銜接性，以協助學生學習獲得「核心素養」（陳伯璋、張新仁、蔡清田、潘慧玲，2007），一方面，協助個人發展獲得「優質生活」，另一方面，促進社會發展協助人類因應未來「優質社會」的生活挑戰。

六、結語

　　本章「核心素養」的「教育論」，闡述國際組織的相關教育研究，次論「核心素養」的教育理念價值，探討「核心素養」之特色及一個核心三面九項的核心素養教育內涵，再論「教育階段核心素養」之設計，從教育學理的核心素養之相關研究發現，核心素養是「可以透過教育加以引導」、「可以透過課程加以規劃」、「可以透過教學加以培養」、「可以透過學習獲得成就」、「可以透過評量加以推估」；「核心素養」具有學校教育功能價值，可以作為更新學校教育目的之重要來源，可以作為推動各學校教育階段課程改革的指引；可透過教改的課程政策，研訂各教育階段課程綱要核心素養的架構與具體內涵；將「核心素養」視同課程發展與設計的關鍵DNA，將「核心素養」納入新修訂的正式學校課程中；可使幼兒園、國民小學、國民中學、高中教育階段的課程連貫統整，進行以「核心素養」為主軸的幼兒園與中小學課程垂直連貫與水平統整，設計以「核心素養」為主的課程、教學、學習與評量（蔡清田，2019），引導課程、教學、學習與評量的緊密聯結，進而培養具有「核心素養」之健全公民，一方面，協助個人發展獲得「優質生活」，另一方面，促進社會發展協助人類因應未來「優質社會」的生活挑戰。這些「核心素養」的理想願景與教育功能價值，和「核心素養」的課程規劃、教學設計以及學習特質有著密切關係，因此本書將在稍後各章進一步闡述「核心素養的課程論」、「核心素養的教學論」、「核心素養的學習論」、「核心素養的評量論」。

參考文獻

王世英、張鈿富、吳慧子、吳舒靜（2009）。歐美澳「公民關鍵能力」發展之研究。臺北市：國立教育資料館。

王如哲（2008）。評鑑大學績效的新指標——就業力。評鑑，**15**，20-23。

石鷗（2017）。核心素養的課程與教學價值。載於楊九詮主編，**學生發展核心素養三十人談**（pp.32-36）。上海市：華東師範大學出版社。

辛濤（2017）。學生發展核心素養研究應注意幾個問題。載於楊九詮主編，**學生發展核心素養三十人談**（pp.20-23）。上海市：華東師範大學出版社。

成露茜、羊憶蓉（1996）。**邁向二十一世紀新教育——從澳洲「關鍵能力」教育計畫試探臺灣的教改前景**。臺北市：行政院教育改革審議委員會。

羊憶蓉（1996）。一九九〇年的澳洲教育改革：「核心能力」取向的教育計畫。教改通訊，**20**，2-3。

吳璧純、詹志禹（2018）。從能力本位到素養導向教育的演進、發展及反思。教育研究與發展期刊，**14(2)**，35-64。

余文森（2017）。**核心素養導向的課堂教學**。上海市：上海教育出版社。

李子建、姚偉梅、許景輝（2019）。**21世紀技能與生涯規劃教育**。臺北市：高等教育。

李琪明（2003）。德行取向之品德教育理論與實踐。哲學與文化，**30(8)**，153-174。

林永豐（主編）（2019）。**邁向素養導向的課程教學改革**。臺北市：五南。

林進材（2019）。**核心素養下的教師教學設計與實踐**。臺北市：五南。

林崇德（主編）（2016）。**面向21世紀的學生核心素養研究**。北京市：北京師範大學出版社。

崔允漷（2016）。素養：一個讓人歡喜讓人憂的概念。華東師範大學學報，**35(1)**，3-5。

洪裕宏（2011）。定義與選擇國民核心素養的理論架構。研習資訊，**28(4)**，15-24。

洪裕宏、胡志偉、顧忠華、陳伯璋、高湧泉、彭小妍等人（2008）。**界定與選擇國民核心素養：概念參考架構與理論基礎研究**。行政院國家科學委員會專題研究計畫成果報告（NSC 95-2511-S-010-001）。臺北

市：國立陽明大學。

洪詠善、范信賢（主編）（2015）。同行～走進十二年國民基本教育課程綱要總綱。新北市：國家教育研究院。

胡志偉、郭建志、程景琳、陳修元（2008）。能教學之適文化國民核心素養研究。行政院國家科學委員會專題研究計畫成果報告（NSC95-2511-S-002-001）。臺北市：國立臺灣大學。

高湧泉、陳竹亭、翁秉仁、黃榮棋、王道還（2008）。國民自然科學素養研究。行政院國家科學委員會專題研究計畫成果報告（NSC 95-2511-S-005-001）。臺北市：國立臺灣大學。

柯華葳、劉子鍵、劉旨峰（2005）。18歲學生應具備基本能力研究。教育部中教司委託研究。桃園縣：國立中央大學學習與教學研究所。

許菊芳（主編）（2007）。關鍵能力：你的孩子到底該學什麼。臺北市：天下雜誌。

教育部（2006）。中小學一貫課程體系參考指引。臺北市：作者。

教育部（2008）。國民中小學九年一貫課程綱要。臺北市：教育部國教司。

教育部（2014）。十二年國民基本教育課程綱要總綱。臺北市：作者。

陳明印（2011）。澳洲中小學課程發展趨勢分析——從2010年國家中小學統一課程綱要來看。教育研究與發展期刊，7(2)，153-88。

陳伯璋（2010）。臺灣國民核心素養與中小學課程發展之關係。課程研究，5(2)，1-26。

陳伯璋、張新仁、蔡清田、潘慧玲（2007）。全方位的國民核心素養之教育研究。行政院國家科學委員會專題研究計畫成果報告（NSC 95-2511-S-003-001）。臺南市：首府大學。

張華（2017）。核心素養與我國基礎教育課程改革的再出發。載於楊九詮主編，學生發展核心素養三十人談（pp.37-41）。上海市：華東師範大學出版社。

國家教育研究院（2014a）。十二年國民基本教育課程發展建議書。臺北市：作者。

國家教育研究院（2014b）。**十二年國民基本教育課程發展指引**。臺北市：作者。

彭小妍、王瓊玲、戴景賢（2008）。**人文素養研究**。行政院國家科學委員會專題研究計畫成果報告（NSC 95-2511-S-001-001）。臺北市：中央研究院。

黃光雄、蔡清田（2015）。**課程發展與設計新論**。臺北市：五南。

黃政傑（1999）。**課程設計**。臺北市：東華。

黃瑞菘（2018）。**核心素養導向課程設計**。臺北市：五南。

黃崑巖（2009）。**黃崑巖談有品社會**。臺北市：聯經。

馮朝霖（2016）。**乘風尋度——教育美學論輯**。新竹：道禾書院。

馮朝霖、范信賢、白亦方（2011）。**國民中小學課程綱要系統圖像之研究**（國家教育研究院委託研究報告）。臺北市：國立政治大學教育研究所。

靳玉樂、張銘凱、鄭鑫（2018）。**核心素養及其培育**。南京：江蘇人民出版社。

褚宏啓（2017）。核心素養的概念與本質。載於楊九詮主編，**學生發展核心素養三十人談**（pp.1-6）。上海市：華東師範大學出版社。

楊九詮（主編）（2017）。**學生發展核心素養三十人談**。上海市：華東師範大學出版社。

楊向東（2017）。基於核心素養的基礎教育課程標準研製。**全球教育展望**，**46**(9)，34-48。

楊俊鴻（2018）。**素養導向課程與教學：理論與實踐**。臺北市：高等教育。

蔡清田（2008）。**課程學**。臺北市：五南。

蔡清田（2011）。**素養：課程改革的DNA**。臺北市：高等教育。

蔡清田（2012）。**課程發展與設計的關鍵DNA：核心素養**。臺北市：五南。

蔡清田（2014）。**國民核心素養：十二年國民基本教育課程改革DNA**。臺北市：高等教育。

蔡清田（2015）。教育行動研究新論。臺北市：五南。

蔡清田（2016）。**50則非知不可的課程學概念**。臺北市：五南。

蔡清田（2017）。課程實驗：課綱爭議的出路。臺北市：五南。

蔡清田（2018）。**核心素養的課程發展**。臺北市：五南。

蔡清田（2019）。**核心素養的學校本位課程發展**。臺北市：五南。

蔡清田、陳延興、李奉儒、洪志成、鄭勝耀、曾玉村、林永豐（2009）。**中小學課程相關之課程、教學、認知發展等學理基礎與理論趨向**。國家教育研究院委託研究報告。嘉義縣：國立中正大學課程研究所。

蔡清田、陳延興、吳明烈、盧美貴、陳聖謨、方德隆、林永豐（2011）。**K-12中小學一貫課程綱要核心素養與各領域連貫體系研究**。國家教育研究院委託研究報告。嘉義縣：國立中正大學課程研究所。

蔡清田、洪若烈、陳延興、盧美貴、陳聖謨、方德隆、林永豐、李懿芳（2012）。**K-12各教育階段核心素養與各領域課程統整研究**。國家教育研究院委託研究報告。嘉義縣：國立中正大學課程研究所。

蔡清田、陳伯璋、陳延興、林永豐、盧美貴、李文富、方德隆、陳聖謨、楊俊鴻、高新建、李懿芳、范信賢（2013）。**十二年國民基本教育課程發展指引草案擬議研究**。國家教育研究院委託研究報告。嘉義縣：國立中正大學課程研究所。

顧忠華、吳密察、黃東益（2008）。**我國國民歷史、文化及社會核心素養之研究**。行政院國家科學委員會專題研究計畫成果報告（NSC 95-2511-S-004-001）。臺北市：國立政治大學。

鍾啟泉（2016）。核心素養賦予基礎教育以新時代的內涵，**上海教育科研，345**，1。

鍾啟泉、崔允漷（2018）。**核心素養研究**。上海市：華東師範大學出版社。

Canto-Sperber, M. & Dupuy, J. P. (2001). Competencies for the good life and the good society. In D. S. Rychen & L. H. Salganik (Eds.), *Defining and selecting key competencies* (pp.67-92). Göttingen, Germany: Hogrefe & Huber Publishers.

Delors, J. et al. (1996). *Learning: The Treasure Within* (Report to UNESCO of the International Commission on Education for the Twenty-first Century. Paris: UNESCO Publishing.

Department of Education, Science and Training (2005). *School education.* Retrieved April 12, 2006, from http://www.dest.gov.au/sectors/school_education/

European Commission (2005). *On key competencies for lifelong learning.* Proposal for a recommendation of the European parliament and of the council. Brussels: Author.

European Communities (2007). *The Key Competencies for Lifelong Learning-A European Framework.* Luxembourg: Office for Official Publications of the European Communities.

European Union (2005). Panorama of the European Union: united in diversity. Retrieved December 20, 2006, from http://europa.eu/abc/panorama/index_en.htm

Giddens, A. (1984). *The constitution of society.* Cambridge: Polity Press.

Gilomen, H. (2003). Desired outcomes: A successful life and a well-function society. In D. S. Rychen & L. H. Salganik (Eds.), *Key competencies for a successful life and a well-functioning society* (pp. 109-134). Göttingen, Germany: Hogrefe & Huber Publishers.

Goody, J. (2001). Education and competence: Contextual diversity. In D. S. Rychen & L. H. Salganik (Eds.), *Defining and selecting key competencies* (pp. 175-189). Göttingen, Germany: Hogrefe & Huber Publishers.

Haste, H. (2001). Ambiguity, autonomy, and agency: Psychological challenges to new competence. In D. S. Rychen & L. H. Salganik (Eds.), *Defining and selecting key competencies* (pp.93-120). Göttingen, Germany: Hogrefe & Huber Publishers.

Hipkins, R. (2010, November). Introducing key competencies into a national curriculum framework: What have we learned in New Zealand? Paper presented at The International Conference on The Key Competencies and Educational Innovation in a Global Era（「全球化時代之關鍵能力與教育革新」國際學術研討會）。國立臺灣師範大學教育系，2010年11月12-13日。

Lave, J. & Wenger, E. (1990). *Situated Learning: Legitimate Peripheral Participation*. Cambridge: Cambridge University Press.

Lawton, D. (1973). *Social change, educational theory and curriculum planning*. London: Routledge & Kegan Paul.

Mayer Committee (1992). *Key Competencies: Report of the Committee to advise the Australian Education Council and Ministers of Vocational Education, Employment and Training on employment-related Key Competencies for postcompulsory education and training*. Retrieved October 29, 2008, from http://www.dest.gov.au/NR/rdonlyres/F1C64501-44DF-42C6-9D3C-A61321A63875/3831/92_36.pdf

Mayer, E. (1992). *Putting general education to work: The key competencies report*. Canberra: Australian Government Publishing Service.

McCulloch, G. (2019). Compulsory education and the schooling of society. 臺灣教育哲學學會第三屆年會：哲學省思與臺灣教育研究研討會「主題演講」。國立中正大學教育學研究所。2019年4月19日。

Ministerial Council on Education, Employment, Training and Youth Affairs (1999). *The Adelaide Declaration on National Goals for Schooling in the Twenty-First Century*. Retrieved March 10, 2006, from http://www.mceetya.edu.au/mceetya/nationalgoals/index.htm

Ministerial Council for Education, Early Childhood Development and Youth Affairs (MCEECDYA) (2010). Foundation to Year 10 Australian Curriculum in Seventh MCEECDYA meeting COMMUNIQUE. 8 December 2010, Canberra. Retrieve July 19, 2012, from http://www.mceecdya.edu.au/verve/_resources/c07_Communique_8_Dec_2010.pdf

Ministry of Education (2005). *KEY COMPETENCIES IN TETIARY*

EDUCATION. Retrieved May 10, 2006, from http://www.minedu.govt. nz/web/downloadable//dl10354_v1/key-competencies.pdf

Ministry of Education (2007). *The New Zealand Curriculum*. Learning Media Limited. Wellington, New Zealand.

Morin, E. (1999), *The Seven Complex Lessons in Education for the Future*. UNESCO.

Organisation for Economic Co-operation and Development (OECD) (2002). *Definition and Selection of Competencies (DeSeCo): Theoretical and conceptual foundations*. Strategy Paper (OECD DeSeCo Strategy Paper 2002). Retrieved June 12, 2010, from http://www.deseco.admin.ch/bfs/ deseco/en/index/02.parsys.34116.downloadList.87902.DownloadFile. tmp/oecddesecostrategypaperdeelsaedcericd20029.pdf

Organisation for Economic Co-operation and Development (OECD) (2005). *The Definition and Selection of Key Competencies: Executive Summary*. Paris: Author. Retrieved June 12, 2013, from http://www.deseco. admin.ch/bfs/deseco/en/index/02.parsys.43469.downloadList.2296. DownloadFile.tmp/2005.dskcexecutivesummary.en.pdf

Organisation for Economic Co-operation and Development (OECD) (2009). PISA 2009 Assesment Framework: Key Competencies in Reading, Mathematics and Science. Paris: OECD.

Organisation for Economic Co-operation and Development (OECD) (2016). Global competency for an inclusive world. Retrieved March 5, 2017, from http://www.oecd.org/pisa/aboutpisa/Global-competency-for-an-inclusive-world.pdf

Organisation for Economic Co-operation and Development (OECD) (2018). *The Future of Education and Skills 2030*. Paris: OECD.

Paniagua, A. & Istance, D. (2018). *Teachers as Designers of Learning Environments: The Importance of Innovative Pedagogies*. Paris Educational Research and Innovation, OECD Publishing.

Pellegrino, J. W. (2017). Teaching, learning and assessing 21st century skills. In Guerriero, S. (Ed.), *Pedagogical Knowledge and the Changing Nature of the Teaching Profession* (pp.223-252). Paris: OECD Publishing.

Perrenoud, P. (2001). The key to social fields: Competencies of an autonomous actor. In D. S. Rychen & L. H. Salganik (Eds.), *Defining and selecting key competencies* (pp. 121-149). Göttingen, Germany: Hogrefe & Huber Publishers.

Qualification and Curriculum Authority (1999a). *The National Curriculum: Handbook for primary teachers in England*. London: QCA.

Qualification and Curriculum Authority (1999b). *The National Curriculum: Handbook for secondary teachers in England*. London: QCA.

Qualification and Curriculum Authority (1999c). *Curriculum guidance for 2000*. London: QCA.

Qualification and Curriculum Authority (2000a). *Arrangement for the statutory regulation of external qualifications in England, Wales and Northern Ireland*. London: QCA.

Qualifications and Curriculum Authority (2000b). Curriculum 2000: What Has Changed? www.qca.org.uk/changes-to-the-nc/

Qualifications and Curriculum Authority (2000c). *Finding Your Way Around: a leaflet about the national qualifications framework*. London: QCA.

Qualification and Curriculum Authority (2006). *Developing Functional Skills* (consultation paper). London: QCA.

Qualifications and Curriculum Development Agency (2010).*The National Curriculum: Level descriptions for subjects*. London: QCDA.

Rychen, D. S. & Salganik, L. H. (Eds.) (2001). *Defining and selecting key competencies*. Göttingen, Germany: Hogrefe & Huber Publishers.

Rychen, D. S. & Salganik, L. H. (Eds.) (2003). *Key competencies for a successful life and a well-functioning society*. Göttingen, Germany: Hogrefe & Huber Publishers.

Schon, D. A. (1983). *The reflective practitioner: how professionals think in action*. New York: Basic Books.

Schröder, M. (2015). *Competence-oriented study programmes*. Retrieved from http://www.fibaa.org/uploads/media/13_Werkstatt_ Kompetenzorientierung_Mai_2015_V3_en_01.pdf

Spencer, L. M. & Spencer, S. M. (1993). *Competence at Work: Models for Superior Performance*. New York: John Wiley and Sons.

Trier, U. P. (2003). Twelve countries contributing to DeSeCo: A summary report. In D. S. Rychen, L. H. Salganik, & M. E McLaughlin (Eds.), *Selected contributions to the 2nd DeSeCo Symposium* (pp. 133-142). Neuchâtel: Swiss Federal Statistical Office.

United Nations Educational, Scientific and Cultural Organization (UNESCO) Institute for Education (2003). *Nurturing the Treasure: Vision and Strategy 2002-2007*. Hamburg, Germany: Author.

United Nations Educational, Scientific and Cultural Organization (UNESCO) (2005). *The plurality of literacy and its implications for policies and programmes: UNECSO Education Sector position paper*. Retrieved February 22, 2011, from http://unesdoc.unesco.org/ images/0013/001362/136246e.pdf

Weinert, F. E. (2001). Concepts of competence: A conceptual clarification. In D. S. Rychen & L. H. Salganik (Eds.), *Defining and selecting key competencies* (pp.45-65). Göttingen, Germany: Hogrefe & Huber.

Young, M., Lambert , D., Robert , C., & Robert, M. (2014). *Knowledge and the future school: curriculum and social justice*. London: Bloomsbury.

第二章 核心素養的課程論

　　本書第一章「核心素養的教育論」指出「核心素養」是「可以透過教育加以引導」。本章「核心素養的課程論」，進而論述「核心素養」是「可以透過課程加以規劃」，探討核心素養導向的「十二年國民基本教育」課程改革，分析十二年國民基本教育課程綱要核心素養的「八年研究」，強調「核心素養」是我國「十二年國民基本教育」課程改革的DNA，可指引領域／科目課程連貫與統整，透過「核心素養」學校本位課程發展模式（Core Competence School-Based Curriculum Development Model），引導教師教學培養學生因應生活所應具備的「核心素養」，闡述如次：

一、核心素養導向的十二年國民基本教育課程改革

　　「核心素養導向的課程」，係指以學生為學習主體，學生能活用所學核心素養並實踐於行動中的一種課程取向。這種「核心素養導向的課程改革」，合乎核心素養導向的整合知識、能力與態度、情境化脈絡化的學習、學習歷程方法及策略、實踐力行的表現等教學原則（洪詠善、范信賢，2015），有別於以教師教學為主的「傳統導向」及以學科知識學習為主的「內容導向」（石鷗，2017；余文森，2017；辛濤，2017；張華，2017；任勇，2017；鍾啓泉，2017）。「核心素養」的教育理念需要透過課程改革的實踐加以落實，例如：「十二年國民基本教育」課程改革，一方面強調「部定課程」以培養「核心素養」，另一方面學校依據學校願景及在地特色規劃「校訂課程」，增加「彈性學習課程」以補「部定課程」之不足，強化「核心素養」的培養，主要目的就是為了落實新課綱的「核心素養」的課程、教學及學習評量，重視課程Currere的動詞意涵，在教育過程中的生活情境學習體驗實踐（蔡清田，2018）。類似地，中國大陸教育部在2014年3月30日頒布「關於深化課程改革落實立德樹人根本任務的意見」，把「核心素養」置於深化課程改革、以落實立德樹人的教育目標，因此於2018年1月16日發布《普通高中課程方案及課程標準》，強調核心素養包括價值觀念與必備品格與關鍵能力、課程結構包括必修課程與

必選課程與選修課程、學習評價包括課程標準與品質標準與考試測評、實施方式包括學科教育與綜合實踐與主題研究，不僅說明「學科課程」是學校課程的重要組成部分，更強調核心素養可以提供學校課程發展的思想武器（崔允漷、邵朝友，2017），蕩漾升學主義應試教育的汙泥濁水，提供了新課程綱要改革的理論基礎支撐（鍾啓泉，2016）。但是香港學者指出（趙偉黎、孫彩平，2017），「立德樹人」的核心素養雖能貫串古今中外的理念，受到高度重視，但大陸內部彼此矛盾衝突而暫無共識，並與素質教育及關鍵能力等用詞混為一談而有三大問題：一是太體系化，卻架構僵化而缺乏眞正的核心；二是太抽象化，強調立德樹人的培養卻忽略「學科知識」的重要性；三是太理想化，雖然頂天但卻乏立地的實證支持，強調全面發展的人之養成，卻無限誇大教育的有限功能，其理念仍有待落實，或可取法臺灣務實的核心素養課程研發體系。

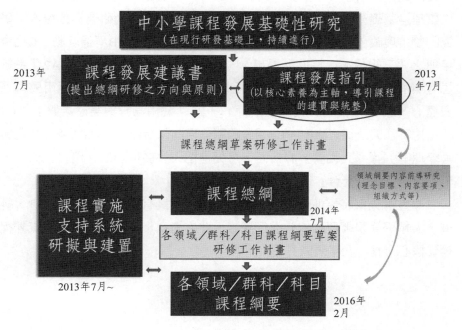

圖2-1　十二年國民基本教育課程綱要研發架構

　　就核心素養在課程改革的角色而言，我國教育部2014年2月17日發布《十二年國民基本教育課程發展指引》（國家教育研究院，2014b），指出核心素養能培育健全國民與終身學習者（蔡清田，2016），以「核心素養」作為課程發展指引，指引各領域／科目垂直連貫與水平統整課程設計，如圖2-1顯示《十二年國民基本教育課程發展指引》與《十二年國民基本教育課程發展建議書》、《十二年國民基本教育課程綱要總綱》及領域／科目課程綱要的關係，是以中小學課程發展基礎研究為依據，引導課程綱要研發（國家教育研究院，2014b），同年11月28日再公布《十二年國民基本教育課程綱要總綱》（教育部，2014）。

　　「核心素養」建立在中小學相關課程發展基礎研究之上，包括聯合國教科文組織、經濟合作與發展組織、歐盟等國際組織倡導的「核心素養」之理念；以及國內外相關「核心素養」的課程基礎研究，如圖2-2「核心素養的理據」所示（蔡清田，2014；2018），透過「核心素養」相關研究文獻理論基礎來源與政策文件資料，兼顧接軌國際學術研究與延續本土研究的雙重理論依據，歸納「核心素養」的A自主行動、B溝通互動、C社會參與之「三維論」，據此開展出A1「身心素質與自我精進」、A2「系統思考與解決問題」、A3「規劃執行與創新應變」、B1「符號運用與溝通表達」、B2「科技資訊與媒體素養」、B3「藝術涵養與美感素養」、C1「道德實踐與公民意識」、C2「人際關係與團隊合作」、C3「多元文化與國際理解」等「九軸論」的內涵，可促進個人發展成功的「優質生活」，更可建構「優質社會」促進「功能健全的社會」。

　　本書第三章將更進一步針對「核心素養」具有哲學、心理、社會、經濟、人類學等學術理論依據進行探討，此處先就十二年國民基本教育課程綱要核心素養「八年研究」進行說明。

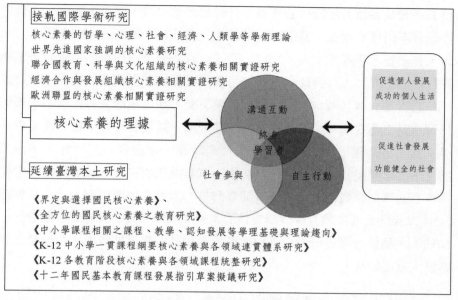

接軌國際學術研究

核心素養的哲學、心理、社會、經濟、人類學等學術理論
世界先進國家強調的核心素養研究
聯合國教育、科學與文化組織的核心素養相關實證研究
經濟合作與發展組織核心素養相關實證研究
歐洲聯盟的核心素養相關實證研究

核心素養的理據

延續臺灣本土研究

《界定與選擇國民核心素養》、
《全方位的國民核心素養之教育研究》
《中小學課程相關之課程、教學、認知發展等學理基礎與理論趨向》
《K-12中小學一貫課程綱要核心素養與各領域連貫體系研究》
《K-12各教育階段核心素養與各領域課程統整研究》
《十二年國民基本教育課程發展指引草案擬議研究》

溝通互動
終身
學習者
社會參與　　自主行動

促進個人發展
成功的個人生活

促進社會發展
功能健全的社會

圖2-2　核心素養的理據

二、十二年國民基本教育課改的核心素養八年研究

　　就核心素養之重要研究沿革而言，洪裕宏、胡志偉、顧忠華、陳伯璋、高湧泉、彭小妍等人的《界定與選擇國民核心素養：概念參考架構與理論基礎研究》，及其子計畫陳伯璋、張新仁、蔡清田、潘慧玲（2007）的《全方位的國民核心素養之教育研究》，從哲學整合心理學、社會與歷史、教育、科學與人文藝術等學理以界定國民所需核心素養，建立「核心素養」的理論基礎；蔡清田、陳延興、李奉儒、洪志成、鄭勝耀、曾玉村、林永豐（2009）的《中小學課程相關之課程、教學、認知發展等學理基礎與理論趨向研究》，探討中小學課程發展的哲學、心理學、社會學、文化人類學及教學理論等學理基礎與理論趨向，蔡清田、陳延興、吳明烈、盧美貴、陳聖謨、方德隆、林永豐等人（2011）的《K-12中小學一貫課程綱要核心素養與各領域連貫體系研究》，提出一個核心的三面九項

核心素養及各教育階段核心素養，分齡設計幼兒園、國小、國中、高級中等教育階段核心素養；蔡清田、洪若烈、陳延興、盧美貴、陳聖謨、方德隆、林永豐、李懿芳等人（2012）的《K-12各教育階段核心素養與各領域課程統整研究》，針對核心素養進行現行各領域課程綱要的檢視，並透過「核心素養」與各領域／科目課程統整研究，建立領域／科目核心素養與學習重點之連貫體系，以及蔡清田、陳伯璋、陳延興、林永豐、盧美貴、李文富、方德隆、陳聖謨、楊俊鴻、高新建、李懿芳、范信賢（2013）的《十二年國民基本教育課程發展指引草案擬議研究》，發展以核心素養為核心的課程發展指引，這些有關臺灣核心素養之重要研究，通稱為如圖2-3十二年國民基本教育課程綱要核心素養「八年研究」（修改自蔡清田，2018），具核心素養研究與課程改革規劃設計的垂直連貫與水平統整之關聯性，分述如次：

（一）《界定與選擇國民核心素養：概念參考架構與理論基礎研究》

學生核心素養是建立在國內外相關中小學課程發展基礎研究之上，包括聯合國教科文組織、經濟合作與發展組織、歐盟等國際組織的「核心素養」；以及臺灣本土的核心素養課程基礎研究，尤其是洪裕宏、胡志偉、顧忠華、陳伯璋、高湧泉、彭小妍等人2005年12月至2007年11月進行《界定與選擇國民核心素養：概念參考架構與理論基礎研究》（簡稱臺灣DeSeCo），參考「經濟合作與發展組織」進行《素養的界定與選擇》計畫成果進行批判分析修正。

《界定與選擇國民核心素養：概念參考架構與理論基礎研究》（洪裕宏，2011；胡志偉、郭建志、程景琳、陳修元，2008；高湧泉、王道還、陳竹亭、翁秉仁、黃榮棋，2008；陳伯璋、張新仁、蔡清田、潘慧玲，2007；彭小妍、王璦玲、戴景賢，2008；顧忠華、吳密察、黃東益，2008），整體計畫架構如下圖2-4所示，整合五個子計畫分別從心理學、社會與歷史、教育、科學與人文藝術各面向的核心素養研究成果，指出核心素養是「共同的」素養，是所有每一個個人獲得成功生活與功能健全社會

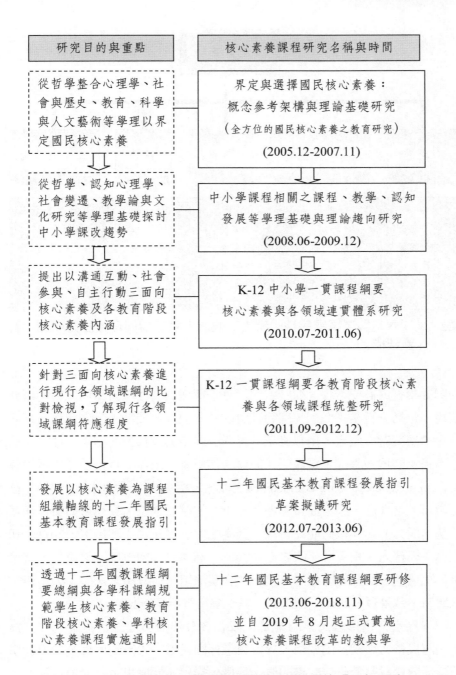

研究目的與重點	核心素養課程研究名稱與時間
從哲學整合心理學、社會與歷史、教育、科學與人文藝術等學理以界定國民核心素養	界定與選擇國民核心素養：概念參考架構與理論基礎研究（全方位的國民核心素養之教育研究）(2005.12-2007.11)
從哲學、認知心理學、社會變遷、教學論與文化研究等學理基礎探討中小學課改趨勢	中小學課程相關之課程、教學、認知發展等學理基礎與理論趨向研究(2008.06-2009.12)
提出以溝通互動、社會參與、自主行動三面向核心素養及各教育階段核心素養內涵	K-12中小學一貫課程綱要核心素養與各領域連貫體系研究(2010.07-2011.06)
針對三面向核心素養進行現行各領域課綱的比對檢視，了解現行各領域課綱符應程度	K-12一貫課程綱要各教育階段核心素養與各領域課程統整研究(2011.09-2012.12)
發展以核心素養為課程組織軸線的十二年國民基本教育課程發展指引	十二年國民基本教育課程發展指引草案擬議研究(2012.07-2013.06)
透過十二年國教課程綱要總綱與各學科課綱規範學生核心素養、教育階段核心素養、學科核心素養課程實施通則	十二年國民基本教育課程綱要研修(2013.06-2018.11)並自2019年8月起正式實施核心素養課程改革的教與學

圖2-3 十二年國民基本教育課程綱要核心素養「八年研究」

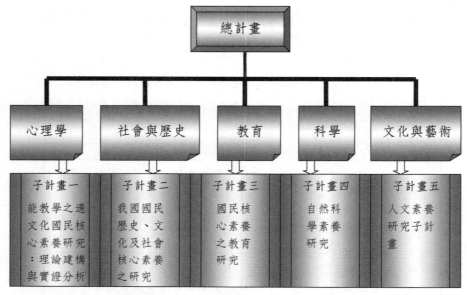

圖2-4 「界定與選擇國民核心素養：概念參考架構與理論基礎研究」計
畫架構

的關鍵素養或必要素養，總計畫並從哲學與理論層面探討整體計畫的概念
架構，包括分析素養概念、理想社會的基本假設、成功人生與運作良好的
社會內涵與背後假定，用以修正《素養的界定與選擇》的結論，建立「核
心素養」的理論基礎。這說明「經濟合作與發展組織」以及西方學者倡導
key competencies / core competence之理念，相當接近於我國學者倡導「核
心素養」之理念，一方面可彰顯「素養」的核心地位，另一方面並可涵蓋
「基本能力」、「核心能力」或「關鍵能力」等範疇（洪裕宏，2011；胡
志偉、郭建志、程景琳、陳修元，2008；高湧泉、陳竹亭、翁秉仁、黃榮
棋、王道還，2008；陳伯璋、張新仁、蔡清田、潘慧玲，2007；彭小妍、
王瓔玲、戴景賢，2008；顧忠華、吳密察、黃東益，2008）。

　　《界定與選擇國民核心素養：概念參考架構與理論基礎研究》，提
出「國民核心素養」的架構，界定與選擇國民核心素養的內涵，採用哲學
理論面向探討整體研究計畫的概念架構，提出「能使用工具溝通互動」、

「能在社會異質團體運作」、「能自主行動」、「展現人類的整體價值並建構文明的能力」四維架構下表2-1所示，期待養成「核心素養」，進而實現積極人生，使社會整體運作更爲良好（蔡清田，2012；Rychen & Salganik, 2003）。然而，上述我國「國民核心素養」之架構內涵有四個面向二十八項之多，仍有待進一步加以具體轉化成爲「幼兒教育」、「初等教育」、「前期中等教育」、「後期中等教育」等各教育階段之核心素養，以成爲十二年國民基本教育課程改革的DNA，以便進行課程的垂直連貫，並成爲各領域／科目課程設計的核心要素，進而與各領域／科目課程目標與內容進行水平統整設計，達成課程設計之垂直連貫與水平統整（蔡

表2-1 界定與選擇國民核心素養（洪裕宏，2008）

國民核心素養的四維架構	二十八項具體內涵
能使用工具溝通互動	閱讀理解 溝通表達 使用科技資訊 學習如何學習 審美能力 數的概念與應用
能在社會異質團體運作	團隊合作 處理衝突 多元包容 國際理解 社會參與與責任 尊重與關懷
能自主行動	反省能力 解決問題 創新思考 獨立思考 主動探索與研究 組織與規劃能力 爲自己發聲 了解自我
展現人類的整體價值並建構文明的能力	形式的邏輯能力、哲學思想能力，與「生活」相關的邏輯能力、社會正義、規範相關的邏輯能力、意志價值追求相關的邏輯能力、工具理性

清田、陳延興、吳明烈、盧美貴、陳聖謨、方德隆、林永豐，2011；蔡清田、陳伯璋、陳延興、林永豐、盧美貴、李文富、方德隆、陳聖謨、楊俊鴻、高新建、李懿芳、范信賢，2013）。

（二）《全方位的國民核心素養之教育研究》

《界定與選擇國民核心素養：概念參考架構與理論基礎研究》的子計畫之一，是由陳伯璋、張新仁、蔡清田、潘慧玲所進行的《全方位的國民核心素養之教育研究》，其所界定的核心素養架構，使用問卷調查法以了解學校行政人員、學校教師、學生家長和教育專家學者對核心素養進行調查；透過小組研討建構修訂各國核心素養而精選出未來生活所需的三組核心素養，如表2-2核心素養架構內涵：「能使用工具溝通互動」、「能在社會異質團體運作」、「能自主行動」（陳伯璋、張新仁、蔡清田、潘慧

表2-2　核心素養架構內涵

核心素養的三面架構	核心素養的二十項內涵
能自主行動	反省能力 問題解決 創新思考 獨立思考 主動探索與研究 組織與規劃能力 為自己發聲 了解自我
能使用工具溝通互動	閱讀理解 溝通表達 使用科技資訊 學習如何學習 審美能力 數的概念與應用
能在社會異質團體運作	團隊合作 處理衝突 多元包容 國際理解 社會參與與責任 尊重與關懷

玲，2007）。「核心素養」是指一般人民於18歲完成中等教育時，能在社會文化脈絡中，積極地回應情境中的要求與挑戰，順利完成生活任務，獲致美好的理想結果之所應具備的素養，特別是核心素養之意涵是「統整的」，是指個體為了發展成為一個健全個體，必須因應生活情境需求所不可欠缺的全方位的素養，著眼於因應全球化與在地化、學校內與學校外的環境變遷，以及過去、現在與未來社會所需要的全方位之國民核心素養。上述研究指出進行核心素養是過去中小學校應該教而未教的「懸缺課程」，宜將中小學的基本能力擴展為核心素養以同時涵蓋知識、能力與態度，避免過去九年一貫課程改革重視基本能力，被誤解為忽略知識與情意態度之批評。

　　陳伯璋、張新仁、蔡清田、潘慧玲（2007）所界定的「核心素養」是指一般臺灣人民於18歲完成中等教育時，能在臺灣的社會文化脈絡中，積極地回應情境中的要求與挑戰，順利完成生活任務，獲致美好的理想結果所應具備的素養，例如反省能力、閱讀理解、溝通表達、解決問題、協同合作、處理衝突、創新思考、獨立思考、多元包容、主動探索與研究、組織與規劃能力、使用科技資訊、學習如何學習、審美能力、國際理解、社會參與與責任、為自己發聲、數學概念與技術運用、了解自我、尊重與關懷。上述研究指出，進行「核心素養」之研究已刻不容緩，以便及時與國際接軌透過課程改革培養「核心素養」（陳伯璋，2010a；2010b；2010c）。然而，上述「核心素養」之架構內涵有三面向二十項目之多，仍然有待進一步轉化成為「幼兒教育」、「初等教育」、「前期中等教育」、「後期中等教育」等教育階段核心素養（蔡清田、吳明烈、盧美貴、陳聖謨、方德隆、林永豐、陳延興，2011），以便進行課程連貫進而與各領域／科目課程進行統整（蔡清田、洪若烈、陳延興、盧美貴、陳聖謨、方德隆、林永豐、李懿芳，2012），達成課程連貫與統整（蔡清田、陳伯璋、陳延興、林永豐、盧美貴、李文富、方德隆、陳聖謨、楊俊鴻、高新建、李懿芳、范信賢，2013）。

（三）《中小學課程相關之課程、教學、認知發展等學理基礎與理論趨向》

　　作者曾參與洪裕宏、胡志偉、顧忠華、陳伯璋、高湧泉、彭小妍等人（2008）進行《界定與選擇國民核心素養：概念參考架構與理論基礎研究》及《全方位的國民核心素養之教育研究》之後（陳伯璋、張新仁、蔡清田、潘慧玲，2007），並主持《中小學課程相關之課程、教學、認知發展等學理基礎與理論趨向研究》（蔡清田、陳延興、李奉儒、洪志成、鄭勝耀、曾玉村、林永豐，2009），如圖2-5「中小學課程相關之課程、教學、認知發展等學理基礎與理論趨向研究」的核心素養、圖2-6「中小學課程相關之課程、教學、認知發展等學理基礎與理論趨向研究流程」所示：

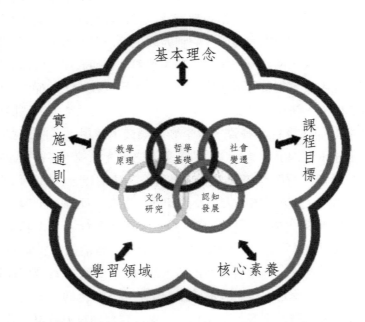

圖2-5　「中小學課程相關之課程、教學、認知發展等學理基礎與理論趨向研究」的核心素養

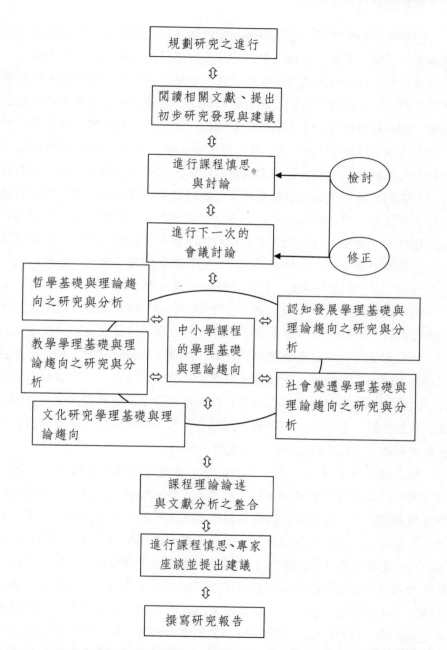

圖2-6　中小學課程相關之課程、教學、認知發展等學理基礎與理論趨向
　　　　研究流程

　　從哲學、教學學理、認知發展、社會變遷、文化研究五個面向切入研究發現，「核心素養」是後天習得的，有別於部分非經學習的先天能力，而且「核心素養」可以透過有意的人為教育加以規劃設計與實施，是可學與可教的，並經由學習者的一段特定時間之學習和累積可逐漸充實「核心素養」的內涵與提升其水平品質（蔡清田、陳伯璋、陳延興、林永豐、盧美貴、李文富、方德隆、陳聖謨、楊俊鴻、高新建、李懿芳、范信賢，2013）。素養是指一個人接受教育後的狀態，又稱為「教育素養」。教育具有改變的力量，可以透過教育讓學生變得身心更健康、更樂於學習、更樂於服務社會。每一個個人終其一生一定需要許許多多的素養，以因應各種社會生活之所需，這些所有社會成員都應該共同具備的素養，是可再區分為比較關鍵必要的，社會成員都應共同具備最關鍵必要、不能被取代、居於最核心地位的素養叫做「核心素養」（蔡清田，2011）。

　　教育的目的正是協助學生獲得社會生活所需的核心素養。就個人的小我論點而言，核心素養可視為增能賦權與自我實現；就社會的大我論點而言，核心素養可視為具備社會參與貢獻的知識、能力與態度，核心素養能運用在不同的生活情境，協助個人具備勝任扮演工作者、家庭成員與社會公民角色的核心素養。「核心素養」的理念是將公民個體視為「社會的成員」（彭小妍、王璦玲、戴景賢，2008），公民個體要有「核心素養」，社會才會有文化以及品格內涵（黃崑巖，2009）。

　　核心素養具有「多元面向」的特質，是建立在哲學理據之上；核心素養具有跨越各種社會場域與學習領域等「多元場域」之廣度，是建立在社會學理據之上；核心素養同時具備促進個人發展與社會發展之「多元功能」，是建立在經濟學理據之上；核心素養牽涉到反省思考的高階心智及複雜性行動學習的「高階複雜」，是建立在心理學理據之上；核心素養必須透過各級教育階段的終身學習之「長期培育」，此特質是建立在人類學理據之上（蔡清田，2017）。這呼應了Lawton（1973）指出教育的課程內容受到哲學、社會學與心理學等層面的因素所影響，應了解哲學面向教育目的、知識結構與價值性；應該知道有關社會變遷與個人在社會中的需求等概念；再從文化中加以選材，透過心理學理論以及透過階段性與順序性

等概念組織課程教學，透過政府部門規劃「學校教育」協助學生習得「核心素養」成爲好公民，更明智地勝任個人及社會任務行動（蔡清田、陳延興、吳明烈、盧美貴、陳聖謨、方德隆、林永豐，2011），進而促進社會的凝聚力，厚植國家永續發展的根基（陳伯璋、張新仁、蔡清田、潘慧玲，2007）。

（四）《K-12中小學一貫課程綱要核心素養與各領域連貫體系研究》

《K-12中小學一貫課程綱要核心素養與各領域連貫體系研究》（蔡清田、吳明烈、盧美貴、陳聖謨、方德隆、林永豐、陳延興，2011），垂直連貫幼兒園、國小、國中、高中等「教育階段核心素養」，強調以終身學習者爲主體垂直連貫各教育階段核心素養，進而發展呼應核心素養之K-12年級領域／科目課程，將柯華葳、劉子鍵、劉旨峰（2005）《18歲學生應具備基本能力研究》延伸到幼兒園教育階段，並接軌18至65歲公民的閱讀、數學、科學等素養研究。

這是透過國內外文獻探討、經過各教育階段學者專家德懷術研究調查、多次整合型研究團隊課程慎思與採納學者專家審查意見等方法界定的核心素養，具有「自主行動」、「溝通互動」、「社會參與」等三面向內涵；展現出「核心素養」具有終身學習者在幼兒園、國小、國中、高中等教育階段之垂直連貫性，更可融入生活情境並跨越各種學科領域。如圖2-7「K-12中小學一貫課程綱要核心素養與各領域連貫體系研究流程」之說明（蔡清田、陳延興、吳明烈、盧美貴、陳聖謨、方德隆、林永豐，2011）。

從2010年7月到2011年6月的《K-12中小學一貫課程綱要核心素養與各領域連貫體系研究》，其研究成果是垂直連貫幼兒園、小學、國民中學、高級中等教育之「教育階段核心素養」，強調以終身學習者爲主體，進而培養「溝通互動」、「社會參與」、「自主行動」三面向能均衡發展的健全公民，垂直連貫各教育階段核心素養，進而發展核心素養之K-12年級領域／科目課程。「自主行動」係指在社會情境脈絡中，個體能負責自我生

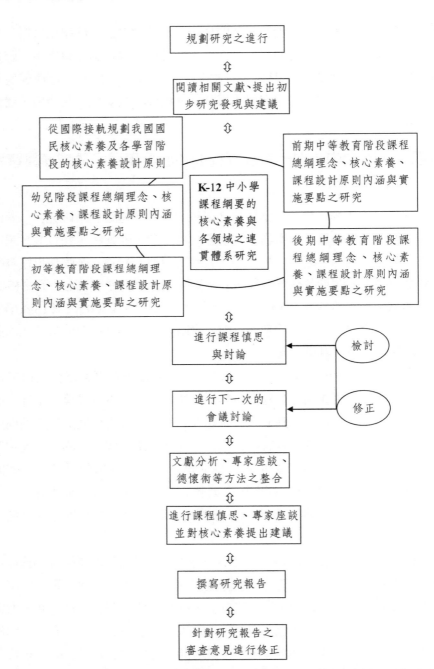

圖2-7　K-12中小學一貫課程綱要核心素養與各領域連貫體系研究流程

活管理以及能進行自主行動選擇，達到身心素質的提升以及自我精進。個人為學習的主體，能夠選擇適當的學習途徑，進行系統思考與解決問題，並具備創造能力與積極行動力。「溝通互動」係指強調廣泛地運用工具，有效地與人及環境互動。這些工具包括物質工具和社會文化工具，前者如人造物、科技與資訊，後者如語言、文字及數學符號。工具不只是被動的媒介，同時也是人我與環境之間積極互動的管道。此外，美感素養亦不可或缺，學生應具備藝術涵養與生活美感素養。「社會參與」係指在彼此生活緊密連結的地球村，個人需要學習處理社會的多元性，與人建立適宜的合作方式與人際關係，個人亦需要發展如何與他人或群體良好互動的素養，以提升人類整體生活素質，這既是一種社會素養，也是公民意識。

　　進一步地，「自主行動」包括「身心素質與自我精進」、「系統思考與解決問題」、「規劃執行與創新應變」，「溝通互動」包括「符號運用與溝通表達」、「科技資訊與媒體素養」、「藝術涵養與美感素養」，「社會參與」包括「道德實踐與公民意識」、「人際關係與團隊合作」、「多元文化與國際理解」等範疇內涵如圖2-8所示：

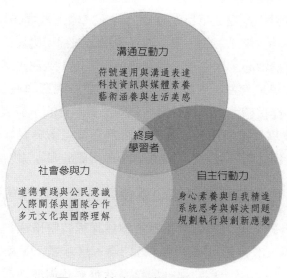

圖2-8　核心素養的範疇內涵

　　這些是因應當前社會與未來生活世界所需之核心素養，其中「道德實踐與公民意識」的核心素養項目內涵說明了道德實踐是公民意識的上位概念，學生要先成為能道德實踐的人，再成為有公民意識的公民。而且中小學教育以培養五育均衡發展之身心健全公民為宗旨，且應強化生活教育，並做好繼續後期中等教育的準備，後期中等教育階段的課程應隨著社會時代及教育政策之變遷而調整，後期中等教育應接續九年義務教育，在健全公民培養的基礎上，把握「陶冶青年身心、培養健全公民、發展學生潛能」的原則，並在課程規劃上注意垂直連貫與水平統整。

　　就十二年國民基本教育的完整圖像而言，強調培養以人為本的「終身學習者」，並以此為基礎建構出幼兒園、國小、國中及高級中等教育等「教育階段核心素養」之「階段性」，頗能彰顯發展心理學的「認知發展論」（Piaget, 1932）與「階段發展任務」（Erickson, 1950; Murray, 2003），強調其「階段任務」之動態發展（而非6歲、12歲、15歲、18歲各定點靜態區分），可以人為主體的生命教育詮釋終身學習者的核心素養內涵（孫效智，2009），進行幼兒教育、初等教育、前期中等教育、後期中等教育等階段課程的「連貫」與「統整」（蔡清田，2011e），具有層次分明漸進發展的課程改革巨幅圖像，合乎《國民教育法》（2016年6月1日修正公布）第7條「國民小學及國民中學之課程，應以民族精神教育及國民生活教育為中心，學生身心健全發展為目標，並注重其連貫性」，也合乎《高級中等教育法》（2013年6月27日立法院三讀通過）第1條「高級中等教育，應接續九年國民教育，以陶冶青年身心，發展學生潛能，奠定學術研究或專業技術知能之基礎，培養五育均衡發展之優質公民為宗旨」，將原先幼兒園、國中小、高中職分段規劃的課程加以連貫與統整。

（五）《K-12各教育階段核心素養與各領域課程統整研究》

　　《K-12各教育階段核心素養與各領域課程統整研究》（蔡清田、洪若烈、陳延興、盧美貴、陳聖謨、方德隆、林永豐、李懿芳，2012），是延續《K-12中小學一貫課程綱要核心素養與各領域連貫體系研究》，以達成「核心素養」之「連貫」與「統整」，完成幼兒園、國民小學、國

民中學、高中等教育階段核心素養與各領域／科目之課程統整。「核心素養」，可轉化爲國民小學、國民中學、高中等各「教育階段核心素養」，進而發展「領域／科目核心素養」，各教育階段領域／科目的規劃應結合各「教育階段核心素養」及各領域／科目的理念與目標，轉化與發展成爲「領域／科目核心素養」及學習重點，如圖2-9「K-12各教育階段核心素養與各領域課程統整研究」（蔡清田、洪若烈、陳延興、盧美貴、陳聖謨、方德隆、林永豐、李懿芳，2012），乃透過文獻探討、學科專家諮詢等方法建構「領域／科目課程目標」、「領域／科目核心素養」、「領域／科目學習重點」之德懷術問卷，由課程學者及學科專家與教育實務工作者共同合作實施三次問卷調查修訂，初步完成各教育階段「領域／科目課程目標」、「領域／科目核心素養」、「領域／科目學習重點」架構內涵，以「核心素養」作爲「十二年國民基本教育」課程發展的核心，透過各教育階段核心素養與各領域／科目課程統整，進行領域／科目核心素養的連貫與統整，建構各領域／科目的「課程目標」、「核心素養」及「學習重點」等要素。

特別是「領域／科目課程目標」、「領域／科目核心素養」、「領域／科目學習重點」的課程統整設計，乃採「核心素養」作爲十二年國民基本教育課程發展的核心，透過各教育階段核心素養與各領域／科目課程統整，進行領域／科目核心素養的連貫與統整，建構各領域／科目的「課程目標」、「核心素養」及「學習重點」等要素，如圖2-10「國民核心素養統整K-12年級各領域／科目課程統整圖」（蔡清田、洪若烈、陳延興、盧美貴、陳聖謨、方德隆、林永豐、李懿芳，2012），說明核心素養與各教育階段領域／科目統整關係。

第一個要素「領域／科目課程目標」，係統整國民核心素養與原領域／科目課程目標，修訂現行各教育階段各領域／科目課程目標，結合「教育階段核心素養」的理念，並考量各教育階段的銜接性，亦即「領域／科目課程目標」係統整現行各教育階段各領域／科目之課程目標與「教育階段核心素養」而來，從九項國民核心素養當中選擇一兩項能統整領域／科目課程目標，並考慮該領域／科目內部各教育階段的銜接性。第二個要素

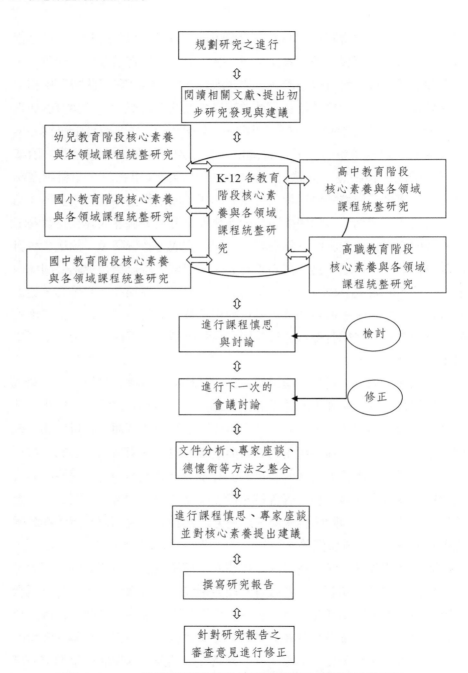

圖2-9　K-12各教育階段核心素養與各領域課程統整研究

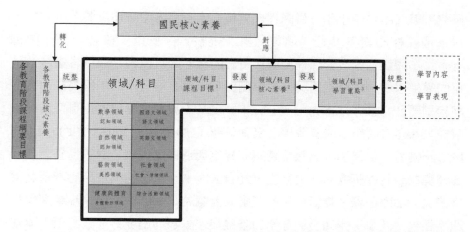

圖2-10 國民核心素養與K-12年級各領域／科目課程統整圖

「領域／科目核心素養」，則根據「領域／科目課程目標」，轉化爲該教育階段所欲培養的該領域／科目核心素養具體內涵。第三個要素「領域／科目學習重點」，則根據「領域／科目核心素養」的具體內涵爲指引，轉化成爲「學習重點」由「學習表現」與「學習內容」組合交織而成，以引導課程設計、教材發展、教科書審查及學習評量等，呈現所欲達成的核心素養，稍後將在各章說明。

（六）《十二年國民基本教育課程發展指引草案擬議研究》

《十二年國民基本教育課程發展指引草案擬議研究》，原先研究案名稱爲《K-12年級課程體系指引草案擬議研究》（研究期程：2012年7月1日至2013年6月30日），研究範圍涵蓋了從幼兒園、國小、國中與高中職的K-12年級課程體系，爲因應政府推動「十二年國民基本教育」政策需要，於2013年2月6日該案期中審查後改名爲《十二年國民基本教育課程發展指引草案擬議研究》（蔡清田、陳伯璋、陳延興、林永豐、盧美貴、李文富、方德隆、陳聖謨、楊俊鴻、高新建、李懿芳、范信賢，2013）。

就核心素養的課程發展理據而言，《十二年國民基本教育課程發展指引草案擬議研究》旨在延續《K-12各教育階段核心素養與各領域課程統整

研究》與《K-12中小學一貫課程綱要核心素養與各領域連貫體系研究》，以達成「核心素養」之「連貫」與「統整」，並以「核心素養」作為《十二年國民基本教育課程發展指引》的核心，具體轉化成為各領域／科目的課程目標、核心素養與學習重點，可作為研擬《十二年國民基本教育課程綱要》之參考。首先，《十二年國民基本教育課程發展指引草案擬議研究》除參考國際組織有關核心素養研究（UNESCO, 2003; OECD, 2005; EC, 2005），並兼顧本土脈絡延續《界定與選擇國民核心素養：概念參考架構與理論基礎研究》（洪裕宏，2011）、《全方位的國民核心素養之教育研究》（陳伯璋、張新仁、蔡清田、潘慧玲，2007）、《中小學課程相關之課程、教學、認知發展等學理基礎與理論趨向研究》（蔡清田、陳延興、李奉儒、洪志成、曾玉村、鄭勝耀、林永豐，2009）、《K-12中小學一貫課程綱要核心素養與各領域連貫體系研究》（蔡清田、陳延興、吳明烈、盧美貴、陳聖謨、方德隆、林永豐，2011）、《K-12各教育階段核心素養與各領域課程統整研究》（蔡清田、洪若烈、陳延興、盧美貴、陳聖謨、方德隆、林永豐、李懿芳，2012）。

其次，「核心素養」會因其所適用的環境脈絡情境之不同而有其差異性，因此《十二年國民基本教育課程發展指引草案擬議研究》，特別參考《臺灣政治、經濟、社會、文化與科技變遷趨勢對K-12課程的影響及啟示》（張茂桂、董秀蘭、王業立、黃美筠、陳婉琪、杜文苓，2011）以及現行高中職課程與國民中小學九年一貫課程現況之分析檢討，參酌柯華葳、劉子鍵、劉旨峰（2005），歐用生、李建興、郭添財、黃嘉雄（2010）及吳敏而、黃茂在、趙鏡中、周筱亭（2010）等有關基本能力與課程統整之研究成果，尤其是領域／科目的統整及分化程度，除了領域／科目結構之外，亦需考慮學習者的認知能力及其學習需求，對較年齡較小的學習者，其「學習內容」宜有適切的統整，以便與其生活經驗統整；至於年紀較大的學習者，則其「學習內容」除了生活應用之外，當然需要注意到領域／科目的結構，並奠定未來學術探究的基礎。這彰顯核心素養可統整領域／科目知識、基本能力及核心能力與價值情意，能因應臺灣未來社會的需要（蔡清田，2014），一方面，核心素養能橫跨生活的各種

不同多元社會場域（Perrenoud, 2001），能協助個體有效參與學校、社會網路、經濟市場、政治運作及家庭生活各種社會場域；另一方面，個體也可透過參與這些各種不同的多元社會場域之活動，獲得社會規範、權力關係、社會互動等動態素養組合（Canto-Sperber & Dupuy, 2001）。

　　就核心素養的培養途徑而言，十二年國民基本教育課程架構包括「一般基礎課程」與「分殊專精課程」兩部分，「一般基礎課程」是國民基本教育「共同性」的主要內涵，旨在培養學生具備核心素養，扎根到幼兒教育階段成為國民教育的基礎，並協助國民成為終身學習者，重視各教育階段課程學習進程，將K到12年級的學習時程依序規劃幼兒園課程、國小課程、國中課程與高中職「共同核心」課程，兼顧學生身心與認知發展的進程以及知識領域的邏輯結構漸進開展，可適切達成各教育階段領域／科目之連貫。

　　就核心素養的培養原則而言，需秉持漸進、加廣加深、跨領域／科目等原則，可透過連貫各教育階段的不同領域／科目之學習來達成，如圖2-11「K-12國民基本教育課程架構」所示（蔡清田、陳伯璋、陳延興、林永豐、盧美貴、李文富、方德隆、陳聖謨、楊俊鴻、高新建、李懿芳、范信賢，2013）。而且重視課程彈性原則，促成領域／科目的課程彈性組合，在總節數不減少下，各領域／科目可在不同年級規劃修習不同科目，以減少每週修習科目。例如社會領域除實施領域教學外，經學校課程發展委員會通過後，亦得實施歷史、地理、公民與社會的分科教學，同時可在不同年級彈性修習不同科目，可考量於普通高中第一學年，安排先修習「歷史」，第二學年再安排修習「地理」、「公民與社會」，不必每個科目在每學期／每週都修習。若以每學期二科方式安排，六學期中每科可採0-2節的方式規劃，以減少每學期／每週所修習的科目數量，但各科學習總節數應維持，不得減少（教育部，2014；洪詠善、范信賢，2015）。

　　本章在上述研究基礎之上，指出核心素養是「可以透過課程加以規劃」，經過基礎研究界定選擇之後的「素養」，必須經過「課程」的「選擇」，精心挑選出「核心素養」作為課程設計的核心，以便作為指引「課程綱要」的設計教材教法及學習活動與評量方式等之重要依據（蔡清田，

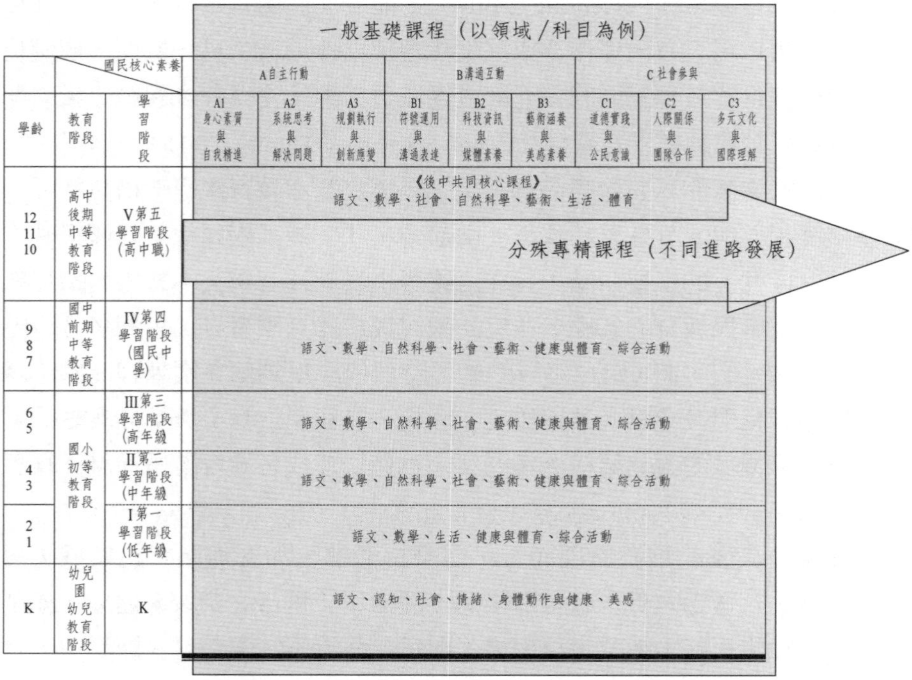

學齡	教育階段	學習階段	一般基礎課程（以領域／科目為例）								
		國民核心素養	A自主行動			B溝通互動			C社會參與		
			A1 身心素質與自我精進	A2 系統思考與解決問題	A3 規劃執行與創新應變	B1 符號運用與溝通表達	B2 科技資訊與媒體素養	B3 藝術涵養與美感素養	C1 道德實踐與公民意識	C2 人際關係與團隊合作	C3 多元文化與國際理解
12 11 10	高中後期中等教育階段	V第五學習階段（高中職）	《後中共同核心課程》 語文、數學、社會、自然科學、藝術、生活、體育　　　　分殊專精課程（不同進路發展）								
9 8 7	國中前期中等教育階段	IV第四學習階段（國民中學）	語文、數學、自然科學、社會、藝術、健康與體育、綜合活動								
6 5	國小初等教育階段	III第三學習階段（高年級）	語文、數學、自然科學、社會、藝術、健康與體育、綜合活動								
4 3		II第二學習階段（中年級）	語文、數學、自然科學、社會、藝術、健康與體育、綜合活動								
2 1		I第一學習階段（低年級）	語文、數學、生活、健康與體育、綜合活動								
K	幼兒園幼兒教育階段	K	語文、認知、社會、情緒、身體動作與健康、美感								

圖2-11　K-12國民基本教育課程架構

2014），可以促成各領域／科目課程發展的連貫性與統整性，進而建構各教育階段課程的連貫體系，不僅可提升教師課程設計與教學實施的效能及提升學生學習的效能，並可進一步發揮學校功能，進而彰顯「個人發展」與「社會發展」的功能（蔡清田，2012）。因此，「核心素養」除了明顯地出現在世界各國的教育目的與學校正式課程文件當中，成為明確的課程改革指標之外，核心素養也納入學校課程方案當中，可彌補傳統學校科目不足之處。例如：德國與瑞士，便將「核心素養」列為後期中等教育學生畢業離校的要求條件；德國、澳洲、比利時與英國，將「核心素養」納入新修訂的正式學校課程綱要中；德國、紐西蘭、挪威、瑞典、芬蘭等國，更將「核心素養」正式列入學校教育目的或課程目標之中（Brady & Kennedy, 2019）。

三、十二年國民基本教育各教育階段課程類型

　　《課程綱要》是國家課程政策的具體展現，更是國家課程規劃設計與實施的準則，可引導各教育階段課程發展方向，主要目的在確立各級學校教育目標，規劃課程架構，並訂定實施原則，其主要任務在於為學校課程與教學定錨立基、指引方向、辨明價值與規範行動（國家教育研究院，2014b）。《十二年國民基本教育課程綱要總綱》指出課程發展要能因應不同教育階段教育目標與學生身心發展之特色，提供彈性多元的學習課程，以促成學生適性發展，彰顯學習主體的重要性，強調「部定課程」與「校訂課程」，包括培育核心素養的一般「領域學習課程」及能讓學生試探與培養個人興趣的「彈性學習課程」，以及讓學生獲得職業性向發展的「專業科目」及「實習科目」。

　　「校訂課程」則是由學校規劃安排，以形塑學校教育願景及強化學生適性發展，包括校訂必修課程、選修課程、團體活動時間、彈性學習時間，可安排學生修習「大學預修課程」，或提供不同深度與廣度的課程，讓高中職學生的學習能與未來的大學學習接軌，以利學生經驗的持續發展。再者，大學甄選入學將現行非升學考試的選修科目在校修習的表現，列為學生加分的條件，可增加學生選擇選修課的動機，增加後期中等教育階段學校開設多樣化選修課程，亦能藉此推動學校特色課程的發展。此種課程發展與設計重視「適性學習」的原則，以學生為學習的主體，依據多元智能、性向和學習差異等，設計及調整課程內容，訂定領域內科目的修習年級、規劃合適的必修及選修的適性學習進路學習核心素養，提升學生個人與社會競爭力，同時考量升學與就業之間關係。特別是「校訂課程」的「彈性學習課程」與「彈性學習節數」的實施，增加學生自主學習的時間與空間，如表2-3「十二年國民基本教育各教育階段課程類型」所示（教育部，2014，8）。

　　另一方面，十二年國民基本教育課程改革的特色是「以核心素養為導向的課程改革」，重視學生學習獲得因應社會生活所需的「核心素養」（洪裕宏、胡志偉、顧忠華、陳伯璋、高湧泉、彭小妍等人，2008），可

表2-3　十二年國民基本教育各教育階段課程類型

教育階段 ＼ 課程類型		部定課程	校訂課程
國民小學		領域學習課程	彈性學習課程
國民中學			
高級中等學校	普通型高級中等學校	一般科目 專業科目 實習科目	校訂必修課程 選修課程 團體活動時間 彈性學習時間
	技術型高級中等學校		
	綜合型高級中等學校		
	單科型高級中等學校		

依據各教育階段的身心發展循序漸進加深加廣，希望所有學生都能依教育階段逐漸具備國民所需的核心素養（蔡清田，2018）。十二年國民基本教育的核心素養，係指國民透過學校教育課程而學習獲得統整的知識、能力及態度。本章闡述指出，與個人及社會生活關係密切的「核心素養」，需要透過學校教育規劃，特別是為達成各教育階段課程與領域／科目之間的連貫，以及各領域／科目彼此之間的統整，以「核心素養」作為課程發展指引的核心，強化課程的縱向連貫及橫向統整，引導學生學習「核心素養」（陳伯璋，2010；蔡清田、陳伯璋、陳延興、林永豐、盧美貴、李文富、方德隆、陳聖謨、楊俊鴻、高新建、李懿芳、范信賢，2013），以利「個人發展」與「社會發展」（蔡清田，2014）。

　　《十二年國民基本教育課程綱要總綱》的「核心素養」乃是呼應「聯合國教育、科學與文化組織」、「經濟合作與發展組織」及「歐洲聯盟」等國際組織對「核心素養」的界定，是指能在現代社會中扮演積極公民角色所需具備的核心素養，包括「自主行動」、「溝通互動」與「社會參與」等三個面向，呼應了《十二年國民基本教育課程綱要總綱》的「自發」、「互動」、「共好」理念的全人圖像，彰顯學校教育可以引導學生的全人發展，同時可涵蓋知識、能力、態度等，可彌補基本能力的涵蓋範疇不全、區隔不清以及缺漏重要生活議題如「道德實踐與公民意識」、「科技資訊與媒體素養」及「藝術涵養與美感素養」等，可因應現在及未來社會

之需要，重視在學習過程中促進個體全人的發展以及終身學習的培養，確保每一個學生都具備基本且共同的核心素養（洪詠善、范信賢，2015）。

　　「核心素養」可透過課程設計組織安排先後順序，進而建構各教育階段課程的連貫體系，促成各學習領域／科目課程發展的連貫性與統整性，不僅可提升教師課程設計與教學實施的效能並可提升學生學習效能，進一步發揮學校功能，進而彰顯「個人發展」與「社會發展」的功能，因此，「核心素養」被譽為是課程發展與設計的關鍵DNA（蔡清田，2012），並能與K-12各教育階段各領域進行課程統整設計，以下加以說明。

四、核心素養的課程發展與設計

　　簡單地說，就字面意義「課程」就是師生教學的上「課」過「程」（蔡清田，2016），例如宋儒朱熹在《朱子全書·論學》提及「寬著期限，緊著課程」、「小立課程，大作工夫」，其「課程」意指學習的功課及其進程；英國的漢米爾頓（D. Hamilton）則指出古西方的「課程」（curriculum）一詞之拉丁字根為currere具有宗教味道的生命履歷之意義（Hamilton, 1990），其教育意義為「賽跑」（race）或「跑道」（race course）（Pinar, 2004），引申為「學習的進程」（course of study）、「生活的進程」（course of life）、學校教育的進程（course of schooling），尤其是指學習的「科目」及有關課業設計，可以是一門學習領域／科目，也可以指稱學校提供的學程，或是一系列學習目標或教學計畫，不過這些可預期的、事先預定的計畫目標，可能與學生實際經驗不盡相同；課程不僅是指靜態「學習內容」，更隱含動態學習歷程與學習生命之旅及生命體驗，亦即學習體驗課程Currere的動詞意涵，不斷學習獲得新的生活體驗（蔡清田，2018），因此，近年來課程研究方向有些改變，過去課程的界說偏向於強調科目教科書或教學計畫，而當代課程專家如黃光雄、黃炳煌、黃政傑、歐用生、陳伯璋、蔡清田等人則以整個學習情境界定課程，課程不僅是領域／科目材料或學生學習的材料，課程也可以涵蓋教育目的、教育方法及其環境互動下的學習經驗（黃光雄、蔡清田，

2015）。「核心素養」與學校課程息息相關，是預期學習學校課程之後具備統整的知識、能力及態度，可以有效地適應社會生活，進而促成「個體發展」與「社會發展」（蔡清田，2012；Rychen & Salganik, 2003），因此核心素養的課程定位實屬重要。

（一）核心素養的課程定位

十二年國民基本教育課程改革特色是「以核心素養為導向的課程改革」，「核心素養」係指透過新課程習得面對未來生活挑戰，所應具備的知識、能力與態度，這些「核心素養」，延續了過去課程綱要的「基本能力」、「核心能力」與「學科知識」，但涵蓋更寬廣和豐富的教育內涵。十二年國民基本教育課程改革之「核心素養」，乃是呼應「聯合國教科文組織」、「經濟合作與發展組織」及「歐洲聯盟」等國際組織對「核心素養」的界定，是指國民能在現代社會中扮演積極公民角色所需具備的核心素養，更呼應了《十二年國民基本教育課程綱要總綱》的「自發」、「互動」、「共好」之「自動好」理念的全人圖像，彰顯國民教育可以引導國民的全人發展，強調以人為本的「終身學習者」為核心，包括「自主行動」、「溝通互動」、「社會參與」等「自動會」三面向，以及「身心素質與自我精進」、「系統思考與解決問題」、「規劃執行與創新應變」、「符號運用與溝通表達」、「科技資訊與媒體素養」、「藝術涵養與美感素養」、「道德實踐與公民意識」、「人際關係與團隊合作」、「多元文化與國際理解」九項目（教育部，2014），此即「核心素養」的「三維論」與「九軸論」（蔡清田，2014），能在不同教育階段學習解決生活問題（蔡清田，2015），因應生活情境快速變遷而與時俱進成為終身學習者（蔡清田，2016）。

首先，「核心素養」作為《十二年國民基本教育課程綱要總綱》的核心，是跨越教育階段的「核心素養」，更是跨越領域／科目的「核心素養」，可以統整現行《幼兒園教保活動課程暫行大綱》的幼兒六大能力、《國民中小學九年一貫課程綱要》的十大基本能力、《綜合高級中學課程綱要》的十大基本能力、《高級中學課程綱要》的核心能力、《高級職業

學校課程綱要》的核心能力，並可作爲《十二年國民基本教育課程綱要》課程目標的重要來源。而且《十二年國民基本教育課程綱要總綱》與《國民中小學九年一貫課程綱要》在學習節數與課程內容的呈現方式不同，如表2-4所示（洪詠善、范信賢，2015），各「領域／科目核心素養」與學習重點規劃與訂定時，已參酌學習節數發展適切的領域課程綱要。各領域／科目考量本身的理念與目標，結合各「教育階段核心素養」，發展及訂定符合學習節數的「領域／科目核心素養」及「領域／科目學習重點」，各領域／科目課程綱要可保留部分原有課程目標，並創新增訂各「領域／科目課程目標」，確立與核心素養關係最爲密切的課程目標，並發展成「領域／科目核心素養」，彰顯該領域／科目特色，且各領綱特別重視「領域／科目學習重點」及其呼應的「領域／科目核心素養」以統整「學習內容」與「學習表現」（蔡清田，2015）。

在此定位下，《十二年國民基本教育課程綱要總綱》旨在以核心素養爲主軸，提出核心素養架構及各教育階段的內涵，並結合各領域／科目之特性與內涵，以整合進入領域／科目課程綱要的領域／科目核心素養實踐途徑，支援並導引課程的縱向連貫及橫向統整，呼應十二年國民基本教育「成就每一個孩子」的願景，以全人教育爲理念，透過結合生活情境的整合性學習和運用、探究與解決問題，讓學生潛能得以適性開展，成爲學會學習的終身學習者，進而能運用所學、善盡公民責任，使個人及整體社會的生活、生命更爲美好。

（二）核心素養內涵

《十二年國民基本教育課程綱要總綱》核心素養係指自主行動、溝通互動、社會參與之三大面向及身心素質與自我精進、系統思考與解決問題、規劃執行與創新應變、符號運用與溝通表達、科技資訊與媒體素養、藝術涵養與美感素養、道德實踐與公民意識、人際關係與團隊合作、多元文化與國際理解之九大項目。「教育階段核心素養」：係指國小、國中、高級中等教育所對應之教育階段的九項核心素養，依各階段的教育特質加以衍伸，並加上階段別編碼；其中，E代表12歲的國小階段、J代表15歲的

表2-4 十二年國民基本教育課程架構與國民中小學九年一貫課程架構比較

課程架構 比較項目	十二年國教 課程綱要總綱	九年一貫	十二年國教課程綱要 總綱補充說明
課程規劃	八大領域	七大領域	國民中學階段增設「科技領域」
	彈性學習課程	彈性學習節數	為學校校訂課程，以形塑學校教育願景及學生適性發展
領域名稱／ 內容調整	語文領域 （國語文、本土語文、新住民語文及英語文）	語文領域 （本國語文及英語文）	為尊重人權、多元文化及增進族群關係，鼓勵學校聘請合格師資，開設「本土語文／新住民語文」課程，國小應依據學生的需求開課，國中則可於彈性學習課程實施，落實學生的適性學習
	科技領域	自然與生活科技領域	為培養學生的科技思維、科技設計及創作能力，保有生活科技的課程品質，將「生活科技」與「資訊教育」整合為一個新的「科技領域」
	藝術領域	藝術與人文領域	為了能與國際中小學藝術領域／科目名稱對應，強調人文融入各領域內涵
	生活課程 （統合社會、藝術、自然科學及綜合活動等領域）	生活課程 （統合社會、藝術與人文、自然與生活科技等學習領域）	第一學習階段之生活課程與綜合活動領域皆重視兒童的探索、體驗、實踐與省思，兩者基本理念相近，因此，整併國民小學第一學習階段「生活課程」與「綜合活動」
	健康與體育領域 （健康教育與體育）	健康與體育領域 （健康與體育）	原「健康」名稱是概念並非科目名稱，故國中教育階段調整為「健康教育」

課程架構 比較項目	十二年國教 課程綱要總綱	九年一貫	十二年國教課程綱要 總綱補充說明
領域學習 節數調整	各領域採固定節數，並有彈性學習課程	各領域節數採彈性比例制，並有彈性學習節數	參考九年一貫課程各領域學習節數比例及學校現場各領域節數實施現況，取消百分比，以每週實際上課節數規劃，並以不增加領域學習總節數為原則
	國民小學第一學習階段「國語文」增加為6節課	國民小學第一學習階段「國語文」最高5節課	語文與數學是學習各領域的重要工具，同時世界各國在國民中小學教育階段，語文及數學課程所占的節數比例皆較高，故調整國語文及數學的學習節數，讓學生在第一、二學習階段能獲得充分學習，奠立基礎
	國民小學第一、二學習階段「數學」增加為4節課	國民小學第一、二學習階段「數學」最高3節課	
	國中新增科技領域2節課	國中於彈性學習節數實施資訊科技1節課	國中科技領域整合「生活科技」與「資訊科技」

國中階段、U代表18歲的後期中等教育階段，例如：「E-A2具備探索問題的思考能力，並透過體驗與實踐處理日常生活問題」、「J-B3具備藝術展演的一般知能及表現能力，欣賞各種藝術的風格和價值，並了解美感的特質、認知與表現方式，增進生活的豐富性與美感體驗」、「U-C1具備對道德課題與公共議題的思考與對話素養，培養良好品德、公民意識與社會責任，主動參與環境保育與社會公益活動」等係指國小、國中與高級中等教育所對應之教育階段的「A2系統思考與解決問題」、「B3藝術涵養與美感素養」、「C1道德實踐與公民意識」等項核心素養。教育階段核心素養是指核心素養應依據學生身心發展階段不同的教育階段循序漸進，因材施教培養難易程度不同的核心素養，而且從幼兒園、小學、國民中學、高級中等教育等各教育階段循序漸進培養學生核心素養的效果，應該會比只在高中階育階段才培養核心素養的效果更好。「領域／科目核心素養」：係指

各教育階段核心素養結合各領域／科目理念與目標後，在各領域／科目內的具體展現。換言之，「領域／科目核心素養」是指核心素養可依據「領域／科目」不同的學科基本理念與內容特質培養不同項目的核心素養，各領域／科目核心素養可考量其領域／科目的獨特性或高級中等教育階段學校類型的差異性而加以發展，不必涵蓋核心素養或各教育階段核心素養的所有面向，而且透過不同領域／科目共同培養學生核心素養的效果，應該會比只在單一領域／科目培養核心素養的效果更好，稍後進一步說明。

（三）核心素養與領域／科目的關係

「核心素養」能培育自我實現、社會發展的健全國民與終身學習者，可作為各領域／科目垂直連貫與水平統整課程設計的組織「核心」。「核心素養」的培養需秉持漸進、加廣加深、跨領域／科目等原則，可透過各教育階段的不同領域／科目的學習來達成，「核心素養」可以引導各領域／科目內容的發展，各階段領域／科目的課程內涵應具體統整並融入核心素養；但各領域／科目各有其特性，因此，毋需勉強將所有九項目「核心素養」內容全部納入各領域／科目所有每一教育階段的課程內涵中。各階段領域／科目的規劃應結合各領域／科目的特性內涵，發展該領域／科目的核心素養及學習重點（教育部，2014；國家教育研究院，2014a；2014b；蔡清田、陳伯璋、陳延興、林永豐、盧美貴、李文富、方德隆、陳聖謨、楊俊鴻、高新建、李懿芳、范信賢，2013）。

就核心素養與領域／科目的關係而言，《十二年國民基本教育課程綱要總綱》的特色是「以終身學習者為核心的課程設計導引領域／科目課程連貫與統整」，《十二年國民基本教育課程綱要總綱》強調生活所需的「核心素養」係以「終身學習者」為核心，界定核心素養的三面向為「自主行動」、「溝通互動」、「社會參與」，透過「以終身學習者為核心的領域／科目課程設計導引課程連貫與統整」，引導學生學習獲得國民個體自主行動、溝通互動及參與社會生活所需之核心素養，進而導向社會永續發展的共好生活，特別是以「核心素養」為各教育階段及各領域／科目課程連貫統整的主軸，導引領域／科目課程連貫與統整，強化學生主動探究

與終身學習角色（蔡清田，2018），使其具備因應生活情境所需的「核心素養」以統整知識、能力、態度，如圖2-12「核心素養與對應領域／科目的滾動圓輪意象」所示，而且「核心素養」和幼兒園課程、國民中小學與高級中等教育等教育階段各領域／科目關係密切（黃光雄、蔡清田，2015），可強化幼兒園課程、國民中小學與高級中等教育之領域／科目課程連貫與課程統整，建置以「學生主體」，以「核心素養的連貫與統整」之K-12年級課程（蔡清田，2016）。

　　各「教育階段核心素養」除可進行垂直連貫外，並可與各教育階段領域／科目進行領域／科目課程連貫與統整（蔡清田，2014），進而發展領域／科目核心素養之課程，培養學生的知識、能力、態度，使其具備核心素養，確保每一個接受十二年國教的學生都具備共同的核心素養。各領

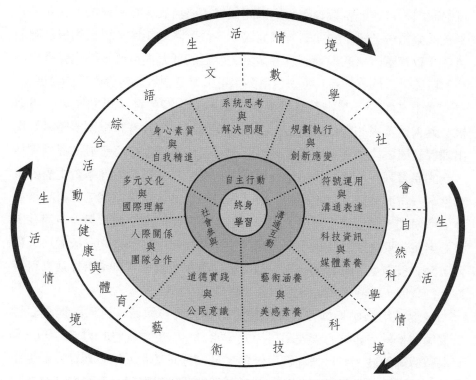

圖2-12　核心素養與對應領域／科目的滾動圓輪意象

域課程綱要的研修，需參照教育部審議通過的《十二年國民基本教育課程綱要總綱》及《十二年國民基本教育課程發展指引》（國家教育研究院，2014b；蔡清田、陳伯璋、陳延興、林永豐、盧美貴、李文富、方德隆、陳聖謨、楊俊鴻、高新建、李懿芳、范信賢，2013），考量領域／科目的理念與目標，結合或呼應核心素養具體內涵，以發展及訂定「領域／科目核心素養」及「領域／科目學習重點」（蔡清田，2019）。

　　特別是從2011年9月到2012年12月的《K-12一貫課程綱要各教育階段核心素養與各領域課程統整研究》，透過各教育階段核心素養與各領域／科目課程統整，進行領域／科目核心素養的連貫與統整，說明核心素養與各教育階段領域／科目統整關係。這是延續前述《K-12中小學一貫課程綱要核心素養與各領域連貫體系研究》，以達成「核心素養」之「連貫」與「統整」，指出「核心素養」培養需秉持漸進、加廣加深、跨領域／科目等原則，可透過各教育階段的不同領域／科目的學習來達成；就「核心素養」與領域／科目的連結方式而言，各教育階段領域／科目的規劃應結合各「教育階段核心素養」及各領域／科目的理念與目標，轉化發展成為「領域／科目核心素養」及學習重點，可引導各領域／科目內容的發展。

　　《十二年國民基本教育課程綱要總綱》的特色是「以領域／科目與核心素養為基礎的課程統整」，《十二年國民基本教育課程綱要總綱》指出課程發展要能因應不同教育階段之教育目標與學生身心發展，提供彈性多元的學習課程，促成學生適性發展，以學生為主體，彰顯學習主體的重要性，一方面強調「部定課程」與「校訂課程」，重視領域／科目的重要性，並增加「彈性學習課程」的學生自主學習時間與空間；另一方面強調核心素養主要應用於國民小學、國民中學及高級中等學校的一般領域／科目，至於技術型、綜合型、單科型高級中等學校則依其專業特性及群科特性進行發展，核心素養可彈性納入（蔡清田，2019）。

　　《十二年國民基本教育課程綱要總綱》與各領域／科目課程綱要皆重視領域／科目與核心素養學科知識、能力、態度之統整的重要性，一方面保留傳統領域／科目課程綱要優點，另一方面又注入核心素養的新生命力，可循序漸進進行課程改革，而且各領域／科目課程綱要規劃訂定時，

已參酌適切的學習節數發展「領域／科目核心素養」與「領域／科目學習重點」。各領域考量本身的理念與目標，結合各「教育階段核心素養」，發展及訂定符合學習節數的「領域／科目核心素養」及「學習重點」，各領域／科目課程綱要可保留部分原有課程目標，並創新增訂各「領域／科目課程目標」，確立與核心素養關係最為密切的課程目標，並發展「領域／科目核心素養」，彰顯該領域／科目的特色，而且各領域／科目課程綱要特別重視領域／科目「學習重點」及其呼應的「領域／科目核心素養」以統整「學習內容」與「學習表現」（蔡清田，2018）。就核心素養的作用而言，核心素養能培育能自主行動、溝通互動及社會參與的終身學習者，可作為各領域／科目垂直連貫與水平統整課程設計的組織「核心」，「核心素養」導向的課程，就像是生活教育歷程中的「旅程」，師生可已經由所處的社會脈絡生活情境進行核心素養的學習，透過核心素養的課程，學習體驗生活經驗，特別是可透過「核心素養」導向的課程發展動態過程中，學習體驗課程Currere的動詞意涵，並不斷地學習移動跨界獲得新的生活體驗（蔡清田，2018）。

就核心素養的課程轉化層次而言，在十二年國民基本教育課程綱要中，可透過《十二年國民基本教育課程綱要總綱》的「核心素養」、「教育階段核心素養」，以及各領域／科目課程綱要的「領域／科目核心素養」、「領域／科目學習重點」來進行轉化與表述。然而，特殊類型教育之「教育階段核心素養」與「領域／科目核心素養」的先後層次可保持彈性，例如：可先考慮領域／科目或特殊類型學生之教育需求，再考慮教育階段之核心素養。就核心素養轉化到《十二年國民基本教育課程綱要總綱》及各領域／科目綱要的層次而言，核心素養的課程轉化，係由理念到實際、由抽象到具體、由共同到分殊，環環相扣，各領域／科目應考量本身的理念、目標與特性，結合核心素養以發展及訂定「領域／科目核心素養」及「領域／科目學習重點」。「領域／科目核心素養」、「領域／科目學習重點」與領域／科目理念、目標及特性之間，需彼此呼應，雙向互動，如圖2-13核心素養在課程綱要的轉化及其與學習重點的對應關係所示（國家教育研究院，2014b；蔡清田、陳伯璋、陳延興、林永豐、盧

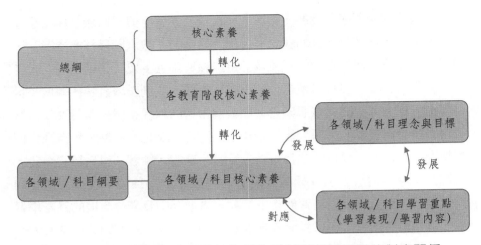

圖2-13 核心素養在課程綱要的轉化及其與學習重點的對應關係

美貴、李文富、方德隆、陳聖謨、楊俊鴻、高新建、李懿芳、范信賢，
2013）。因此，「領域／科目核心素養」就是希望能兼顧《十二年國民基本教育課程綱要總綱》的核心素養與各領域／科目的學科素養，是以「領域／科目核心素養」的課程設計應關注領域／科目的學科素養與核心素養二者，並透過螺旋課程進行設計，可因不同的學習階段、不同的領域／科目，而有不同關注的比重以進行選擇組織的課程設計，所以一方面重視「領域／科目」的學科知識，另一面更要重視「領域／科目核心素養」的課程設計，特別是，領域／科目的學科素養與核心素養兩者應該是「領域／科目」與「核心素養」的一體兩面之課程設計，因此稱爲「領域／科目核心素養」。

更進一步地，「領域／科目核心素養」的課程統整設計模式之要素，如圖2-14「領域／科目核心素養的課程統整設計模式」所示三要素（蔡清田，2018），一是該領域／科目「基本理念」，二是該領域／科目「課程目標」，三是《十二年國民基本教育課程綱要總綱》某核心素養某關鍵「教育階段核心素養」，特別是各項「領域／科目核心素養」具體內涵，需能符合《十二年國民基本教育課程綱要總綱》之「教育階段核心素養」具體內涵。換言之，「領域／科目核心素養」，乃是「領域／科目」的

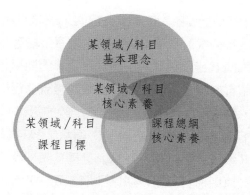

圖2-14　領域／科目核心素養的課程統整設計模式

「基本理念」、「課程目標」與「核心素養」等三要素之課程統整設計關係模式，「領域／科目核心素養」課程統整三要素之間緊密連結關係，這是一種精巧的核心素養轉化之三維（3D）螺旋課程統整設計模式。

　　就「領域／科目核心素養」的課程統整設計模式而言，宜依據某領域／科目「基本理念」、「課程目標」、某關鍵「教育階段核心素養」，並進一步將其轉化成為「領域／科目核心素養」具體內涵，以呼應關鍵「教育階段核心素養」具體內涵。如以「數-J-B1具備處理代數與幾何中數學關係的能力，並用以描述情境中的現象。能在經驗範圍內，以數學語言表述平面與空間的基本關係和性質。能以基本的統計量與機率，描述生活中不確定性的程度。」這條國中教育階段數學B1「領域／科目核心素養」，是同時強調「B1符號運用與溝通表達」的「核心素養」、15歲國中「教育階段核心素養」（J-B1具備運用各類符號表情達意的素養，能以同理心與人溝通互動，並理解數理、美學等基本概念，應用於日常生活中）、數學「領域／科目課程目標」（培養學生的好奇心及觀察規律、演算、抽象、推論、溝通和數學表述等各項能力）、「基本理念」（數學是一種語言、是一種科學，也是一種文化）等三要素加以進行課程統整，成為此一國中教育階段數學「領域／科目核心素養」；此外，並且考慮數學領域各教育階段核心素養之間的垂直連貫，如可向下銜接國小教育階段數學「領域／科目核心素養」（數-E-B1具備日常語言與數字及算術符號之間的轉換能

力，並能熟練操作日常使用之度量衡及時間，認識日常經驗中的幾何形體，並能以符號表示公式）與往上銜接高中教育階段數學「領域／科目核心素養」（數S-U-B1具備描述狀態、關係、運算的數學符號的素養，掌握這些符號與日常語言的輔成價值；並能根據此符號執行操作程式，用以陳述情境中的問題，並能用以呈現數學操作或推論的過程）。

　　「領域／科目核心素養」，可說是「領域／科目課程目標」之下的具體內涵，但比「領域／科目課程目標」更為具體，就「領域／科目核心素養」的課程設計原則而言，第一個原則是各領域／科目應能掌握各教育階段核心素養，可依其「領域／科目理念與目標」的領域／科目特性，轉化為「領域／科目核心素養」具體內涵，並加以編碼。第二個原則是各領域／科目應注意各教育階段縱向連貫之「垂直關係」，並彰顯「領域／科目」之間與之內的「水平關係」，重視課程發展的水平統整與垂直連貫之設計。換言之，「領域／科目核心素養」係指依據《十二年國民基本教育課程綱要總綱》之各教育階段核心素養具體內涵，結合領域／科目基本理念與課程目標後，在各領域所展現核心素養具體內涵，各「領域／科目核心素養」可考慮其領域／科目的獨特性或高級中等教育階段學校類型的差異性而加以發展。「領域／科目核心素養」編碼，依序就是「分領域」、「分教育階段」、「核心素養的項目」三個編號。以國中階段數學領域核心素養「數-J-B1具備處理代數與幾何中數學關係的能力，並用以描述情境中的現象。能在經驗範圍內，以數學語言表述平面與空間的基本關係和性質。能以基本的統計量與機率，描述生活中不確定性的程度。」為例，第1碼「數」代表「學科（領域／科目）別」：是指此領域／科目核心素養是屬於數學領域；第2碼「J」代表「教育階段別」：是指此領域／科目核心素養是屬於國中教育階段；第3碼「B1」代表「核心素養九大項目別」：是指此「領域／科目核心素養」是屬於B1「符號運用與溝通表達」的「核心素養」項目。據此「領域／科目核心素養」的課程改革功能具有1.定位領域／科目之課程設計主軸；2.引導領域／科目之課程設計的連貫與統整；3.彰顯各領域／科目的學科特性重要功能；4.統整「學習重點」的「學習內容」與「學習表現」（蔡清田，2018）。

　　「領域／科目學習重點」（簡稱「學習重點」）屬於各領域／科目課程綱要的重要內涵，它比「領域／科目核心素養」更為具體，特別是「學習重點」的「學習表現」與「學習內容」雙向細目表的PC雙因子二維（2D）架構方式，可提供各領域／科目進行教材設計的彈性，在不同版本教材中的「學習表現」與「學習內容」可以有不同呼應關係。各領域／科目教科用書編輯人員或學校教師可依不同學生的需求或學習階段的差異，彈性地編織組合「學習表現」與「學習內容」，有利於將學習重點轉化為實際教材與教學活動，且提供學生更為適性的學習機會。「學習重點」的「學習內容」與「學習表現」可呼應「領域／科目核心素養」，則是一種更高階而精巧的「PCC三因子」三維（3D）螺旋課程統整設計，彰顯了十二年國教課程改革是一種「以核心素養為導向的課程改革」。

　　詳言之，「學習重點」課程設計的重要步驟有二，一是先考量「學習表現」與「學習內容」，這是一種二D課程設計雙向分析表；二是再斟酌「學習表現」與「學習內容」與「領域／科目核心素養」等三要素的呼應關係。「學習重點」的課程統整要素，包括三要素，一是「領域／科目核心素養」，二是該領域／科目「學習內容」，三是該領域／科目「學習表現」。換言之，就領域／科目「學習重點」的課程統整設計模式而言，乃是「領域／科目核心素養」、「學習內容」與「學習表現」等三要素之間緊密連結之課程統整設計關係模式，這是一種精巧的核心素養轉化之三維（3D）螺旋課程統整設計模式。每一階段中的領域／科目可以先依據領域／科目的理念目標去檢核九項核心素養，看看領域／科目的「學習表現」與「學習內容」與哪幾項核心素養有關，再依照領域／科目的特性加以呼應所選擇的核心素養，以達成課程連貫與統整。「學習重點」宜根據「領域／科目核心素養」，統整某領域／科目特色的認知（知識）、技能（能力）、情意（態度）之「學習內容」與「學習表現」，成為如圖2-15「領域／科目學習重點的課程統整設計模式」所示（蔡清田，2018）：

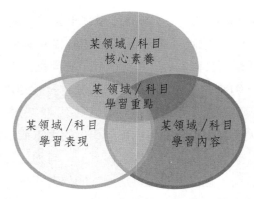

圖2-15 領域／科目學習重點的課程統整設計模式

　　「學習表現」與「學習內容」都是「學習重點」內的領域／科目課程設計概念。但是「領域／科目學習重點」是上位的概念，「學習表現」與「學習內容」是下位的概念，分屬不同層次。「學習重點」的「學習表現」與「學習內容」包含「歷程」與「內容」兩個面向，符合對認知概念的分類，提供教師具體設計的課程元素，也可以兼顧課程設計中的「目標模式」與「歷程模式」，前者比較適合對課程「學習內容」的強調，後者則重視學生在學習歷程的「學習表現」，「學習表現」與「學習內容」兩者宜應與該領域／科目的核心素養相呼應。

（四）「核心素養」的學校本位課程發展

　　《十二年國民基本教育課程綱要總綱》，同時強調「領域／科目核心素養」與「跨領域／科目」（transversal or cross domain／subject）的「核心素養」（蔡清田，2016）。因此，《十二年國民基本教育課程綱要總綱》一方面重視「領域／科目核心素養」，亦即各領域／科目內部的學科知識、能力、態度的統整學習；另一方面也重視「跨領域／科目」的「核心素養」之培養，「以核心素養進行跨領域／科目的課程統整」（蔡清田，2018），尤其是在符合教育部教學正常化之相關規定及領域學習節數之原則下，學校得彈性調整或重組「部定課程」之領域學習節數，實施各種學習型式的跨領域統整課程（蔡清田，2019）。跨領域統整課程最多

占領域學習課程總節數五分之一，其學習節數得分開計入相關學習領域，並可進行協同教學。教師若於領域學習或彈性學習課程進行跨領域／科目之協同教學，提交課程計畫經學校課程發展委員會通過後，其協同教學節數可採計為教師授課節數，相關規定由各該主管機關訂定之（教育部，2014）。

　　十二年國教新課綱逐漸引導學校由教科書邁向「學校本位課程發展」，學校本位課程係指由學校本身對於學生的學習內容或活動進行研究、規劃、設計、實施和評鑑之課程（蔡清田，2019），亦即可界定為「部定課程」及「校訂課程」的總體學校課程經驗（莊明貞、方廷彰、彭麗琦、潘志煌、劉淑芬，2017）。十二年國教新課綱將課程類型區分為「部定課程」與「校訂課程」二大類，「部定課程」由國家統一規劃，以養成學生的基本能力，並奠定適性發展的基礎；「校訂課程」則由學校安排，形塑學校教育願景及強化學生適性發展，是提供學校用以延伸、補足或增強某些領域課程之特殊需求而加以調整與應用的機會，並在「部定課程」與「校訂課程」之間有相關聯的課程銜續與延伸關係，二者是互補並不相衝突。

　　學校課程發展委員會應掌握學校教育願景，發展學校本位課程，學校課程計畫為學校本位課程規劃之具體成果。值得注意的是，我國《十二年國民基本教育課程綱要總綱》的新課綱，強調將「核心素養」與「學校本位課程發展」兩個理念加以結合，並進行學校整體課程的規劃，特別是整合過去零星分散的行政配課、單一個別瑣碎活動、一次性的課程設計，加以升級轉型成為「核心素養的學校本位課程發展」，引導核心素養導向的學校課程計畫、核心素養導向的教科書編選使用、核心素養導向的教案設計、核心素養導向的教學及學習與評量彼此連貫呼應，以避免導致「見樹不見林」卻乏永續經營的學校本位課程，因此，十二年國教新課綱所強調的「部定課程」與「校訂課程」二者雖有不同的定位及作用，但「學校本位課程發展」需因地制宜地，從學校整體論點來進行學校本位（school-based）的「課程發展」（curriculum development），以學校作為課程改革的基地（base），以學校教育人員組成課程發展團隊社群合力進行學校

本位課程發展，校長即課程領導者、主任即課程規劃者、教師即課程設計者；學校可依其特性及需求，結合「部定課程」和「校訂課程」進行「見樹又見林」的整合思考，從宏觀整體的校本課程角度加以整體規劃一到六年級垂直連貫且各領域／科目水平統整課程，促使「部定課程」和「校訂課程」之間得以相互輝映，合力培養學生可因應未來社會生活所之「核心素養」以促進「個人發展」與「社會發展」，協助個人獲得成功生活並建立功能健全的社會；因此，學校除了原有的「部定課程」教學外，得以於「校訂課程」中，排定加深加廣的學習，但要強調的是跨域、適性、選修，不得僅為部定課程單一科目的重複學習（蔡清田，2019）。

「校訂課程」是賦予學校一個發展學校課程特色的時間與空間，是學校團隊可以揮灑教育想像的課程發展機會，可依學校願景與學生圖像進行系統思考設計，藉以實踐學校願景、延展或深化「部定課程」的學習，可依學生在「部定課程」學習到的各項核心素養，適性引導學生在「校訂課程」中展現出來，希望學生能遷移「部定課程」的學習效果，展現主動探索與團隊互助、解決問題的素養，並能擴大學習範疇的視野（周淑卿、陳美如、李怡穎、林永豐、吳璧純、張景媛、范信賢，2018）。學校可因應生活環境、學校願景、師資專長、社區資源、教育新興議題等，並考量學生資質、能力、經驗、學習速度、家庭背景、城鄉差距、文化族群等，透過學校課程發展委員會的討論，發展規劃統整性主題／專題／議題探究、社團活動、技藝課程、服務學習、自主學習、補救教學等合宜的「校訂課程」方案，或辦理全校性、全年級、班群或學生自由選修的學習活動，以提升學生學習興趣並鼓勵適性發展（范信賢，2018）。

特別是《十二年國民基本教育課程綱要總綱》將過去的學校本位課程發展升級轉型成為「核心素養」導向的學校本位課程發展，並將過去的課程統整升級轉型成為「核心素養」導向的課程統整及教學方案（教案）設計，更強調核心素養及「學習內容」與「學習表現」的課程統整設計，呼應以學習者為主體的課程改革，都是為了落實「核心素養」；因此，鼓勵「核心素養」的學校本位課程發展，以學生需求及學校社區情境資源為起點，發展學校特色且培養學生「核心素養」（教育部，2014，31）。

據此「學校本位課程發展」，是十二年國民基本教育課程改革的重要核心概念，而且「核心素養」導向的「學校本位課程發展」是以學校為發展主體，強調由下而上的課程決定形式，經由選用、調整或自行創新課程與教材，回應學生的個別差異和學習需求，整合學校及社區特色與資源以學生為中心的課程計畫，培養學生的「核心素養」，營造以學習者為中心的新學習風貌，永續經營「學校本位課程發展」，有其劃時代課程改革的重要性（蔡清田，2018）。

　　進行核心素養的學校本位課程發展過程，首先學校全體教職員必須同意核心素養導向的學校整體課程目標，而且必須要求各領域／科目說明其個別的責任與貢獻，以達成核心素養的學校整體課程目標，認真進行核心素養學校本位課程發展，用心設計特色課程的具體內容，在此過程中，各科任教教師必須進行相互連結統整，特別是連結到核心素養導向的學校教育共同願景與整體課程目標以及有助於達成學校教育共同願景與整體課程目標與其他領域／科目所設立的規準。特別是，每一個領域／科目具有四種明確的任務（蔡清田，2019）：1.指出其所能貢獻的特定知識與技能；2.指出科目的特定知識、技能，如何和其他領域／科目進行統整課程設計或協同合作教學，以達成寬廣的學校整體課程目標；3.指出不同領域／科目對提升學生學習成就，所能達成的不同貢獻；4.指出不同領域／科目教師的可能貢獻，特別是協助學校進一步發展與校外的社區鄰里、工商企業界與其他教育機構之間的關係。然而，融合個別領域／科目目標與學校的整體課程目標，不是一項簡單的任務，個別領域／科目目標若要配合學校的整體課程目標，則個別領域／科目教師必須具有共同的學校教育未來願景，並願意在個別領域／科目當中建構核心素養導向的共同學校整體課程目標，引導學生透過學校整體課程，建構共同的學校教育未來願景。因此，學校經營團隊必須進行核心素養導向的學校本位課程發展之規劃，以協助學校全體教職員去了解不同領域／科目對學校願景、整體課程目標與計畫架構進程的貢獻，以便共同規劃，進行全校的協調合作。特別是規劃階段應注意課程目標與計畫的可行性，因此，有必要透過學校課程發展委員會規劃設計並審查全校各年級課程計畫，確保學校本位課程發展的

品質。

　　「學校本位課程發展」則是指以學校為發展主體的課程，強調由下而上的課程決定形式，經由選用、調整或自行創新課程與教材，回應學生的個別差異和學習需求，以學生為中心整合學校及社區特色與資源的課程發展（莊明貞、方廷彰、彭麗琦、潘志煌、劉淑芬，2017），「特色課程」是匯集全體教師的願景與共識，並在學校特有的文化、環境與情境，以及符合教育目標的形式與內容下，精心規劃出學校特有、具有優良品質，並有整體性、延續性及一致性的課程。因此，「特色課程」具有「學校本位課程」的精神（王如哲等，2012），但是宜注意應從學校整體論點來進行學校本位的「課程發展」，結合「部定課程」和「校訂課程」的「特色課程」進行整合思考，成為學校本位課程發展所不能或缺的兩個部分（教育部，2014），特別是從學校整體的校本課程角度加以整體規劃，促使「部定課程」和「校訂課程」之間得以相互輝映，而能彰顯學校本位課程發展的連貫性與整體性，合力培養學生可因應未來社會生活所之「核心素養」以促進「個人發展」與「社會發展」，協助各人獲得成功生活並建立功能健全的社會。

　　核心素養的學校本位課程發展模式（Core Competence School-Based Curriculum Development Model）如圖2-16，包括「核心素養的課程研究」（Research）、「核心素養的課程規劃」（Planning）、「核心素養的課程設計」（Design）、「核心素養的課程實施」（Implementation）、「核心素養的課程評鑑」（Evaluation）、「核心素養的課程經營」（Management）等研究、規劃、設計、實施、評鑑、經營的核心素養學校本位課程發展理論建構模式，簡稱核心素養的RPDIEM內環模式，相對應於「情境分析」（Situation Analysis）、「願景建構」（Vision Construction）、「方案設計」（Program Design）、「執行實施」（Implement Conduct）、「評鑑回饋」（Evaluation Feedback）、「配套措施」（Corresponding Measures）等情境（Situation）、願景（Vision）、方案（Program）、實施（Implementation）、評鑑（Evaluation）、「配套」（Corresponding）的核心素養學校本位課程發

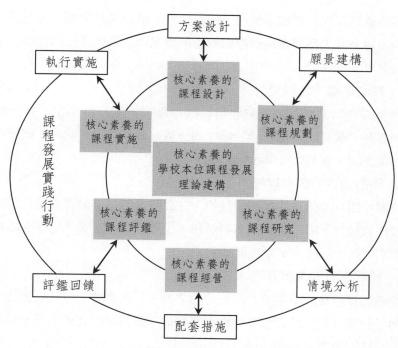

圖2-16 核心素養的學校本位課程發展模式

展實踐行動模式,簡稱核心素養的SVPIEC外環模式;值得注意的是,核心素養的學校本位課程發展,並非僵化步驟,學校可根據不同的情境條件與需要加以彈性應用,發展核心素養的學校本位課程發展永續經營之理論建構與實踐行動(蔡清田,2019),闡述如次:

1. 核心素養的課程研究

「核心素養」的課程研究,應該不只是進行現況掃描而應該進行情境分析,研究影響核心素養學校本位課程發展的內外在動態情境因素,進行核心素養的學校本位課程發展需求評估,以了解「核心素養的學校本位課程發展問題與需要是什麼?」而且「如何去分析情境?」以便可以進一步解釋課程發展的相關現象。

2. 核心素養的課程規劃

透過核心素養課程研究情境分析與需求評估,指出核心素養的學校共

同願景與整體課程目標慎思構想，核心素養的學校共同願景引導整體課程目標的前進方向，整體課程目標的陳述則應包括教師與學生的行為與預期的學習結果。

3. 核心素養的課程設計

包含成立核心素養的領域科目與活動課程方案設計小組，進行教學活動的設計、教材的編選設計、學生的分組、教學內容的範圍、順序與組織，以及空間、資源與設備的配置等等。

4. 核心素養的課程實施

為減少對核心素養的誤解與抗拒，在此階段需透過教育人員在職進修與學校組織發展，進行專業反省與溝通，化解歧見，充實核心素養課程實施必要的知能，以使方案順利實施。

5. 核心素養的課程評鑑

評鑑的意義在於蒐集適當而充分的證據，以判斷並改進核心素養的課程發展過程與成效，結合教育行動研究建構不斷循環的評鑑系統，以發揮評鑑與回饋的功能。

6. 核心素養的課程經營

核心素養的學校本位課程發展永續經營配套措施，包括核心素養的課程研究與課程規劃等政策層級的領導，方案設計、執行實施與評鑑回饋等專業層級的管理，以及配套措施等運作層級的行政。核心素養的課程經營，是為了獲致核心素養的學校本位課程發展永續經營之一系列領導管理行政推動策略、行動綱領與配套措施等。

在上述核心素養的學校本位課程發展模式中，核心素養的學校本位課程發展具有彈性、適應性，而且可依情境的改變而加以解釋，因此，學校可從任何一個或同時數個步驟著手，教師可從任一階段開始進行方案設計，也可同時展開各項活動，進行核心素養的學校本位課程發展；更可以鼓勵教師考量方案設計過程中不同的要素，系統地考慮學校情境的特定內涵，並且將方案決定建立在較廣的文化和社會探討之上，回應大環境中政治、經濟、社會的動態情境變化。學校課程發展與設計要能展現對核心素養的關照，強化課程發展委員會之功能、善用選修課之開設，以充分落實

核心素養與學科素養之結合。課程設計者可靈活運用「目標模式」、「歷程模式」、「情境模式」進行課程設計（黃光雄、蔡清田，2015），或採用「階梯型」的課程設計，透過目標→達成→評價，具體設計教學內容的目標，有效地將此一目標的活動組織到教學過程中，並用考試評量達到目標的程度，或採用「登山型」的課程設計（黃郁倫、鍾啟泉譯，2012），透過主題‧探究‧表現，設計教學內容核心的主題，學生以多元方式展開活動的、協同的、探究的學習，並能相互表現和共用學習的成果。核心素養的課程發展要能因應不同教育階段之教育目標與學生身心發展之特色，提供彈性多元的學習課程，以促成學生適性發展，並支持教師課程研發與創新。學校課程計畫是學生學習的藍圖、課程公共對話與溝通的重要文件；透過學校課程發展委員會的組織與運作，持續精進國民教育及學校本位課程發展。

　　就核心素養的學校課程發展委員會組織與運作而言，學校為推動課程發展應訂定「課程發展委員會組織要點」，經學校校務會議通過後，據以成立學校課程發展委員會。學校課程發展委員會下得設各領域／群科／學程／科目教學研究會。學校得考量學校規模與地理特性，聯合成立校際之課程發展委員會。學校課程發展委員會之組成及運作方式由學校校務會議決定之，其學校課程發展委員會成員應包括學校行政人員、年級及領域／群科／學程／科目（含特殊需求領域課程）之教師、教師組織代表及學生家長委員會代表，高級中等學校教育階段應再納入專家學者代表，各級學校並得視學校發展需要聘請校外專家學者、社區／部落人士、產業界人士或學生。就課程設計與發展而言，學校課程發展應重視不同領域／群科／學程／科目間的統整，以及各教育階段間之縱向銜接。課程設計應適切融入性別平等、人權、環境、海洋、品德、生命、法治、科技、資訊、能源、安全、防災、家庭教育、生涯規劃、多元文化、閱讀素養、戶外教育、國際教育、原住民族教育等議題，必要時由學校於校訂課程中進行規劃。為因應特殊類型教育學生之個別需要，應提供支援性輔助、特殊需求領域課程及實施課程調整。特殊教育學生的課程必須依據《特殊教育法》所規範的個別化教育計畫或個別輔導計畫適性設計，必要時得調整部定必

修課程實施教學（教育部，2014）。

　　學校課程發展委員會應掌握學校教育願景與核心素養，發展學校本位課程，並負責審議學校課程計畫、審查全年級或全校且全學期使用之自編教材及進行課程評鑑等。學校課程計畫為學校本位課程規劃之具體成果，應由學校課程發展委員會三分之二以上委員出席，二分之一以上出席委員通過，於開學前陳報各該主管機關備查，並運用書面或網站等多元管道向學生與家長說明。為有利於學生選校參考，高級中等學校應於該年度新生入學半年前完成課程計畫備查與公告說明（教育部，2014）。

（五）透過「核心素養」與「學習重點」指引教材發展與教科書設計進行連貫統整設計

　　「核心素養」作為課程設計主軸，並透過各教育階段各領域／科目課程綱要的規劃應用於國民小學、國民中學及高級中等學校的一般領域／科目，可見核心素養是十二年國民基本教育課程改革之核心，不僅影響學校課程規劃，也將影響教材與教科書之設計。因此教科書教材內容的多寡並非是教科書設計的重點，而是透過領域／科目「學習重點」的情境引導、觀察與體驗、問題探究等歷程，以培養學生的核心素養（Paniagua & Istance, 2018）。教材設計包括教材研發設計適當內容的教材，透過領域／科目「學習重點」可指引教材發展與教科書設計進行連貫統整，以落實核心素養的培養。簡而言之，「學習重點」指的就是領域／科目的「學習內容」與學生的「學習表現」，這些是教師的教學重點，也是學生的學習重點，也是提供各領域／科目進行課程發展的教材設計、教科書審查及學習評量的重要依據。特別是「學習內容」是該領域／科目「核心」的知識、能力、態度等有價值的「內容」，能呼應核心素養的重要、關鍵、必要之特質（蔡清田，2018），並引導學生透過「學習內容」而展現「學習表現」以達成目標，但毋須像傳統教材大綱一樣列出所有教材或內容，以避免教材太多或不當重複或脫節遺漏之缺失。

　　「學習內容」需能涵蓋該領域／科目之重要事實、概念、原理原則、技能、態度與後設認知等知識。「學習內容」是該領域／科目重要的、

基礎的內容，學校、地方政府或出版社得依其專業需求與特性，將「學習內容」做適當的轉化，以發展適當的教材。此種學習重點的架構方式，提供各領域／科目進行教材設計時的彈性，在不同版本的教材中，「學習表現」與「學習內容」可以有不同的對應關係。教科用書編輯人員或學校教師可依不同學生的需求或學習階段的差異，彈性地組合領域／科目的「學習表現」與「學習內容」，這有利於將課程綱要內涵轉化為實際教材，且提供學生更為適性的學習機會（國家教育研究院，2014a）。

就核心素養的教材研發而言，教材研發包括教科用書、各類圖書、數位教材、補救教材與診斷工具及各種學習資源等，需衡量不同學習階段間的縱向銜接及領域／群科／學程／科目及課程類型之間的橫向統整（蔡清田、陳延興、李奉儒、洪志成、鄭勝耀、曾玉村、林永豐，2009）。特別是透過「核心素養」與「學習重點」可指引教材發展與教科書設計進行連貫統整，強化「領域／科目」的學期學年、學習階段的連貫與統整，不僅重視「學習內容」的主題與主題之間的連貫，更重視「學習內容」與「學習表現」在學期、學年、學習階段之間與之內連貫，並根據「學習內容」與「學習表現」設計教材協助教師及學生隨「年級階梯」或「學習階段階梯」而逐漸增加與陸續提升其「學習內容之複雜度」與「學習表現之複雜度」，循序漸進其「課程連貫」與「課程統整」，有助於規劃領域／科目課程的連貫與統整，特別是「學習重點」的縱向銜接與橫向連貫（蔡清田，2019）。

透過「學習重點」引導各領域／科目「學習內容」與「學習表現」的設計，可作為出版社或學校教師設計教材的依據，用以編選教材、教法、組織學習活動。教科用書應依據各領域／科目課程綱要進行編輯，教材之發展應扣緊「學習重點」的「學習表現」與「學習內容」，除了領域／科目知識的「學習內容」之外，更強調學習歷程及「學習表現」之重要性，以使學生喜歡學習及學會如何學習，並協助其有機會達成其學習目標。特別是「學習重點」作為國民基本教育課程中的重要理念與元素，是落實「素養導向」的課程設計精神。而利用各教育階段「學習重點與領域／科目核心素養呼應表」，以及「領域／科目學習重點」可彈性統整「學習表

現」與「學習內容」的雙向架構，使課程編選與教師教學都保留有很大的彈性，可以因應學生的差異與不同需要而彈性調整，有助於落實適性教育的理念。此外，「學習內容」的教材需衡量學期、學年、學習階段之間的縱向銜接與垂直連貫，教材之選擇須具啓發性與創造性，並能循序漸進提供由低層次到高層次的認知、技能、情意之學習素材，提供學生觀察、探索、討論與創作等實作及表現的學習機會（國家教育研究院，2014b；蔡清田、陳伯璋、陳延興、林永豐、盧美貴、李文富、方德隆、陳聖謨、楊俊鴻、高新建、李懿芳、范信賢，2013），有助於規劃各領域課程的連貫與統整。

　　教科書是學生學習的重要材料、是教師教學的重要資源，而十二年國民基本教育課程綱要的核心素養則是教科書編輯的依據，各出版社宜掌握課程理念及精神，因應教科書之編輯，除了知識內容的學習，更強調學習歷程和「學習表現」的重要，使學生喜歡學習及學會如何學習。教材內容需衡量不同學習階段間的縱向銜接，並提供高層次認知思考能力之學習素材，讓學生習得運用知識解決問題之能力。教學設備與實施包括教學實施、教學活動、教學設備規劃。教學評量之內涵與方法，應能兼顧專業學科知能與核心素養養成（蔡清田、洪若烈、陳延興、盧美貴、陳聖謨、方德隆、林永豐、李懿芳，2012）。教材設計者宜跳脫以往九年一貫能力指標的傳統框架，從「知識導向」到「能力導向」再到「核心素養導向」，教科書編撰形式宜從「知識導向」的模式轉變爲「探究式」或「問題解決」模式，以使學科知識更能貼近生活所需，幫助學生適應外部生活情境，並呼應各種社會場域之複雜需求；嘗試進行解構與轉化，改以「學習表現」與「學習內容」來進行課程發展，呼應高度相關之核心素養，以利達成十二年國民基本教育課程目標（鄭任君、蔡清田、楊俊鴻，2017）。

　　就核心素養的課程評鑑而言，各該主管機關應建立並實施十二年國民基本教育課程評鑑機制，以評估課程實施與相關推動措施成效，運用所屬學校及各該主管機關課程評鑑過程與成果資訊，回饋課程綱要之研修，並且作爲課程改進之參考（國家教育研究院，2014a）；中央主管機關可建置學生學習成就資料庫，評鑑「部定課程」實施成效。各該主管機關應

整合課程相關評鑑與訪視，並協助落實教學正常化；課程評鑑結果不作評比、不公布排名，而是作為課程政策規劃與整體教學環境改善之重要依據。學校課程評鑑以協助教師教學與改善學生學習為目標，可結合校外專業資源，鼓勵教師個人反思與社群專業對話，以引導學校課程與教學的變革與創新。學校課程評鑑之實施期程、內容與方式，由各該主管機關訂定之（國家教育研究院，2014b；蔡清田、陳伯璋、陳延興、林永豐、盧美貴、李文富、方德隆、陳聖謨、楊俊鴻、高新建、李懿芳、范信賢，2013）。

　　就核心素養的課程實驗與創新而言，各該主管機關應提供學校本位課程研究發展與實施的資源，鼓勵教師進行課程與教材教法的實驗及創新，並分享課程實踐的成果（蔡清田，2017），各該主管機關宜分析課程研發與實驗成果，以回饋課程綱要之研修。特別是，就課程教學資源而言，《十二年國民基本教育課程綱要總綱》指出，教學資源包括各種形式的教材與圖儀設備，研究機構、社區、產業、民間組織所研發的資源，以及各界人力資源。各該政府應編列經費，鼓勵教師研發多元與適切的核心素養教學資源，而且實施學校課程計畫所需的核心素養教學資源、相關教育經費，中央與地方應予支持（教育部，2014）。

五、結語

　　本章「核心素養的課程論」，指出「以核心素養為導向的十二年國民基本教育課程改革」，闡述了核心素養的課程定位、核心素養內涵、核心素養與領域／科目的關係，可透過學校課程規劃引導領域／科目課程連貫與統整，這些「核心素養」與學校課程關係密切，特別是為達成各教育階段領域／科目之間的連貫，以及各領域／科目彼此之間的統整，可以核心素養作為課程發展的DNA。核心素養的培養需秉持漸進、加廣加深、跨領域／科目等原則，可透過各教育階段的不同領域／科目的學習來達成；各階段領域／科目的規劃應結合各領域的特性內涵統整核心素養，發展「領域／科目核心素養」及「學習重點」，可透過「核心素養」學校本位課程

發展模式並配合教學加以實踐核心素養，本書下一章「核心素養的教學
論」，將就此進一步加以論述。

參考文獻

王如哲、何希慧、曾淑惠、林永豐、秦葆琦、王浩博、洪詠善、劉欣宜
　　（2012）。**十二年國民基本教育高中、綜高、高職、五專學校實施特
　　色招生之特色課程規劃研究報告**。國家教育研究院委託，計畫編號：
　　NAER-101-05-A-2-05-00-1-14。

石鷗（2017）。核心素養的課程與教學價值。載於楊九詮主編，**學生發展
　　核心素養三十人談**（pp.32-36）。上海市：華東師範大學出版社。

范信賢（2018，1月）。中小學師資課程教學與評量協作電子報第7期。臺
　　北市：中小學師資課程教學與評量協作中心。

辛濤（2017）。學生發展核心素養研究應注意幾個問題。載於楊九詮主
　　編，**學生發展核心素養三十人談**（pp.20-23）。上海市：華東師範大
　　學出版社。

吳敏而、黃茂在、趙鏡中、周筱亭（2010）。**教師對「主動探索與研究」
　　基本能力的詮釋**。「全球化時代之關鍵能力與教育革新」國際學術研
　　討會。國立臺灣師範大學教育系，2010年11月12-13日。

余文森（2017）。**核心素養導向的課堂教學**。上海市：上海教育出版社。

周淑卿、陳美如、李怡穎、林永豐、吳璧純、張景媛、范信賢（2018）。
　　異同綻放我們的校訂課程。臺北市：教育部國民及學前教育署。

張華（2017）。核心素養與我國基礎教育課程改革的再出發。載於楊九詮
　　主編，**學生發展核心素養三十人談**（pp.37-41）。上海市：華東師範
　　大學出版社。

張茂桂、董秀蘭、王業立、黃美筠、陳婉琪、杜文苓（2011）。**臺灣政
　　治、經濟、社會、文化與科技變遷趨勢對K12課程的影響及啟示**。國
　　家教育研究院報告。臺北市：中央研究院。

崔允漷、邵朝友（2017）試論核心素養的課程意義。**全球教育展望**，

46(10)，24-33.

黃光雄、蔡清田（2015）。課程發展與設計新論。臺北市：五南。

黃玉倫、鍾啓泉譯（2012），佐藤學著。學習的革命：從教室出發的改革。臺北市：天下文化。

黃政傑（1999）。課程設計。臺北市：東華。

黃瑞菘（2018）。核心素養導向課程設計。臺北市：五南。

黃炳煌（1984）。課程理論的基礎。臺北市：文景。

洪裕宏、胡志偉、顧忠華、陳伯璋、高湧泉、彭小妍等人（2008）。界定與選擇國民核心素養：概念參考架構與理論基礎研究。行政院國家科學委員會專題研究計畫成果報告（NSC 95-2511-S-010-001）。臺北市：國立陽明大學。

洪裕宏（2011）。定義與選擇國民核心素養的理論架構。研習資訊，28(4)，15-24。

洪詠善、范信賢（主編）（2015）。同行：走進十二年國民基本教育課程綱要總綱。新北市：國家教育研究院。

胡志偉、郭建志、程景琳、陳修元（2008）。能教學之適文化國民核心素養研究。行政院國家科學委員會專題研究計畫成果報告（NSC95-2511-S-002-001）。臺北市：國立臺灣大學。

高湧泉、陳竹亭、翁秉仁、黃榮棋、王道還（2008）。國民自然科學素養研究。行政院國家科學委員會專題研究計畫成果報告（NSC 95-2511-S-005-001）。臺北市：國立臺灣大學。

任勇（2017）。全課程讓核心素養悄然落地。載於楊九詮主編，學生發展核心素養三十人談（pp.94-101）。上海市：華東師範大學出版社。

柯華葳、劉子鍵、劉旨峰（2005）。18歲學生應具備基本能力研究。教育部中教司委託研究。桃園縣：國立中央大學學習與教學研究所。

教育部（2014）。十二年國民基本教育課程綱要總綱（103年11月28日，臺教授國部字第1030135678A號）。臺北市：作者。

莊明貞、方廷彰、彭麗琦、潘志煌、劉淑芬（2017年10月20日）。學校本位課程規劃與實施。教育部國民及學前教育署辦理十二年國民基本教

育課程綱要（總綱）實踐策略、教師增能課程設計及主題進階回流計
　　畫【簡報】。◎請參照第7頁。

國家教育研究院（2014a）。十二年國民基本教育課程發展指引。臺北
　　市：作者。教育部103年2月17日臺教授國部字第1030007735號函
　　1030107。

國家教育研究院（2014b）。十二年國民基本教育課程發展建議書。臺北
　　市：作者。

彭小妍、王璦玲、戴景賢（2008）。人文素養研究。行政院國家科學委員
　　會專題研究計畫成果報告（NSC 95-2511-S-001-001）。臺北市：中央
　　研究院。

趙偉黎、孫彩平（2017）。全球化下中國大陸「核心素養」改革的思維和
　　實踐挑戰：以2016年人教版小學德育教材為例。白亦方主編，**2016課
　　程與教學改革的回顧與展望**（pp.77-102）。臺北市：五南。

陳伯璋（2010）。臺灣國民核心素養與中小學課程發展之關係。課程研
　　究，**5**(2)，1-26。

陳伯璋、張新仁、蔡清田、潘慧玲（2007）。全方位的國民核心素養之
　　教育研究。行政院國家科學委員會專題研究計畫成果報告（NSC 95-
　　2511-S-003-001）。臺南市：首府大學。

鄭任君、蔡清田、楊俊鴻（2017）。跨越科目疆界的「健體與綜合活動」
　　之跨領域主題課程設計。**教育脈動，11**：12-15

楊九詮（主編）（2017）。**學生發展核心素養三十人談**。上海市：華東師
　　範大學出版社。

楊向東（2018）。基於核心素養的基礎教育課程標準研製。**全球教育展
　　望，2018**(10)，47-51。

歐用生、李建興、郭添財、黃嘉雄（2010）。**九年一貫課程實施現況評
　　估**。臺北市：行政院研究考核委員會。

蔡清田（2011）。**素養：課程改革的DNA**。臺北市：高等教育。

蔡清田（2012）。**課程發展與設計的關鍵DNA：核心素養**。臺北市：五
　　南。

蔡清田（2014）。國民核心素養：十二年國民基本教育課程改革**DNA**。臺北市：高等教育。

蔡清田（2016）。**50**則非知不可的課程學概念。臺北市：五南。

蔡清田（2017）。課程實驗：課綱爭議的出路。臺北市：五南。

蔡清田（2018）。核心素養的課程發展。臺北市：五南。

蔡清田（2019）。核心素養的學校本位課程發展。臺北市：五南。

蔡清田、陳延興、李奉儒、洪志成、鄭勝耀、曾玉村、林永豐（2009）。中小學課程相關之課程、教學、認知發展等學理基礎與理論趨向研究。國家教育研究院委託研究報告。嘉義縣：國立中正大學課程研究所。

蔡清田、陳延興、吳明烈、盧美貴、陳聖謨、方德隆、林永豐（2011）。**K-12**中小學一貫課程綱要核心素養與各領域連貫體系研究。國家教育研究院委託研究報告。嘉義縣：國立中正大學課程研究所。

蔡清田、洪若烈、陳延興、盧美貴、陳聖謨、方德隆、林永豐、李懿芳（2012）。**K-12**各教育階段核心素養與各領域課程統整研究。國家教育研究院委託研究報告。嘉義縣：國立中正大學課程研究所。

蔡清田、陳伯璋、陳延興、林永豐、盧美貴、李文富、方德隆、陳聖謨、楊俊鴻、高新建、李懿芳、范信賢（2013）。十二年國民基本教育課程發展指引草案擬議研究。國家教育研究院委託研究報告。嘉義縣：國立中正大學課程研究所。

顧忠華、吳密察、黃東益（2008）。我國國民歷史、文化及社會核心素養之研究。行政院國家科學委員會專題研究計畫成果報告（NSC95-2511-S-004-001）。臺北市：國立政治大學。

鍾啓泉（2016）。基於核心素養的課程發展——挑戰與課題，全球教育展望，**45**(1)，3-25。

鍾啓泉（2017）。學科教學的發展及其課題：把握學科素養的一個視角。全球教育展望，**46**(1)，11-23。

鍾啓泉、崔允漷（2018）。核心素養研究。上海市：華東師範大學出版社。

Brady, L. & Kennedy, K. (2019). Curriculum Construction (6th). Melbourne, VIC: Pearson.

Canto-Sperber, M. & Dupuy, J. P. (2001). Competencies for the good life and the good society. In D. S. Rychen & L. H. Salganik (Eds.), *Defining and selecting key competencies* (pp.67-92). Göttingen, Germany: Hogrefe & Huber Publishers.

European Commission (2005). *On key competences for lifelong learning.* Proposal for a recommendation of the European parliament and of the council. Brussels: Author.

Hamilton, D. (1990). *Curriculum history*. Geelong, Victoria, Australia: Deakin University Press.

Lawton, D. (1973). *Social change, educational theory and curriculum planning*. London: Routledge & Kegan Paul.

Organisation for Economic Co-operation and Development (OECD) (2005). *The Definition and Selection of Key Competencies: Executive Summary.* Paris: Author. Retrieved June 12, 2013, from http://www.deseco. admin.ch/bfs/deseco/en/index/02.parsys.43469.downloadList.2296. DownloadFile.tmp/2005.dskcexecutivesummary.en.pdf

Paniagua, A. & Istance, D. (2018). *Teachers as Designers of Learning Environments: The Importance of Innovative Pedagogies*. Paris Educational Research and Innovation, OECD Publishing.

Perrenoud, P. (2001). The key to social fields: Competencies of an autonomous actor. In D. S. Rychen & L. H. Salganik (Eds.). *Defining and selecting key competencies* (pp. 121-149). Göttingen, Germany: Hogrefe & Huber Publishers.

Pinar, W. F. (2004). *What is curriculum theory?* New Jersey : Lawrence Erlbaum Associates Publishers.

Rychen, D. S. & Salganik, L. H. (2003) (Eds.). *Key competencies for a successful life and a well-functioning society*. Göttingen, Germany:

Hogrefe & Huber Publishers.

Schröder, M. (2015). Competence-oriented study programmes. Retrieved from http://www.fibaa.org/uploads/media/13_Werkstatt_ Kompetenzorientierung_Mai_2015_V3_en_01.pdf

United Nations Educational, Scientific and Cultural Organization (UNESCO) Institute for Education (2003). *Nurturing the Treasure: Vision and Strategy 2002-2007*. Hamburg, Germany: Author.

第三章　核心素養的教學論

　　本書第二章闡述「核心素養」是十二年國民基本教育新課程綱要的DNA，說明「核心素養」是「可以透過課程加以規劃」，強調「核心素養」的學校本位課程發展，重視以領域／科目與核心素養為基礎的課程統整設計。本章「核心素養的教學論」強調「核心素養」是「可以透過教學加以培養」，闡述「核心素養」的教學理論基礎、教學原理、教學策略、教學模式。本章首先就「核心素養」的哲學、心理學、經濟學、社會學及教育人類學等學理基礎進行探討核心素養的教學原理，強調教師應進行課堂轉型改為扮演「助學者」的角色。其次，鼓勵教師採用專業化（professional）的「適性教學」（adaptive teaching）、個別化（personal）的「差異教學」（differentiated teaching）與精確化（precise）的「有效教學」（effective teaching）等3P教學策略培養核心素養。本章進一步建構「核心素養的學習目標（Objectives）、情境（Situation）、內容（Content）、表現（Performance）教案設計模式」（簡稱為「核心素養的OSCP教案設計模式」），將核心素養的「教學目標」具體轉化為「學習目標」，布置合宜的學習情境，以激發學生的「學習動機」，發展「學習內容」的學習活動，引導學生「學習表現」。分述如次：

一、核心素養的理論基礎

　　我國洪裕宏、胡志偉、顧忠華、陳伯璋、高湧泉、彭小妍等人（2008）、胡志偉、郭建志、程景琳、陳修元（2008）、高湧泉、陳竹亭、翁秉仁、黃榮棋、王道還（2008）、顧忠華、吳密察、黃東益（2008）、彭小妍、王瓊玲、戴景賢（2008）、陳伯璋、張新仁、蔡清田、潘慧玲（2007）等學者，從哲學、心理學、社會與歷史、科學、文化藝術與教育學等理論基礎，進行《界定與選擇國民核心素養：概念參考架構與理論基礎研究》，透過多門學科理論基礎建立「核心素養」之理據，呼應了《中小學課程相關之課程、教學、認知發展等學理基礎與理論趨向研究》（蔡清田、陳延興、李奉儒、洪志成、鄭勝耀、曾玉村、林永豐，

2009），從哲學、教學原理、認知發展、社會變遷、文化研究等五個面
向切入核心素養的理論基礎研究，這些核心素養的理論基礎研究也呼應了
「經濟合作與發展組織」所推動的「素養的界定與選擇」之研究，分別就
哲學、心理學、經濟學、社會學及教育人類學等進行學術理論基礎探討如
圖3-1核心素養的理論基礎所示：

圖3-1　核心素養的理論基礎

（一）「核心素養」的哲學理論基礎

　　哲學是一門探討思辨的「愛智之學」，有助於個人探索生命智慧的
知識、能力與態度之統整。透過哲學思辨的方法，可協助個體了解自我觀
念，以及其生活世界中的人、事、物所交織而成的社會情境，以解決生
活上問題之需求與因應未來的挑戰。核心素養與哲學理念有著密切的關
聯：一是核心素養可以協助人類獲得「優質生活」；二是核心素養可以
協助人類面對當前社會及未來「優質社會」的挑戰（Rychen & Salganik,
2001）。例如，法國哲學家Edgar Morin（1999）透過複雜科學／系統思考
之複合思維，重視以「人」為學習主體的核心素養之「整體論」，並為推
展全球人類「優質生活」的「永續發展」之美好願景，提出《未來教育的
七項複雜功課》，強調七項關鍵而重要的核心素養：1.學習偵別錯誤與偵
別妄想、2.學習真正的知識、3.學習了解人類情境、4.學習地球認同、5.學

習面對不確定性、6.學習相互理解、7.學習爲全人類負責的倫理，以培養
地球公民素養與共生智慧（馮朝霖、范信賢、白亦方，2011）。

　　就哲學論點而言，在定義「優質生活」時，必須理解個體須具備何
種核心素養以經營「優質生活」；其中，「優質生活」有賴個體能達成所
重視的目標，並分享期望價值、愼思熟慮、做出明智決定及道德行動。法
國哲學家Monique Canto-Sperber與Jean-Pierre Dupuy（2001）便指出，個
體不僅具有相似的社會需求與素養，也具有相似的心理能力，能從過去經
驗中獲得學習並且規劃未來；他們指出「優質生活」的主要價值，並建立
了一套與主流社會道德具有一致性的「優質社會」價值系統，可以用來定
義何謂「優質生活」，亦即：1.自我實現的成就，「優質」是建構於人類
對日常生活的價值判斷，這種自我實現的成就評價之價值，有別於一般成
就；2.人類存在的要素，選擇個人自己的生活方式，並擁有正常的人類生
活，每個人終身的課題，就是努力獲得「優質生活」，這些要素包括：獨
立自主、自由自律，以及人文特質；3.理解要過「優質生活」，最重要的
就是理解自己，以及自己置身所處的外在世界，進而評價當前的現實生
活，可免於無知與錯誤；4.享受歡樂，人類重視享受歡樂與優美的事物，
並且對日常生活感到滿意；5.深層的人際關係，有別於享樂與外在利益的
價值。

　　此種哲學理據指出，自我實現的成就、人類存在的要素、理解、享受
歡樂、深層的人際關係等「優質生活」的主要價值系統，可用來定義「優
質生活」所需的核心素養，分述如下：1.彈性因應複雜的素養：係指在數
學、科學、語文等方面錯綜複雜的素養，可從哲學論強調「知道之道」
（know how），學習如何彈性理解概念與處理事物的素養；2.感知的素
養：係指對於日常生活情境具有敏察度的實踐智慧；3.規範的素養：係指
一種能夠做出正確判斷且具有自我反省批判的素養；4.團隊合作的素養：
指一種秉持利他主義精神與他人協同合作，並且重視人我之間的信任感與
同理心；5.敘說的素養：需要明瞭生活中有價值的事物爲何，能夠認識自
己、進行自我詮釋及社會溝通，進而做出愼思熟慮的決定。

　　綜上所述，核心素養具備「多元面向」的綜合整體之特性，是建立在

後現代社會的哲學理論基礎之上（Canto-Sperber & Dupuy, 2001），亦即每項核心素養均涵蓋知識、能力與態度等多層面之整合，乃是一系列多元面向組合的「整體」（陳伯璋、張新仁、蔡清田、潘慧玲，2007），一方面彰顯了核心素養是一種涵蓋了認知、技能、情意的複合構念（蔡清田，2011）；核心素養的此種「多元面向」特質，呼應了核心素養之「整體論」（馮朝霖、范信賢、白亦方，2011），彰顯了核心素養的哲學理據，特別是「經濟合作與發展組織」進行「素養的界定與選擇」之跨國研究，探討「核心素養」之定義與選擇的理據及架構（OECD, 2005），指出「素養」涉及「知識」、「能力」與「態度」之統整，包括個人「優質生活」與「優質社會」的生活情境互動所需展現出來的「優質」素養；「歐盟」更將各項核心素養所應達到的知識、能力與態度層面水準加以具體陳述（European Commission, 2005），指出唯有這三層面均能充分展現，方為實質具備核心素養。

　　同樣地，洪裕宏、胡志偉、顧忠華、陳伯璋、高湧泉、彭小妍等人（2008）進行《界定與選擇國民核心素養：概念參考架構與理論基礎研究》，從哲學面向進行核心素養之研究，提出「能使用工具溝通互動」、「能在社會異質團體運作」、「能自主行動」、「展現人類的整體價值並建構文明的能力」等四維架構，強調人文素養的形式邏輯能力、哲學思想能力，以及與「生活」相關的邏輯能力、社會正義、規範相關的邏輯能力、意志價值追求相關的邏輯能力、工具理性的重要性，正視長期以來教育欠缺足夠的「理性教育」這一現象事實。這或許是臺灣與「經濟合作與發展組織」的核心素養定義同中有異之處，可彌補臺灣歷史文化在理性與現代性發展之不足。核心素養重視學生作為行動主體能動者與生活情境互動過程當中，具有主體能動性的行動實踐智慧，這也指出個體在生活情境任務要求下，展現主體能動者所需行動的知識、能力、態度之「整體」因應互動體系。這也呼應了Canto-Sperber與Dupuy（2001）指出核心素養可以協助人類面對當前及未來挑戰的哲學理論基礎，這對「核心素養的教學原理」及「核心素養的教案設計模式」具有重要的意義，本章稍後會進一步闡述。

（二）「核心素養」的心理學理論基礎

核心素養是建立在當代生活所需的個體內部心智運作機制的認知、技能、情意等等先決條件之上（Weinert, 2001），透過個體對生活反省所需的個體內部心智運作機制，可以促進個體與環境互動的學習，有助於個體獲得「優質生活」。這種論點也合乎心理學者主張核心素養的內部結構涵蓋了廣大範圍的認知、技能、情意等行動先決條件，已經超越古典心理學的行為主義層次之「能力」，其內涵比一般的能力較為寬廣，包括認知的技能或心智能力與非認知的技能與情意（Rychen & Salganik, 2001）。例如，心理學者Haste（2001）指出進行自我管理和持續不斷適應等所需的五項「核心素養」包括：1.科技素養：不僅是針對科技資訊、溝通傳播、或修理日常生活器具，而是採取解決問題的角度，運用「後設素養」的理念，因應新科技發展所造成個人與世界互動之改變。2.處理不確定性與多樣性：處在多元文化與後現代主義的多元差異情境下，涵養容忍、正義與考慮他人的美德。3.找出並維持社群的連結：面對瞬息萬變的社會，兼顧面對面社群與虛擬社群的理念，強調以民主理念營造道德氛圍。4.管理動機、情緒與欲求：通過多元方式思考與情緒相關的理念。5.自律自主的行動力與責任：自律自主的行動力，係指行動主體能與所處環境主動互動，積極學習與成長；責任包含三個面向：對於所屬社群的義務與職責、關心關懷與自己相關的人，以及重視個人承諾與價值的自律自主。

核心素養牽涉到反省思考的高階心智及複雜學習的「高階複雜」之特性，係指核心素養是建立在當代生活所需的個體內部心智運作機制的認知、技能、情意等等行動的先決條件之上，其內涵比一般的能力較為「高深複雜」，牽涉到內在動機、自我概念、認知、技能、態度或價值等（Spencer & Spencer, 1993），包括認知的技能或心智能力及非認知的技能與情意，諸如分析或批判技能、做決定的技能、問題解決的技能，以及結合以認知為依據的個體內部心智運作機制（Haste, 2001），有助於激發主體能動者之成就動機，提升其工作的品質。此種核心素養的理論構念，也是建立在皮亞傑（Jean Paul Piaget, 1896-1980）的認知發展心理學理據之

上，亦即透過個體與環境的交互作用及建構發展，在不同發展階段適應、同化、調適，以因應新環境。特別是個體必須透過類化過去既有經驗的遷移及調適，才能成功地因應新環境的複雜需要。

胡志偉、郭建志、程景琳與陳修元（2008）更從教學心理學層面進行「能教學之適文化核心素養研究」，其研究顯示依據特定核心素養所發展的教學活動，將有助於學生提升其核心素養。這種教學心理學的論點，重視學生心理潛能的教育發展，促進學生的能力發展，啓發好奇心、求知欲和探索創新的精神，協助學生形成完善人格，學會認識和接納自己、學會人際交往、認識學習的價值，形成正確的學習動機及學會學習的策略，如此才能適應未來社會的挑戰。這種教學心理學論點相當接近人本主義的教育目的，不但著重在建立學生的積極自我概念，重視積極的人際關係發展及眞誠的人際溝通，強調人性尊嚴，重視態度、品德、價值觀念等（陳伯璋、張新仁、蔡清田、潘慧玲，2007）。

換言之，「核心素養」是發生在有意義的情境下，爲了因應個體所處生活情境所觸動的複雜需求，可以透過教育情境分析，經由課程教學的規劃設計，引導學習者主動參與學習，以學習獲得所需要的核心素養，因應當代生活情境的複雜需求，這也彰顯了「核心素養」具有動態發展的本質，是可學與可教的，會因學習經驗而不斷發展，必須重視教學的情境分析設計，以增進學習者與情境的互動。這呼應了「情境學習理論」（Suchman, 1987; Brown, Collins, & Duguid, 1989; Lave & Wenger, 1990），強調教學情境對於學習的重要性與學習活動的眞實性之論點。由此可見，核心素養是可教學的、必須經由學習的過程加以培養的知識、能力與態度，而如何充實學習者的「核心素養」，便與課程規劃與教學內容和方法的引導有著密切關係。因此，「核心素養」與特定情境下的複雜需求有密切關聯，而且包括使用認知、技能以及情意價值與動機等許多「隱而不顯」的內在心智運作機制，使學習者能獲得核心素養之內涵，協助個體具備成功地回應特定情境下的複雜需求。

就「核心素養」的深度而言，核心素養牽涉到反省思考的高階心智及複雜行動的高階複雜性，因此，Haste（2001）便指出核心素養必須跳出

「以內容領域為基礎的技能」，因為核心素養涉及自我管理、自我監控、主動進取等高階心智運作，強調管理動機、情緒、欲望、行動主體性與責任等「高階複雜」的素養，核心素養並不只是低層次的記憶能力，而是涉及既有深度又有廣度的高階複雜反省思考運作機制，具有複雜科學理論的複雜思維之精神，如同DNA是存在於人體細胞的一種有機化合物，具有高階複雜的基因密碼，而且是人體細胞所構成的各種器官與複雜組織系統之構成要素，可以透過不同組合成為各種不同領域的組織系統並展現出各種不同功能；核心素養此種牽涉到反省思考的高階心智複雜性，彰顯了核心素養具有外顯的及內隱的「冰山」特質（Spencer & Spencer, 1993）。

　　「核心素養」像「冰山」一般，表面看到的外顯部分只是整體的一小部分而已，其餘許多潛在屬性是不容易被看到的，例如：「C1道德實踐與公民意識」的核心素養，能展現出中華文化倫理精神的深層價值與東方哲學思想的神祕色彩，也更強調人性問題與人類文明之精神，或內隱層次的價值提升，因而顯得更為深邃（洪裕宏、胡志偉、顧忠華、陳伯璋、高湧泉、彭小妍等人，2008），此一核心素養是一個人經由學習後的內在認知氣質與外在表現的情形，是個人與環境交互作用下，經由長期觀察學習而內化所形成穩定持久的學習結果，可由個人的品格與社會參與的人際互動倫理道德，去推測評估其「C1道德實踐與公民意識」的內容成分與「學習表現」水準。同樣地，Spencer和Spencer（1993）指出，核心素養是個體在生活情境需求之下，執行某項特定任務工作時所需要具備的知識、能力與態度，具備核心素養可以勝任行動任務，是指個體具備足以完成某種行動表現的內外在狀態，包括個體「內隱的」本質，亦同時包含個體可有效解決問題達成任務之「外顯的」行動展現。這說明了核心素養如同「冰山」是同時具有「內隱的」與「外顯的」本質，「外顯的」特質往往是比較容易描述而且容易觀察到的知識、能力，也比較容易培養發展與進行評價；至於「內隱的」特質之態度情意價值、動機，就較不易直接描述觀察而難以培養發展與直接進行評價。雖然「內隱的」特質不易直接觀察和測量，但是可以根據相關理論建構嚴謹研究工具，加以探究推測而得知其存在，透過因果加以預測行動，並利用效標參照加以評量推測檢核，可以作

為判斷行動表現的標準。是以，核心素養不只是「外顯的」知識、技術能力表現，更重視「內隱的」態度情意等高階複雜的深層面向，強調人性問題與人類文明精神等內在層次價值提升，而顯得深邃與宏觀（彭小妍、王瑗玲、戴景賢，2008），本書稍後會在第五章「核心素養的評量論」進一步闡述。

（三）「核心素養」的經濟學理論基礎

美國經濟學家Frank Levy與Richard Murnane（2001）認為受到資訊科技及全球化趨勢影響所及，造成社會變革進而影響到職場所需的「核心素養」。從經濟學的論點而言，世界是複雜多變化且相互依賴的，同時也可能是彼此矛盾衝突並充滿挑戰的，不僅國家、社群、制度、組織都是如此，未來的社會發展將隨著國際資本主義的發展，跨國公司將資本、人力、商品和物資運送到世界各地，造成文化全球化現象。當生活世界愈來愈複雜多變，情境就愈來愈具不確定性，個人與社會都必須透過學習以獲得核心素養，並運用工具來充實自己，期能以有意義而能管理的方式，來因應生活情境的複雜性與不確定性。

經濟學家以經濟學理論及實證研究探討勞動力市場中，成功的工作人員所需素養包括：1.閱讀與數學運算的技能；2.口語與書寫的溝通能力；3.在各種社群工作的技能；4.情緒智能及與人協同合作的能力；5.熟悉資訊科技。這些素養適用於特定場域及特定族群如勞力市場的受僱者，但也可作為跨領域族群的參考（Trilling & Fadel, 2009）。從經濟學的學理基礎而論，核心素養同時具備促進個人發展與社會發展之「多元功能」，可以達成不同的目標，具有協助個人經營「成功的個人生活」並可以建構「功能健全的社會」（Rychen & Salganik, 2001），如同人體細胞可發揮個別功能與群體組織的系統整合功能，可以同時維持個人發展與社會發展之功能，一方面，從有助個人生存的功能論點，核心素養可以協助個人獲得優質生活與成功的人生；另一方面，從社會功能的論點，可增進社會福祉，建立功能健全的社會（Rychen & Salganik, 2003），促成社會經濟繁榮、政治民主、尊重人權與世界和平、生態永續發展等人類理想願景價值之實

現，這對「核心素養的教學原理」具有重要的意義，本章稍後會進一步
說明。

(四)「核心素養」的社會學理論基礎

　　從社會學論點而言，核心素養是行動主體能動者與社會生活環境脈
絡的「多元場域」進行情境互動，涉及到主體能動者的行動實踐智慧之知
識、能力與態度等多元維度，並能結合個體內部認知、技能與情意等複雜
心智之行動先決條件，進而統整個體的知識、能力與態度，透過行動反
思與學習（Schon, 1983），促成個體展現主體能動者的負責任之行動，
以因應社會情境之需求（Giddens, 1984）。行動主體能動者的社會生活情
境，牽涉到個體所處環境脈絡廣大的人、事、物所構成的各種社會生活問
題與工作挑戰。這種核心素養的社會學理據，可以透過個體及所處的情境
與個體所採取的主體行動等要素，闡述個體及其所處的社會制度結構之間
的動態關係，因為個體所處的社會情境的條件不同以及根據的前提不同，
核心素養可以協助個體，彈性地因應不同社會情境領域之不同需求與任務
挑戰，這說明核心素養的理念，因應各種社會環境脈絡情境之各種需要，
有助於個體「成功」地因應社會情境之需求，一方面強調社會情境之重要
性，另一方面也重視個體自律自主行動及透過個體的社會參與行動，促成
改善社會情境之可能性。

　　就社會學論點而言，教育的主要功能在於使個人社會化，使個人在某
一特定的社會中，發展自我觀念與學習該社會的生活方式，並使其履行社
會角色。在社會化的條件下，發揮個人潛能，從事社會活動，使個人具有
核心素養並能與社會互動。在社會學論點下，個人需具備「公民」的核心
素養，以便呼應社會生活的期望，並參與社會的運作機制，因此強調分析
情境及人際關係的核心素養、能與人團隊合作及分享領導力的核心素養、
管理並解決衝突的核心素養、跨越文化差異並建構經過磋商的秩序之核心
素養。例如，瑞士社會學家Philippe Perrenoud（2001）認為二十一世紀優
質生活所需的「核心素養」，不特別限定於哪個場域，而是跨越了所有社
會場域，並跨越各級學校的主要學科領域／科目課程，能夠協助個人有效

參與學校教育、各行業市場、政治過程、社會網路及家庭生活，這些因應各種社會場域情境的素養是：1.確認、評估與捍衛自己的資源、權益限制與需求；2.提出計畫、執行計畫與發展策略；3.分析情境及人際關係；4.能團隊合作及分享領導；5.建立並運作民主組織與集體行動系統；6.管理並解決衝突；7.遵守與運用社會規則並使其更加精緻化；8.跨越文化差異並建構經過磋商的秩序。這種社會學論點，彰顯「核心素養」的社會功能，是有助於行動主體能動者與生活環境脈絡的情境進行互動過程中，習得主體能動性的行動實踐智慧，進而展現主體能動者的行動，足以勝任個人所處生活情境中各種社會場域的任務行動。這也說明了核心素養的特質，是核心素養具有跨越各種社會場域與學習領域等多元場域之廣度，可以學習遷移並運用到許多不同的社會情境與學習領域。

顧忠華、吳密察與黃東益（2008），也從社會學面向進行「我國國民歷史、文化及社會核心素養研究」：其研究發現「公民身分」包括：1.具有明確的認同意識；2.享有基本的公民權利；3.願意承擔責任與義務；4.能積極參與公共事務；5.接受民主價值論。特別是就「共同願景」而言，臺灣人民十分理解目前全球化的趨勢，但也希望能夠「了解自己的位置、差異，在全球化的浪潮下不致迷失」，採取相容並蓄的態度。而在群體及個人權益之間的權衡上，則明顯偏於「自身的權利必須勇於爭取，勇於表達自己的意見」，較注重個人主義的價值論，呼應人民自主性的特質。同時，「解決問題、終身學習能力」與「啟發式、互動式的教育」也獲得多數參與者的肯定，期待透過實踐的方式來落實公民教育。這也回應了社會學論點主張核心素養是行動主體能動者與生活情境互動過程中，具有主體能動性的行動實踐智慧，其中涉及到主體能動者的行動實踐智慧之知識、能力與態度，促成個體展現主體能動者的負責任之行動（Giddens, 1984），本章稍後會在「核心素養的教學原理」進一步闡述。

（五）「核心素養」的人類學理論基礎

「核心素養」可持續發展，且在不同人生階段中強化之，涉及了終身學習的歷程（陳伯璋、張新仁、蔡清田、潘慧玲，2007；蔡清田、陳延

興、吳明烈、盧美貴、陳聖謨、方德隆、林永豐，2011）。「核心素養」
的這種特質，呼應了核心素養的人類學理據，強調核心素養必須建立在實
際的人類社會背景之上。其基本假設是，個體與所處的生活情境之間的關
係是辯證的、動態的，個體的行動是發生在生活環境的政治、工作、健康
醫療等等社會文化脈絡的社會場域複雜需求之中，亦即核心素養可以從生
活情境中進行學習，並可在生活環境的各種社會場域情境中加以運用，因
此，「核心素養」的養成，必須透過人類的社會化，以及人類教育文化環
境而完成，其與人類生活情境的關係相當密切。

　　美國人類學者Goody（2001）指出：1.「核心素養」的需求必須視社
會情境與個人狀況而定。2.在社經地位較高的族群中，某些特定素養，如
讀寫素養和數理素養，可視爲適合該族群之核心素養。3.許多被視爲普遍
需求的素養並無必然性，如社交能力，在某些情境並無絕對的必要。4.年
齡和發展循環會改變個人原有素養，例如：爲人父母或祖父母其所具備的
素養就不同；又如工作新手、熟手或即將退休者，其所具備的素養水準亦
有所不同。5.特定的核心素養，如閱讀和數理，一般可視爲個人生活必備
的素養，應該安排爲正式的學校學習活動。類似地，美國學者Nussbaum
（1997）在《人文涵養：博雅教育改革的古典辯護》指出核心素養包括：
1.就自我與傳統進行澈底批判檢視；2.不只是將自己歸屬於某一個特定地
區社群，同時應清楚認識自己透過相互認同與人際關懷，將人類緊密地結
合在一起，成爲全球社會公民；3.「敘事想像」，有必要被視爲公共理性
的一環，期待通過同理心的想像以避免不合情理的推論所招致的危險。可
見，核心素養的培養，必須透過人類的社會化，以及一般性的文化環境而
完成。這種人類學的論點，相當合乎多元學習所重視的教育（陳伯璋、張
新仁、蔡清田、潘慧玲，2007）。就此而論，核心素養必須透過各級教
育階段的「長期培育」，強調核心素養是後天習得的，可以從學習中獲得
的，這彰顯了核心素養是可教的、可學的，並且可經由社會的、教學的觸
動引發才能發揮其功能，這對「核心素養的教學原理」具有重要的意義，
以下進一步加以闡述說明。

二、核心素養的教學原理

　　核心素養的教學原理與「核心素養之理據」的哲學、心理學、經濟學、社會學及人類學等理論基礎，有著密切關係，如表3-1「核心素養的教學原理及其重要的學理基礎」所示，詳細而言，核心素養的「教學目標」宜包含知識、能力、態度等面向的統整，可透過核心素養的教學目標，導正過去重知識、重能力、忽略態度之教育偏失，這是建立在核心素養的哲學理論基礎、經濟學理論基礎；核心素養不是先天或遺傳的，是經由後天學習獲得的，是可教可學的，可透過「學習情境」分析設計引發導向學習目標的學習動機，這是建立在核心素養的心理學理論基礎；核心素養的「教學設計」可引導教師運用於各學科領域／科目的教學，設計以核心素養為焦點的課程、教學、學習與評量，特別是可透過教學設計選擇組織

表3-1　核心素養的教學原理及其重要的學理基礎

核心素養的教學原理	重要的學理基礎
（一）核心素養的「教學目標」宜包含知識、能力、態度等面向的統整，可透過核心素養的教學目標，導正過去重知識、重能力、忽略態度之教育偏失。	核心素養的哲學理論基礎、經濟學理論基礎
（二）核心素養不是先天或遺傳的，是經由後天學習獲得的，是可教可學的，可參考核心素養的「教學設計原則」，進行「學習情境」分析設計，引發導向學習目標的學習動機。	核心素養的心理學理論基礎、社會學理論基礎
（三）核心素養的「教學設計模式」可引導教師運用於各學科領域／科目課程的教學，設計以核心素養為焦點的課程、教學、學習與評量，特別是可透過教學設計選擇組織「學習重點」的「學習內容」，以發展學習方法及活動策略，並進行「學習內容」的「發展活動」，再透過可實踐「學習內容」的「學習表現」，進行「統整活動」評量「學習表現」，展現學生的核心素養學習成果，以引導各學科領域／科目課程的教學，並改進各教育階段的課程教學，以因應各種社會領域的需要。	核心素養的社會學理論基礎、教育人類學理論基礎

「學習重點」的「學習內容」，以發展學習方法及活動策略，並進行「學習內容」的「發展活動」，再透過可實踐「學習內容」的「學習表現」，展現學生的核心素養學習成果，並引導改進各教育階段各領域／科目的教學，以因應各種社會領域的需要，這是建立在核心素養的哲學、心理學、社會學、經濟學、教育人類學等理論基礎；茲分別論述如次：

（一）核心素養的教學「目標」宜包含知識、能力、態度等面向的統整，可透過核心素養的教學目標，導正過去重知識、重能力、忽略態度之教育偏失

核心素養的「教學目標」宜包含知識、能力、態度等面向的統整，可透過核心素養的教學目標，導正過去重知識、重能力、忽略態度之教育偏失，這是建立在核心素養的哲學理論基礎、經濟學理論基礎，呼應了本書第一章「核心素養的教育論」所指出的「素養」是由「知識」、「能力」與「態度」三者組合而成的「複合構念」；從聯合國教科文組織（UNESCO）、經濟合作與發展組織（OECD）與歐盟（EU）等國際組織所進行的跨國研究觀點論之，核心素養是指一個人的教育修養狀態，經過學習而獲得具備知識、能力、態度等行動的先決條件，能在特定社會情境場合中，勝任所需要的任務行動（蔡清田，2018）。

核心素養的教學論已取代單面向知識的教學論，核心素養包含「知識」、「能力」與「態度」，「核心素養」的教學目標是認知、技能和情意的複合構念，可導正過去重知識、重能力、忽略態度之教育偏失。如圖3-2「核心素養的教學目標意涵圖示」，核心素養的教學目標，是指教師透過課程規劃教學設計，「期待」學生「接受教學後」，所能「學習獲得」的知識、能力與態度。

知識是核心素養的基礎，能力則為知識應用在問題之解決的過程，情意態度價值判斷則是行動的重要先決條件，當個人接受教學之後，可以經過學習獲得「核心素養」，以因應外在情境之需要，俾能進行成功的個人生活與建立功能建全的社會（蔡清田，2016）。例如：「C2人際關係與團隊合作」是一種核心素養，而不只是一種技能，因為「C2人際關係與團

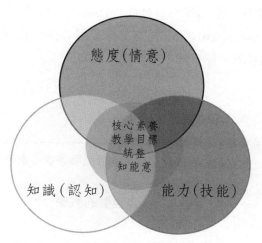

圖3-2 核心素養的教學目標意涵圖示

隊合作」涉及到認知、技能與情意等複雜心智之整體論點，而不只是一種
單一的技能；相對地，如解題技巧等單一的技能，這是指處理單一具體、
特定事物的技術能力，就不是核心素養，單一的技術能力，未能完整地描
述個體如何整體因應生活情境的需求，因此，這些技術能力只是核心素養
的構成要素之一，不能當成是核心素養的完整意涵（Rychen & Salganik,
2003）。

（二）核心素養不是先天或遺傳的，是經由後天學習獲得的，是可教可學的，可透過「學習情境」分析設計，引發導向學習目標的學習動機

　　核心素養不是先天或遺傳的，是經由後天學習獲得的，是可教可學
的，可透過「學習情境」分析設計，引發導向學習目標的學習動機，這是
建立在核心素養的心理學理論基礎；核心素養不是先天或遺傳的，而是需
要透過有意的培養，是可教可學的，而且可以透過有意的人為教育加以規
劃設計與實施，可以經由一段特定時間教學以學習獲得核心素養。個體的
認知、技能、情意等內在心理特質，會與所處的社會生活情境進行互動

而產生知識、能力、態度等等行動的先決條件，依據特定教學活動情境（Paniagua & Istance, 2018），將有助於學習者提升其核心素養之學習動機（胡志偉、郭建志、程景琳、陳修元，2008）。

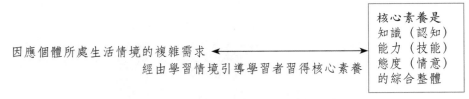

因應個體所處生活情境的複雜需求 ←――――――→ 核心素養是
　　　經由學習情境引導學習者習得核心素養　　　知識（認知）
　　　　　　　　　　　　　　　　　　　　　　能力（技能）
　　　　　　　　　　　　　　　　　　　　　　態度（情意）
　　　　　　　　　　　　　　　　　　　　　　的綜合整體

圖3-3　核心素養的教學

　　核心素養是指學生接受教育透過課程設計之後所獲得的知識、能力與態度，而且重視學習者接受教育後所展現出的實踐力或實力，強調其具備某種知識、能力、態度等行動的先決條件，足以勝任情境所需要的任務行動，如圖3-3「核心素養的教學」所示，核心素養是發生在有意義的「情境」脈絡之下，為了因應個體所處生活情境所觸動的複雜需求，可以經由課程教學的規劃與設計，引導學習者主動參與學習，以學習獲得核心素養，因應當代生活情境的複雜需求，這彰顯了「核心素養」具有動態發展的本質，是可學與可教的，而且核心素養會因學習經驗而不斷發展，必須重視學習的情境分析設計，以增進學習者與情境的互動，進而形成一種動態互動的核心素養本質。這呼應了「情境學習論」（Suchman, 1987; Brown, Collins, & Duguid, 1989; Lave & Wenger, 1990），強調情境對於學習的重要性。

　　核心素養是可教可學的，而且核心素養會因教學指導而不斷地發展，可以引導教師透過課程設計與教學實施，以培養所應具備的核心素養，特別是指引學生在國民基本教育結束時應具備有效參與社會生活的核心素養，以便有效地促成個人的成功生活與功能健全的社會，彰顯了「核心素養」不但是可教與可學的，也是不斷成長與改變的，會因教學指導、學習經驗而不斷地交互作用，並且重視學習的情境分析設計，以增進學習者與生活情境的互動，進而形成一種動態的核心素養（蔡清田，2011）。如圖

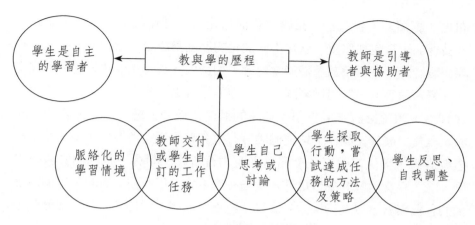

圖3-4　核心素養的教學模式

3-4「核心素養的教學模式」所示（吳璧純，2017），在核心素養導向教學中，學生是自主的學習者，教師是學生學習的引導者與協助者。透過「脈絡化的學習情境、教師交付或學生自訂工作任務、學生使用方法與策略、學生思考或討論、學生採取行動和進行反思調整」五大教學要素，學生核心素養得以發展。

　　十二年國民基本教育新課綱的教學，旨在培養學生具備知識、能力與態度之核心素養，以因應現在生活及面對未來挑戰，「核心素養」導向教學設計以「學習表現」和「學習內容」雙向交織成教學目標，可參考四個「核心素養的教學設計原則」，進行「學習情境」分析設計，引發導向學習目標的學習動機，簡要如圖3-5「核心素養的教學設計四原則」（改自洪詠善、范信賢，2015；林永豐，2017；Wiggins & McTighe, 2011）：

1. 核心素養的教學設計強調知識、能力與態度的統整

　　核心素養的教學設計，強調知識、技能、態度統整在一起，強調學習是完整的，不應只偏重知識而忽略能力與態度情意價值（洪詠善、范信賢，2015）。核心素養的課程教學可以融入各領域／科目當中，透過適當教材或教法，以促成學生在知識、技能與情意的統整。以「C3多元文化與國際理解」為例，所指的不僅是認識、理解不同國家文化或國際議

題之「認知」，也包括培養跨文化溝通能力、國際競爭與合作的能力之「技能」，更包括尊重、欣賞不同文化的態度養成之「情意」。因此，在課程設計時，就需兼顧透過適當內容，如呈現各國文化或語言的各種文本之「學習內容」，並提供國際交流合作的機會之「學習表現」（林永豐，2018）。教師應調整偏重學科知識的灌輸式教學型態，可透過提問、討論、欣賞、展演、操作、情境體驗等有效的教學活動與策略，引導學生創造與省思，提供學生更多參與互動及力行實踐的機會。以國語文教學為例，除了課文內容的學習之外，應培養學生能運用科技、資訊及媒體所提供的各種素材，以進行檢索、擷取、統整、閱讀、解釋及省思，並轉化成生活的能力與素養。

2. 核心素養的教學設計強調情境化、脈絡化的學習

「情境脈絡」影響教學策略的適當性與有效性，因此，核心素養的教學設計，強調情境化、脈絡化的學習，連結實際的情境脈絡（Paniagua & Istance, 2018），讓學習產生意義，就是朝向學習意義的感知（making sense）以及學習意義的理解（understanding），透過情境化與脈絡化的教學設計，將核心素養的學習賦予意義，協助學生了解核心素養的學習，可以應用到生活情境中，有助於解決生活問題。對核心素養的真正理解，得把「學習內容」和「學習表現」的過程、經驗、事件、情境、脈絡做適切結合。因此，核心素養的教學設計，強調結合情境案例進行學習，不僅教抽象知識更重視情境學習（Suchman, 1987; Brown, Collins, & Duguid, 1989; Lave & Wenger, 1990），學生能主動地與周遭人、事、物及環境互動中觀察現象，尋求關係，解決問題，並關注在如何將所學內容轉化為實踐性的知識，落實於生活中（洪詠善、范信賢，2015）。以數學領域教學為例，除了要能在數學課解題之外，還應能以數學的觀念處理真實世界及日常生活情境中的問題。以國小數學「比值」單元為例，「比值」的概念與運算包括許多數學符號與關係的理解，若能鋪陳一個脈絡情境，讓學生知道：什麼樣的情況下會用得到「比值」？利用這些「比值」概念是要因應什麼問題或情境？則將有助於學習，也使得學習更有意義（林永豐，2018）。

3. 核心素養的教學設計強調學習歷程、學習方法及學會學習的策略

核心素養的教學設計，強調學習歷程、學習方法及學會學習的策略；核心素養的教學設計須把「學習內容」和「學習表現」的歷程結合在一起，培養學生成為終身學習者。學校教材之設計，除了知識內容的學習之外，更應強調學習歷程及學習方法的重要，以使學生喜歡學習及學會如何學習。以自然科學領域教學為例，除了教導自然科學的重要概念或事實之外，應培養學生能從觀察、實驗的歷程，學習探索證據、回應不同觀點，並能對問題、方法、資料或數據的可信性進行檢核，進而解釋因果關係或提出可能的問題解決方案（洪詠善、范信賢，2015）。

4. 核心素養的教學設計強調實踐力行的學習表現

核心素養的教學設計，強調實踐力行的「學習表現」，讓學生可以統整所學，實際活用在生活裡，或是把所學遷移到其他例子進行應用，更可對其所知所行進行外顯化的思考，在生活情境統整活用、循序漸進、實踐力行。強調實踐力行，讓學生可以統整所學加以表現，是「做中學、學中做」的靈活運用、整全表現與反思辯證，培養學生成為具備核心素養的終身學習者；核心素養係能促進個人在多元的社會領域中更有效率的參與，並且增進個人成功的生活及健全社會發展的能力。以社會領域教學為例，除了課本知識的學習之外，應培養學生具備對道德、環境與公共議題的思考與對話素養，也應鼓勵學生主動參與各種環境保育活動與社會公共事務（洪詠善、范信賢，2015）。

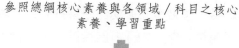

參照總綱核心素養與各領域／科目之核心
素養、學習重點

整合知識、能力與態度　情境化、脈絡化的學習　學習歷程、方法及策略　實踐力行的表現

圖3-5　核心素養的教學設計四原則（改自洪詠善、范信賢，2015，16-17）

　　上述核心素養導向教學設計的四個原則，可再具體精簡轉化爲連結實際的情境脈絡，讓學習產生意義；強調學生參與和主動學習，得以運用與強化相關能力；兼顧「學習內容」與歷程之「學習表現」，以彰顯素養乃包含認知、技能、情意的統整能力；針對不同核心素養項目，應有不同設計重點等核心素養導向教學設計的四個要領（林永豐，2018）；換言之，核心素養是經由後天學習獲得的，是可教可學的，而且由於實際社會生活當中的知識、能力、情意不是單獨存在的，核心素養導向的教學設計原則，強調宜統整知識、能力、態度，營造情境脈絡化的學習，從眞實情境中思考問題，引導學生萌發問題意識，連結實際的生活情境，讓學習產生意義，強調學生參與和主動學習，教學設計須兼顧「學習內容」和「學習表現」的過程、經驗、事件、情境、脈絡做適切結合，強化實踐力行的表現，陶養學生成爲終身學習者，將所學應用於生活情境以落實核心素養的教學（Paniagua & Istance, 2018）。

（三）核心素養的教學設計模式，可引導教師運用於各學科領域／科目課程的教學

　　核心素養具有「跨領域」的特質，因此核心素養的養成，不是只與某一特定領域／科目有關，而是可以透過不同科目，以不同形式來促成。核心素養的課程與教學可以融入各領域／科目當中的「學習重點」，透過適當的教材或教法，並兼顧該領域／科目的「學習內容」或「學習表現」，以促成學生在知識、技能與情意面向的統整（林永豐，2017）。因此，可透過教學設計選擇組織「學習重點」的「學習內容」，以發展學習方法及活動策略，並進行「學習內容」的「發展活動」，再透過可實踐「學習內容」的「學習表現」，進行「統整活動」評量「學習表現」，展現學生的核心素養學習成果，以引導各領域／科目課程的教學，並改進各教育階段的課程教學，以因應人類各種社會領域生活的需要。

　　尤其是透過領域／科目「學習重點」，可以指引教師進行領域／科目教學，協助教師透過「學習重點」教學，引導學生專心學習能呼應核心素養的「學習內容」與「學習表現」，可提供教師作爲設計領域／科目

「學習目標」的來源，甚至作為學校課程計畫與領域／科目教學活動設計之依據。「學習重點」的功能，可以指引教師進行領域／科目的教學，尤其是指引教師可以透過各領域／科目課程手冊「教學單元案例」來清楚說明如何透過「教學活動設計」引導學生學經由「學習內容」與「學習表現」以學習核心素養。教師應進行課堂轉型，調整過去偏重學科知識的灌輸教學型態，改為著重扮演「助學者」的角色，可採「適性教學」、「差異教學」與「有效教學」等策略，喚醒學生學習的興趣與意願，培養學生適應未來社會生活的素養，教師可透過安排欣賞、展演、操作、體驗、引導學生創造與反思等之有效的教學活動，提供學生更多參與互動及實踐的機會，強化學生主動學習的角色。因此，「學習重點」具有指引教師進行領域／科目教學的引導功能。另一方面，學校應鼓勵教師積極參與核心素養的研習進修，參與領域／科目「學習重點」教學觀摩與經驗分享等研習活動。學校應舉辦開發各種教學模式、增進教學知能、提高教學品質之校內、外實務性的核心素養研究與領域／科目「學習重點」研習活動（蔡清田、陳伯璋、陳延興、林永豐、盧美貴、李文富、方德隆、陳聖謨、楊俊鴻、高新建、李懿芳、范信賢，2013）。

　　值得特別注意的是，就「核心素養的教學設計模式」而言，學習目標的擬定，應以學生為主體，敘寫方向以學生應習得的目標為主，於該單元所呼應的領域／科目核心素養下發展，並應考量學習時數限制，不宜在有限的時數下納入過多的「學習重點」。就教學方法而言，建議以相關情境脈絡或時事議題作出發以引發「學習動機」，透過發現問題後，再凝聚學習該單元必備的知識能力；而目前的教學設計，多為學生必須先習得該單元必備的知識後，再進行相關的時事議題探究或是延伸活動。此教學方法策略，可以提升學生發現問題與解決問題的能力，更能激發學生的學習興趣，使學生能夠透過情境探究以促發學習動機，進而發現問題、解決問題，並從其歷程中連結並習得該單元的核心素養（鄭任君、蔡清田、楊俊鴻，2017）。

　　以國語文教學為例，除了課文內容的學習外，應培養學生能運用科技、資訊及媒體所提供的各種素材，以進行檢索、擷取、統整、閱讀、解

釋及省思，並轉化成生活素養。以社會領域教學為例，除了課本知識的學習之外，應培養學生具備對道德、環境與公共議題的思考與對話素養，也應鼓勵學生主動參與各種環境保護活動與社會公共事務。又如，在美術課引導學生學習藝術涵養與生活美感的核心素養，不僅僅是在課程表當中要求學生學習「認識」素描或水彩，而是引導學生在學習如何欣賞現象的「技能」，同時「願意」進行學習創作，學生在親身創作的過程中，不僅學習認識「觀察」現象的知識與能力，並在創作過程學習「欣賞」別人的作品與評價自己的創作，可以同時涵蓋知識、能力、態度等面向（洪詠善、范信賢，2015）。

「核心素養」需要透過教師教學引導學生學習，以利適應社會生活及培養就業技能（吳清山，2011），促進社會凝聚力，厚植國家競爭力（教育部，2011a）。因此，本章特別闡述了「核心素養」的「適性教學」、「差異教學」與「有效教學」的教學策略，引導學生習得核心素養，可跨越並融入各種社會生活情境與學習領域（蔡清田、陳伯璋、陳延興、林永豐、盧美貴、李文富、方德隆、陳聖謨、楊俊鴻、高新建、李懿芳、范信賢，2013），以下加以闡述。

三、核心素養的教學策略

「核心素養的教學」係指以學生為學習主體，學生能活用所學並實踐於行動中的一種教學取向，有別於以學科知識為主的「內容導向」及以教師教學為主的「傳統導向」（Guerriero & Révai, 2017），特別強調「核心素養導向的教學」（周淑卿、吳璧純、林永豐、張景媛、陳美如，2018），甚至可以進行「核心素養的教學設計」（邵朝友、崔允漷，2017），合乎整合知識、能力與態度、情境化脈絡化的學習、學習歷程方法及策略、實踐力行的表現等核心素養導向的四個教學原則，引導學生學習以終身學習者為核心的核心素養（蔡清田、陳伯璋、陳延興、林永豐、盧美貴、李文富、方德隆、陳聖謨、楊俊鴻、高新建、李懿芳、范信賢，2013）。

　　十二年國民基本教育課程改革重視「核心素養導向的教學」，不僅強調以教師作為學生學習的引導者角色以及師生互動參與，同時重視知識、能力與態度的核心素養，透過學科領域／科目核心素養與「學習重點」的課程設計，統整學科知識的「學習內容」與核心能力的「學習表現」，兼顧能力導向學習與知識導向學習，並且配合學生認知結構發展，因應學生由國小到國中、高中的認知技能情意之階段發展過程；教師教學應調整過去偏重學科知識的教學型態，活化教學現場與學習評量，要強調轉化實踐行動研究的知能，培養學生因應未來生活所需的跨領域／科目的核心素養。

　　《十二年國民基本教育課程綱要總綱》，一方面強調校訂課程和公開觀課，營造全新的學校團隊氛圍，翻轉傳統的教師教學（洪詠善、范信賢，2015）；另一方面重視「核心素養」，強調以學生作為學習的主體以及師生互動參與，而非傳統的教師講授主導教學。教師可以組讀書會或透過校本教師發展培訓的三階段進行行動研究，一是教師扮演「教師即研究者」的專業角色，教師同伴互助集體備課，由主備分享再進行聽評課、觀摩課與評議課；二是教師教學上課後，進行自我反思檢討教學；三是藉由專家引領如聽名師教課或專家講座，以診斷學生學習後促進教師專業發展再進行教學，教好課、帶好班、育好人，建立教師愛學校、愛學生、作個好老師的專業圖像。

　　就「核心素養」的教學策略而論，強調教師的教學應關注學生的學習歷程與成效，重視學生是否經過教學而學會，而非僅以趕完教學進度為唯一目標，特別是「以學習者為中心的教學論」的興起，提出了由「教什麼？」到「如何學？」的理念（Schleicher, 2018），強調教師是學生學習的助學者，是學生學習熱情的點燃者，可透過「適性教學」、「差異教學」、「有效教學」等教學策略引導學生學習獲得「核心素養」，以下加以說明。

（一）專業化的「適性教學」策略

　　就「適性教學」的重要性而言，面對「十二年國民基本教育」的課程改革，衝擊最大的便是教學，專業的教師要能落實「適性教學」，才有

可能引導學生學習自主行動、溝通互動與社會參與等核心素養，達到「適性揚才」的課程改革目標。「適性教學」就是學校和教師依據學生不同興趣和性向，提供適切的教育內容和方式，以激發學生潛能和促進學生身心素質等核心素養。換言之，「適性教學」是指教師教學時，提供學生切合其個別特質和需求的學習，發展其個人潛能，進而協助其自我精進與促成自我實現，而獲得成功人生並同時促進「個人發展」與「社會發展」（蔡清田，2012）。是以教師應該透過「適性教學」策略，輔導學生認識自己的興趣和性向，並鼓勵適性發展，只要發揮專長，就有成功之日。由於學生特質具有多樣性，其興趣風格、性向潛能、文化資本等皆有所不同，因此，其學習需求會有所不同，教師為了達成教學目標，讓每位學生都能學習成功，有必要在課程設計、教學實施、學習評量加以因應學生的個別差異，並透過「適性教學」的教學策略，進而達成因材施教的理想願景。

就「適性教學」與學生的關係而言，教師要能落實「適性教學」策略，才有可能達到「適性揚才」的目標。而且學校課程設計必須透過專業化的「適性教學」，協助學生處在與其能力相當的教學情境之中進行學習（Bruner, 1967）。這種因材施教的「適性揚才」課程設計理念，也必須透過「適性教學」的教學策略加以實踐，根據個人學習的狀況調整進度，甚至考試題目、作業內容都可以進行「適性教學」，以達「適性揚才」的目標。因為學生資質不一，有資優生、一般生或弱勢生，必須提供「適性教學」的教學策略，才有助於學生學習，因此，面對核心素養的課程改革，教師應敏銳地洞悉與覺察特定教學情境，運用教學實踐智慧，進行核心素養的適性教學（蔡清田、陳延興，2013），引導學生探索性向，協助學生學習獲得核心素養。

就「適性教學」與教師的關係而言，過去教育習慣單向灌輸知識，以教師為中心，但隨著資訊社會來到，學生獲取知識管道大增。教師宜同時重視「教育專家」、「學習專家」與「助學者」的角色，以培養學生適應未來社會生活和解決問題的知識、能力、態度之核心素養。重視「學生是學習的主體，教師的教學應關注學生的學習成效」（教育部，2014），強調以學生作為學習的主體，而非傳統的教師講授主導，這呼應了師生主客

易位的「翻轉教室」，使教室講臺成爲提供學生學習素養的場域，也呼應了教師在教學法上的「翻轉教學」，教師需要配合不同教材需求，在教學法進行翻轉，如此才能與時俱進培養學生習得核心素養。

「十二年國民基本教育」的適性揚才，以「適性教育」爲基礎，強調「適性教學」的教學策略，以學生爲學習的主體，依據多元智能、性向和學習差異等，設計及調整課程與教學內容，訂定領域／科目「學習內容」的修習年級，規劃合適的必修及選修的適性學習進路，考量升學與就業之間的關聯等，引導學生適性發展，提升學生學習品質（李詠吟、單文經，2006；Borich, 2004）。「適性教學」的教學策略是指提供每個學生適當的學習經驗，目的在提供學習者切合其個別特質和需求的學習，以發展個人自我潛能，由於學習者的特質極具多樣性，其能力、性向、興趣、經驗、風格、文化等均有所不同，因而具有不同的學習需求，教師必須配合這些差異進行教學，讓每個學生都能成功學習（黃政傑、張嘉育，2010）。

就「適性教學」與教師專業的關係而言，核心素養的教學需要教師擁有專家的適性教學專業，以支持學生的自主學習與合作學習等深度學習。這種「以學習者爲中心的教學論」（learner-centred pedagogies）的興起（Paniagua & Istance, 2018），教師教學宜根據核心素養、「學習內容」、「學習表現」與學生差異性需求等，選用「適性教學」以激發學生學習動機，成爲主動的學習者、探索者，積極參與學習，並發掘學生的優勢智能，適性揚才，成就每一個孩子。

教師宜依據教學目標，選用適合的「適性教學」策略，如直接教學、合作學習、認知取向教學、情意取向教學、創意取向教學、體驗取向教學、實作取向教學模式，引導學生適性學習並開展潛能。例如：Chambliss和Calfee（1998）提出以學習者爲中心的CORE教學設計模式，主張教學設計應先與學生先備知識產生連結（Connect），爲學生組識（Organize）新的「學習內容」，提供學生省思（Reflect）的機會，讓學生將課堂所學延伸（Extend）應用到新的情境之中，此一教學設計模式重視體驗、省思、實踐，並透過提問、討論、欣賞、展演、操作、情境體驗等教學策略，呼應「情境學習」（situational learning）（Suchman, 1987; Brown, Collins, &

Duguid, 1989; Lave & Wenger, 1990），強調情境對於學習的重要性，能運用豐富的教學內容與多元生動的教學型態與創新的教學方式，於課堂中提供學生更多參與互動及課後實踐的機會，引發學生的學習動機，培養學生積極的學習態度和提高學習能力（吳清山，2002）。

　　就「適性教學」與核心素養的關係而言，「適性教學」是「十二年國民基本教育」的關鍵，這種因材施教的課程設計理念，可參考螺旋課程設計（Bruner, 1967），主張當學生處在與其認知能力相當的環境中，其學習效果最好。藉由課程設計，根據個人學習的狀況，調整進度，甚至考試題目、作業內容都可以進行適性教學。因為學生資質不一，必須「適性教學」，才有助於學生學習，因此，教師應敏銳地進行「適性教學」，引導學生探索性向，協助學生學習獲得核心素養，因應社會的快速變遷所需。

　　特別是基於「適性揚才」的理念，學校須妥善規劃適性教學工作，實施智力測驗、性向測驗及興趣測驗；另與高中職合作提供各項試探及實作活動，幫學生認識自我及探索，讓學生依性向、興趣、能力或志願、特殊才能等進行學習與適性發展，協助學生探索及認識自我、認識教育與職業環境、培養生涯規劃與決策能力，進行生涯準備與發展，找出最適合的進路。學生發展與潛能各有差異，如何配合多元選修課程，必須借重教師的專業能力，以課程引領學生學習，協助學生適性發展。為使學生能選擇符合適才適性發展，教師須能夠協助學生了解自己的性向，並提供生涯諮詢和輔導之服務。因此，除了加強輔導體系的諮詢功能，亦需加強教師的輔導能力，使其發揮協助學生生涯進路之適切選擇。特別是針對資優學生提供加深加廣課程，以擴充學生領域，提供資優學習彈性多元課程、個別化教學、分組教學和多樣化評量，讓資優學生可依其能力、性向、學科專長和興趣進行各種不同層次的學習活動。

　　教學實施應依據學科性質、教材內容與學生能力，兼顧創意和適性揚才，並適度補充最新知識、能力、態度之素養，教學活動設計應顧及學生的多元智能需求，以達成「適性揚才」的目標。面對學習者特質多元差異的課室情境，許多適性教學均證實為有效，包括為某些學生進行簡化的教學或再教學、提供額外的示範、給某些學生較多或更頻繁的稱讚、對不

同學生給予不同的獎勵、爲某些學生建立較短程的目標、更密切地追蹤這些學生的學習、提供較多或較少的學習協助、在上課時調整某些學生的座位、安排數量或品質上有差異的作業等（張德銳，2012）。因此教師應具備「適性教學」的專業素養，因爲學生發展與潛能各有差異，如何配合多元選修課程，轉爲有效教學，必須借重教師的專業素養，以課程引導學生學習，而協助學生適性發展。

　　就「適性教學」與教師教學專業的關係而言，教師教學應關注學生的學習成效，教師教學最重要的是教會學生，不是教完進度。教師教學要重視學生是否學會，而非僅以完成其教學進度爲目標。對於學習落後的學生，需調整教材教法，進行補救教學；對於學習優異的學生，則提供加深、加廣的進階教材與延伸充實的學習活動，讓不同學習需求的學生都能獲得適當的啓發及適性學習（國家教育研究院，2014a）。改變以往教師只針對資優生進行對話的教學慣性，特別是宜針對「學習遭遇困難」的學生，有必要進行有效教學與課堂補教教學，教師可教導補救教學的考試題目，協助「學習遭遇困難」的學生，有機會在課堂上學習並學會考試題目，並重視協助「學習遭遇困難」的學生之補救教學成效；學校教師可透過「適性教學」實現每一個學生的學習權，保障每一個學生獲得挑戰高程度的學習機會，爲民主社會生活做好準備。教師不僅是教育專家，更是學習專家，而且教師應從「教學專家」更進一步轉型成爲「學習專家」的角色，教師的責任不在追趕教科書內容進度，教師應扮演學習專家的角色，教學焦點放在學生的適性學習之上、傾聽學生的發言並不斷提出問題、激發並引導學生思考、透過「適性教學」促進學生適性學習。特別是，「以學生學習爲中心的教學」是一種有高度實踐與「反省思考」的專業任務，如同具有專業實踐智慧省思的實務工作者，以反省思考自我實踐的學習經驗及互相學習的經驗爲基礎，透過「行動前的反省思考」、「行動中的反省思考」，以及「行動後的反省思考」（蔡清田，2013），透過適性教學的課程愼思，檢討是否增進學生的學習，作爲下一回合教學行動之參考（Schon, 1983），促進學生的適性學習。

　　是以，核心素養的教學論，強調從重視教師如何「教」，轉型到強調

學生如何「學」，著重扮演「助學者」的角色，教師從「教學專家」轉型成為「學習專家」的角色（蔡清田、陳伯璋、陳延興、林永豐、盧美貴、李文富、方德隆、陳聖謨、楊俊鴻、高新建、李懿芳、范信賢，2013）。換言之，教師則是協助學生學習的「助學者」，從「教師教學」主導，透過「先教學後學習」、「邊教學邊學習」、「先學習後教學」，循序漸進「升級」轉變成以「學生學習」為主，並轉向引導學生「學習如何學習」且「轉型」由「要我學習」到「我要學習」，提高學生喜歡學習的動機意願與樂趣，以培養學生「自主學習」與自我管理學習，習得終身學習者的核心素養，在此過程當中，教師也透過教學相長而將自己由過去的「要我參加培訓」升級轉型為「我要參加培訓」，而能獲得教師專業成長的核心素養，具有「身心素質與自我精進」、「系統思考與解決問題」、「規劃執行與創新應變」的核心素養，以因應變化多端的未來。因此，適性教學宜鼓勵學生的「自主學習」，以思考探索和培養興趣及開展潛能（教育部，2011b），可提供學生自主學習規劃的專題、實作或探索等課程，從強調教學轉化為著重學習，學生從傳統的被動接受，變成主動的「自主學習」，協助學生找到自己的專長與特色，進而開發自己的潛能與天分，並輔以生涯發展，讓學生發展興趣性向，本書第四章「核心素養的學習論」將進一步闡述。

（二）個別化的「差異教學」策略

「適性教學」的策略後來朝向「差異教學」（differentiated instruction）的方向發展（Allan & Tomlinson, 2000; Anderson, 2007; Cox, 2008; Huebner, 2010; King-Sears, 2008; Tomlinson & Kalbfleisch, 1998），「差異教學」的教學策略是一種針對同一班級之不同程度、學習需求、學習方式及學習興趣之學生提供多元學習輔導方案的教學模式，教師可由「學習內容」、「實施過程」、「學習表現」三項要素考慮如何差異化教學（洪儷瑜，2012）。尤其是在一個能力異質的班級裡，實施差異教學是讓每個學生都能有效學習的重要途徑（Tomlinson, 1999），教師應了解學生的差異性，並能評量學生和診斷學生的錯誤迷思，能在學科同級內的教

材調整並能進行學科學習失敗的補救，例如：一個好的教學活動，要幫助學生將所學意義化，透過不同學習方式產生意義，例如得到教師或同儕不同程度的協助、運用學到的原理原則回答問題，以及進行各式各樣的學習模式等（Tomlinson, 2012）。但是，大部分普通班教師對差異化教學所應具備的教學理念、學科知識、班級經營、教學法仍皆有待加強（張素貞、黃詣翔，2012）。大多數老師習慣為全班設定相同的學習目標、提供相同的課程內容，以相同的教學法進行全班教學，但這樣的教學設計，容易犧牲兩端的學生（丘愛鈴，2013）。

就「差異教學」的教學意義而言，為能使學生適性揚才，教師應依據學生多方面的差異，包括年齡、性別、學習程度、學習興趣、多元智慧、身心特質、族群文化與社經背景等，規劃適性分組、採用多元教學模式及提供符合不同需求的學習材料與評量方式等，並可安排普通班與特殊類型教育學生班交流之教學活動。為增進學生學習成效，具備自主學習和終身學習能力，教師應引導學生學習如何學習，包括動機策略、一般性學習策略、領域／群科／學程／科目特定的學習策略、思考策略，以及後設認知策略等。教師指派學生作業宜多元、適性與適量，並讓學生了解作業的意義和表現標準，以提升學習動機、激發學生思考與發揮想像、延伸與應用所學，並讓學生從作業回饋中獲得成就感。為增進學生學習成效，具備自主學習和終身學習能力，教師應引導學生學習如何學習，包括動機策略、一般性學習策略、領域／群科／學程／科目特定的學習策略、思考策略，以及後設認知策略等。

就「差異教學」的教學理論而言，「差異教學」的主要論點是，教室中的學生在文化語言、知識背景、學習性向、社經環境等皆有差異，教學須重視學生個別差異之事實，以學生現有的知識能力興趣作為教學起點，協助每個學生都能學習獲得進步。「核心素養的教學」，須顧及到地區的獨特性、學生社經條件的差異性，其主要的教學策略，乃是以學生的先備知識、興趣、能力等差異為起點，決定教師教學的內容以引導學生學什麼，透過適當的教學過程以引導學生如何學，並引導學生展現其相對於核心素養所學習獲得的知識和能力成果的「學習表現」，但並不強調一套標

準的「固定教學法」（Tomlinson, 1999）。

　　就「差異教學」的教學策略而言，「差異教學」不強調某一種特定的教學策略，即便同一年級或同一班級的學生，其學習準備度、經驗和生活情境都有差異，都會影響學生的「學習內容」和「學習表現」，這些差異都需要教師的關注與支持，教師應採用多層次的教學，例如同一教學主題可以進行不同層次目標調整、不同層次「學習內容」難易調整、不同層次反應評量方式調整、不同評量標準調整、同一團體不同增強系統（洪儷瑜，2012），讓每個學生的學習產生最佳效果，因此，透過教學設備與資源的充實、教師教學方式的改變、關注每一位學生的學習差異性等作為，應可進一步實現教育機會均等的理想（楊俊鴻，2018）。因此，在為了達到教育機會均等的理想下，可以學生為學習主體，因應學生個別差異與需求，以個別學生成熟度、學習類型、知能傾向、性別特質和文化語言屬性為基礎，而進行回應個別差異之差異教學，特別是可以參考學生的特質如能力、性向和需要，提供適切的分流教育措施，包括高中職分校、文理分組、特殊才能分班、數學學科能力分組、數學AB版本分化課程、第二外語選修課程、榮譽課程、大學微積分進階預修課程（AP）等，以便透過差異教學實施因材施教，以達「適性揚才」的目標。

　　「十二年國民基本教育」強調針對不同學習性向、學習程度、學習需求、學習型態風格的學生，實施「差異教學」的策略，因為雖然並非每一個學生都有相同的學習性向、學習程度、學習需求、學習型態風格，但每一位學生都應該有相同的學習機會以開展其個人的潛能。由於學生具有不同學習性向與學習型態風格，也具有不同的多重智慧優勢與劣勢，有些需透過嘗試錯誤才能學得更好，有些經由實作經驗中學習，有些經由閱讀來「學習內容」，有些經由討論才能了解其中概念與原理原則，有些要提供圖像或組織架構以了解部分與整體的關聯。因此，差異化教學是教師回應學生的個別差異及學習需求所實施的教學。教師可採取多元智慧管道來教學，提供各種不同的智慧表現機會，運用學生的優勢智能作為教學切入點來促進學生學習；也可運用其優勢智能來促進弱勢智能的學習（蔡清田、陳延興、李奉儒、洪志成、鄭勝耀、曾玉村、林永豐，2009）。

　　就「差異教學」的教學實施而言，教師宜掌握授課班級學生的差異情形，順應學科領域／科目屬性，妥慎調整教學內容、進度，採取多元而適切教學方法，特別是「差異教學」可開展學生的多元興趣與多元能力並促進有效學習，教師宜運用多元的教學方法以顧及學生的個別差異，開展學習潛能並建立學習自信。為能使學生適性揚才，教師宜因應學生多方面的差異，包括年齡、學習程度、多元智慧、學習興趣、身心特質、文化與社經背景等，以多元方式呈現和教導「學習內容」，讓學習者以多元方式展現學習成果。這呼應了學生學習特質、興趣和多元智能，調整教學策略以成就班上每位孩子的學習，特別是各學習年級之間、各學習階段之間、不同「教育階段」之間，以及「同一教育階段不同學校類型」之間所形成的「情境脈絡」差異性，課程必須因應不同階段學生程度差異與學習情境差異的現實情境及學生生涯發展的未來需求，因此必須有回應學生所處情境之「差異性」的課程與教學。

　　就「差異教學」的教學型態而言，「差異教學」是指教師根據不同學生在背景知識、學習準備度、學習興趣、學習風格、語言、性別、文化的不同，調整教學目標、教學內容、教學方法及教學評量的一種教學方式，以回應學生多元背景與差異性，講求教師教學能有效因應學生多元學習現象，協助其發展學習潛力，提升學習成效（謝文英，2014）。差異教學不是個別化教學，有時是全班，有時是小組，有時是個人的，差異化教學的策略包括教學內容的差異化、教學流程的差異化、學習成果的差異化、教學成效的差異化、學習環境的差異化（Tomlinson & Strickland, 2005）。例如：葉興華（2012）便指出三種型態的學科分組「差異教學」，一是「學習內容」相異的教學，為不同進路試探與準備；二是「學習內容」和難易相同的教學，但有個別化的學習進度；三是相同「學習內容」但難易度不同的教學，其基本立場乃為提供學生適性學習、提供弱勢學生更多關照、縮短學生學習差距、促進同儕學習，因此，有時需刪減部分教學內容，以利差異化的教學。「差異教學」的教學策略，是教師面對並尊重班級內學生差異的事實，教師在課堂上因應學生差異情況而勇於迎向教學的挑戰，提供適性學習方法和進度（李眞文、羅寶鳳，2013），彈性調整「學習

內容」、過程及成果，可能需要刪減部分「學習內容」，減輕教學進度壓力，以利差異化教學運用多元教學策略、彈性分組教學（如同質性小組教學、異質性小組教學、個別化教學或大班教學）、多元化教學材料，以及多元化的課間與課內評量（林素貞，2013），讓學生在差異的基礎起點上，透過教師教學與學習支援系統得以開展學生潛能（陳偉仁、黃楷如、陳美芳，2013），努力帶好每個學生（甄曉蘭、蔡曉楓，2013）。

就「差異教學」的重要性而言，「差異教學」是根據學生的身心成熟準備度和學習興趣與學習型態，設計教學目標、教材、活動以因應學生程度可能被拉大的問題，特別是對於學習落後或低成就的同學，則實施補救教學，以成就每一個學生（教育部，2012）。然而，對於學習低成就的學生，想要提升學習成就，不能只仰賴補救教學，必須透過各種策略學習動機，提升學生的學習信心，這些學生可能只是缺乏學習態度的養成，必須激發出學生學習的企圖心，解決各種問題。「差異教學」的論點，是學生在社經環境、語言文化、知識背景、學習風格等各有不同，教學必須確實面對此種學生異質性所產生的學習需求，以學生作為教學起點，培養學生的成就，由成就中提升學生自我效能感。因此，「差異教學」的教學策略，是以學生的先備知識、興趣、能力等差異，來決定教師的教學內容、過程及成果。是以「差異教學」與「適性教學」是一脈相承，「差異教學」係指教師教學，能依據不同類型學生需求，調整課程內容、教學方式和評量方式，適時給予學生個別指導，關懷尊重和實現學生個別差異以開發學生學習潛能（張德銳，2012）。

（三）精確化的「有效教學」策略

就「有效教學」的教學意義而言，教師進行核心素養的教學轉化時，應調整過去偏重學科知識的灌輸式教學型態，應著重培養學生運用所學進行問題解決和適應未來生活的統整能力，也就是不只要教導知識內容也要教能力與態度，不只要教導結果也要引導學習如何學習的方法歷程，更可透過提問、討論、欣賞、展演、操作、情境體驗等「有效教學」策略，提供學生更多參與互動及力行實踐的機會，並強化學生主動學習與探究的角

色，並應用在生活情境之中。就教學準備與支援而言，教師應於每學期開學前做好教學規劃，並準備教學所需資源及相關事項（教育部，2014）。教師備課時應分析學生學習經驗、族群文化特性、教材性質與教學目標，準備符合學生需求的「學習內容」，並規劃多元適性之教學活動，提供學生學習、觀察、探索、提問、反思、討論、創作與問題解決的機會，以增強學習的理解、連貫和運用。教師宜配合平日教學，進行創新教學實驗或行動研究（蔡清田，2013）。

　　就提高核心素養的「有效教學」策略而言，教師是學生學習的助學者，教師的教學應關注學生的學習歷程與成效，重視學生是否經過教學而學會，而非僅以完成教學進度爲唯一目標，透過有效教學引導學生習得核心素養，因此「核心素養」的有效教學，強調要能根據核心素養、「學習內容」、「學習表現」與學生差異性需求，選用多元且適合的教學模式，設計適當「學習目標」引導「學習表現」與「學習內容」以呼應「核心素養」（蔡清田，2018），特別是核心素養的「有效教學」的教學策略，是指教師能將核心素養具體轉化爲學生「學習目標」，布置合宜的學習情境觸動學生的「學習動機」，並選擇適切的「學習內容」，發展學習活動，透過「統整活動」引導學生展現適當的「學習表現」，並藉多元評量方式，以了解核心素養「學習目標」的達成程度，作爲改進下一階段教學的依據。教師可主動參與教學研究會等專業社群，透過共同備課、公開授課、觀課與議課，甚至透過行動研究扮演「教師即研究者」的專業角色等（蔡清田，2013），運用「有效教學」策略，規劃動態多元的學習活動，重視個別差異與需求，提供合宜的教學方式，進行關鍵提問、統整學生的學習經驗、提供學生應用知識於眞實生活情境的機會，提升學生的學習成效（楊俊鴻，2018；Kang & Lee, 2016），達成教育目標（蔡清田、洪若烈、陳延興、盧美貴、陳聖謨、方德隆、林永豐、李懿芳，2012）。

　　在後現代社會中，許多傳統教學方式已無法滿足每一個學生的學習需求，更對教師的教學產生衝擊，容易產生無效教學。因此在兼顧「適性教學」與「差異教學」的同時，必須重視「有效教學」的教學策略，以幫助學生學習成功，引導學生習得核心素養。「有效教學」的教學策略，牽

涉到教師課前有效備課並進行課程設計，課中有效進行教學實施，課後有效進行教學檢討，而且「有效教學」是指教師的教學方法與內容能夠被學生理解且運用，而能引導學生進行學習（林進材，2000；李詠吟、單文經，2006；黃政傑、張嘉育，2010；Borich, 2004），教師必須體認到時代變遷，教師的角色必須重新思考和調整。學者歸納有效教學的影響因素及重要功能（郝永崴、鄭佳君，何美慧、林宜真、范莎惠、陳秀玲譯，2007），指出影響學生學習成果的因素有學生因素、周遭環境、教師教學品質，教師應善用即興思考、情境思考、多元思考、脈絡化思考、思考的重新建構，以進行有效教學的教學策略。有效教學有許多功能、包含每日複習、呈現新教材、實施指導的練習、提供回饋校正、實施獨立練習、每週及每月的複習。教師進行有效教學可參考三項評鑑規準，第一包括教學技術的指標，例如教學是否均衡、清晰、效率與效能；第二包括教學的指標，諸如發展適切性、內容解釋能力、涉及複雜與創造思考的範圍程度、是否有助於教學進行與涉及學生活動，以及協同合作的學習機會；第三包括批判的指標，諸如是否所有學生皆有接觸機會、沒有歧視不公、具有詮釋的變通形式、內容與活動的解釋能力（Henderson & Hawthrone, 2000）。

就「有效教學」的策略而言，「有效教學」是指教師的教學方法與內容能夠被學生理解且運用（Borich, 2004），教師宜依據不同學習領域／科目／群科特性進行「有效教學」（洪詠善、范信賢，2015），特別是採用經實證研究發現「有效教學」的方法策略，例如：相互教學法、六W教學策略、解題策略教學法、探究教學法、問題解決教學策略、專題探究法、案例教學法、欣賞教學法、MAPS教學法、學思達教學法等，尤其是強調心智繪圖（Mind Mapping）、提問策略（Asking Questions）、口說發表（Presentation）、同儕鷹架（Scaffolding Instruction）的MAPS教學法以及學思達教學法，都與終身學習的自主「學」習、系統「思」考與解決問題、符號運用與溝通表「達」等的核心素養教學關係密切，可引導學生由共學到自學，並可依據不同性質的「學習內容」，告知學習者學習目標、連結學習者過去的知識能力、從具體到抽象層次的合理安排、考量學習者

所需文字及符號表徵的語言特性、問題情境分析設計引發學習者思考與討論、澄清迷思概念或易錯誤類型、提供適當的實作或練習、教導學習解題策略、於教學小段落進行形成性評量、適時歸納學習重點，設計「有效教學」的活動。

透過「有效教學」的策略，可引導學生學習「一般性學習策略」與「學科學習策略」以及「合作學習」策略（黃政傑、林佩璇，1996）。「一般性學習策略」包括認知策略、後設認知策略、動機策略，認知策略包括注意力、複述、組織、心像、意義化；後設認知策略包括計畫、監控、評估等。「學科學習策略」包括閱讀策略、寫作策略、數學策略等。閱讀策略包括中文字結構、英文字彙記憶、文章結構、自我提問、作摘要；寫作策略包括過程導向寫作教學策略如構思、布局策略、修改文章策略；數學策略包括數學解題歷程策略如問題轉譯、問題整合、解題計畫與監控等。「有效教學」的新學習策略，包括「合作學習」（黃政傑、張嘉育，2010；張新仁，2003），「學習共同體」將學校視為學生相互學習成長、教師互相學習成為學習專家、師生及家長與社區居民透過參與互相學習成長的學習場所，不僅學生相互學習，並實施學生對話的「合作學習」與彼此分享表達學習反省思考心得，並透過學校教師教學互動，開放自己的課堂教學並進行教學觀摩之後的研討聆聽他人的聲音及反省思考，並誠懇地交流觀摩教學之後所學習到的經驗，如此可呼應Gehlbach、Brinkworth與Harris（2012）主張當學生採用教師的觀點且知覺他們更像他們的老師，如此一來可就會改變師生關係，也會改變學生的學習效能，如此學生與教師同儕之間相互切磋所形成「學校工作團隊夥伴關係」，超越校內各學科領域／科目的高牆界線進行相互切磋的教案分享，培養學校教師之間相互學習的團隊合作精神之「正向教師文化」，教師協同課程規劃教學設計參與學習，以協助學生學習。

就「有效教學」的教學實施而言，「有效教學」的實施往往建基於教師德行並與倫理道德密切連結，宜強調教師的實踐智慧，重視教師的專業倫理，引導教師將教學視為道德的志業（蔡清田、陳延興、李奉儒、洪志成、鄭勝耀、曾玉村、林永豐，2009）。當學校教師進行「適性教學」

與「差異教學」時，教師應深切地思考，是否已經進行「有效教學」，學生是否已從傳統教師教學權力中解放，或是表面上教師是在「適性教學」與「差異教學」而未能進行「有效教學」；學生表面上是進行「自主學習」、「真實學習」與「合作學習」，但是實際上學生仍是在教師嚴格控制下，未能真正落實「有效教學」，特別是「有效教學」的關注焦點也應指向學生有效學習（周淑卿、吳璧純、林永豐、張景媛、陳美如，2018）。

　　就「有效教學」的教學取向而言，核心素養的有效教學取向，重視以學生為學習主體及生生互動參與，學生能活用所學，並實踐於生活情境的一種教學取向（邵朝友、崔允漷，2017）。這種取向有別於以教師教學為主的「傳統導向」及以學科知識學習為主的「內容導向」（石鷗，2017；余文森，2017；辛濤，2017；張華，2017；鍾啟泉，2017），因為核心素養的有效教學取向，師生不能在真空的狀態下進行教與學，而是要同時重視「學習內容」與情境脈絡的適當性與有效性（Paniagua & Istance, 2018），因此需要進行「核心素養的教學方案設計」（蔡清田，2018），合乎核心素養導向的整合知識能力與態度、情境化脈絡化的學習、學習歷程方法及策略、實踐力行的表現等教學原理（黃光雄、蔡清田，2015），以引導學生學習核心素養（蔡清田、陳伯璋、陳延興、林永豐、盧美貴、李文富、方德隆、陳聖謨、楊俊鴻、高新建、李懿芳、范信賢，2013），以下就「核心素養的教案設計模式」加以闡述。

四、核心素養的教案設計模式

　　「核心素養」在課程綱要的轉化層次，包括了核心素養轉化到各教育階段核心素養、各領域／科目核心素養、學習重點的呼應關係（國家教育研究院，2014b）。因此，有必要配合由國小到國中、高中教育階段的學生身心發展過程，透過「核心素養的教案設計模式」，兼顧能力導向與知識導向學習（黃光雄、蔡清田，2015），引導學生學經由「學習內容」與「學習表現」以學習因應生活所需的核心素養（洪詠善、范信賢，2015；楊俊鴻、張茵倩，2016；黃瑞菘，2018）。尤其是透過「核心素養的教案

設計模式」，可以引發學習動機與激發想像力並製造學習高潮活動，可作為「十二年國民基本教育」課程改革之參考，而且「核心素養的教案設計模式」之教學，應是新課程綱要要求核心素養公開課的備課、觀課、議課的重點。

　　就「核心素養的教案設計模式」而言，教師可依據新課程綱要的核心素養、「學習重點」的「學習內容」與「學習表現」，選用適合的教學設計模式，採用有效的教學方法或教學策略，或針對不同性質的「學習內容」，如事實、概念、原則、技能和態度等，設計有效的教學活動，並適時融入數位學習資源與方法；特別是教學活動設計宜呈現合乎領綱核心素養導向教與學之活動，如引發「學習動機」、「發展活動」、「統整活動」。

　　「核心素養的教案設計模式」的教學活動設計，宜先研擬能達成「領域／科目核心素養」（例如健體-E-A1具備良好身體活動與健康生活的習慣，以促進身心健全發展，並認識個人特質，發展運動與保健的潛能）的「學習目標」（例如健體-E5-A1-1理解促進健康的飲食原則），透過情境分析設計，以引發「學習動機」，經由「發展活動」引導學生學習重要的「學習內容」（例如Ea-III-2兒童及青少年飲食問題與健康影響），透過「統整活動」展現學生的「學習表現」（例如1a-III-3理解促進健康生活的方法、資源與規範），或以簡單的教學流程呈現。教學流程需落實核心素養導向教學之教材教法，掌握整合知識能力情意、結合生活情境分析設計與實踐、突顯學習策略與學習過程等。評量重點可適時列出學習評量的方式，羅列評量工具，如學習單、檢核表或同儕互評表以及其他學習輔助事項，提出可配合各項教學活動的評量方法、過程規準，以發展「核心素養」、「學習重點」與「學習目標」結合的評量內容，檢視「學習目標」、教學活動、「學習內容」、「學習表現」與學習評量之一致關係（蔡清田，2018）。

　　「核心素養的教案設計模式」，重視認知、技能、情意的統整，因此教師的核心素養課程實施，也要強調認知、技能、情意的統整，重視情境化、脈絡化的學習，兼顧學習歷程、方法及策略而不是背誦結果，強化實踐力行的表現，將所學應用於生活中，以落實核心素養導向的教學（洪詠

善、范信賢，2015）。從知識管理的論點而言（Cheng, 2019），「核心素養的教案設計模式」，重視情境的有效性（Paniagua & Istance, 2018），要考慮核心素養的教學設計原則，留意「教學目標」、「教學情境」、「教學活動」、「統整活動」等要素，首先是「核心素養」的教學目標，要能根據「核心素養」、「學習重點」的「學習內容」、「學習表現」與學生差異性需求，設計「學習目標」引導「學習表現」與「學習內容」以呼應「核心素養」（蔡清田，2018）；其次並透過「學習情境」分析設計導向「學習目標」的學習情境，引發學習動機並選擇組織學習經驗；再次核心素養「教學設計」的「發展活動」，可透過選擇組織「學習重點」的「學習內容」，以發展學習方法及活動策略；最後可透過「統整活動」，活用實踐「學習表現」，進行學習評量，並加以評鑑回饋，形成一個有組織結構的整體。

　　教師進行核心素養教案設計時，可以彈性選擇各領域「學習重點」，適當設計「學習內容」與「學習表現」的學習活動，以協助學生學習核心素養，有助於核心素養的達成（蔡清田、陳伯璋、陳延興、林永豐、盧美貴、李文富、方德隆、陳聖謨、楊俊鴻、高新建、李懿芳、范信賢，2013）。特別是核心素養的教案設計，是分學習階段漸進引導學生學習核心素養的。因此，核心素養教案設計的重點乃是儘量地提供參與學習及練習的機會，鼓勵在適當單元中融入核心素養的設計。在教案上若要強調核心素養，可在教案中加上「呼應核心素養之說明」的項目，以說明該教案中的哪個教學目標、哪些教學活動、哪些學習重點設計是用以促進哪幾項核心素養之學習。或可在課程設計理念中加上一段有關如何呼應核心素養的說明，或在教案中標示希望達到哪幾項核心素養項目，可逐項列舉每一項核心素養項目是如何對應哪些教學活動（林永豐，2018）。

　　「核心素養的教案設計模式」，強調以學生作為學習的主體及師生互動參與，以「人」為核心，關注每位學生成為「整體的人」，同時重視統整知識能力與態度情操，而非片段的知識及技能學習。因此，就「核心素養的教案設計模式」而言，除了參考上述「強調知識、能力與態度的統整」、「強調情境化、脈絡化的學習」、「強調學習歷程、學習方法及學

會學習的策略」、「強調實踐力行的學習表現」等核心素養的教學設計四原則之外（洪詠善、范信賢，2015），需具體指出該份教案是依據哪些核心素養的「項目」（A1 A2 A3 B1 B2 B3 C1 C2 C3）及所對應的「學習內容」與「學習表現」進行教案設計外，可以參考圖3-6核心素養的教案設計模式，建立在本章所述核心素養的理論基礎、教學原理、教學策略與教學設計模式的基礎之上，說明該教案中的哪個「學習目標」、「學習內容」、「學習表現」等教學活動設計是用以促進哪幾「項目」核心素養之養成。

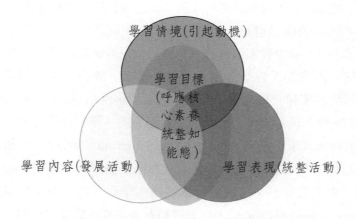

圖3-6　核心素養的OSCP教案設計模式

　　綜上而論，「核心素養的教案設計模式」應考量，要培養哪些項目的核心素養（課綱指定要教的）？運用何種「學習內容」與「學習表現」？如何進行活動設計內容？如何評估「學習目標」的達成與否？前述所謂「核心素養」的教學目標是指教師透過課程規劃教學設計「期待」學生「接受教學後」所能「學習獲得」的知識、能力與態度。因此，就「核心素養的教案設計模式」而言，是指教師能將「核心素養」的「教學目標」（教師想教到的），進一步具體轉化為「核心素養」的「學習目標」（學生能學到的），布置合宜的學習情境，以激發觸動學生的「學習動機」，並選擇適切的「學習重點」之「學習內容」，發展學習活動，再透

過可實踐「學習內容」的「學習表現」，進行「統整活動」引導學生展現「學習表現」，展現學生的核心素養學習成果，並藉多元評量方式，以了解核心素養「學習目標」的達成程度（蔡清田，2019）。因此，具體而言，可將「強調知識、能力與態度的統整」、「強調情境化、脈絡化的學習」、「強調學習歷程、學習方法及學會學習的策略」、「強調實踐力行的學習表現」等核心素養的教學設計四原則，結合「重視理解的設計」（understanding by design, UBD）（Wiggins & McTighe, 2011），成為「教學目標」、「教學情境」、「教學活動」、「統整活動」等教案設計的四要素，再進一步加以具體轉化成為「核心素養的教案設計模式」。

　　「核心素養的學習目標、情境、內容、表現教案設計模式」（簡稱為「核心素養的OSCP教案設計模式」或OSCP教案設計模式）之四步驟包括：1.核心素養的「教學目標」宜包含知識、能力、態度價值等面向的統整，需再具體轉化成為學生的「學習目標」（Learning Objectives，簡稱O）並呼應「核心素養」及「學習重點」的「學習內容」及「學習表現」；2.可透過「學習情境」（Learning Situation，簡稱S）分析設計導向「學習目標」的學習情境，引發學習動機並選擇組織學習經驗；3.核心素養的「教學設計」，可透過選擇組織「學習重點」的「學習內容」（Learning Content，簡稱C），以發展學習方法及活動策略引導「學習表現」（Learning Performance，簡稱P）；4.透過「統整活動」，活用實踐「學習表現」，進行學習評量，以了解核心素養「學習目標」的達成程度。茲說明如次：

（一）核心素養的「教學目標」宜包含知識、能力、態度等面向的統整，需再具體轉化成為學生的「學習目標」，並呼應「核心素養」及「學習重點」的「學習內容」及「學習表現」

　　首先，「目標」是教學的指引，更是教案設計的指南針，「教學目標」不應只是教學生學會讀書識字的知識，還要教學生學會做事的能力，更要教學生學會做人的態度，這就是「核心素養」的「教學目標」，更是

教師的「教學目標」（蔡清田，2019）。特別是「核心素養」如同北極星，具指引「核心素養教案設計」的功能，核心素養的「教學目標」宜包含知識、能力、態度等面向的統整，可導正過去重知識、重能力、忽略態度之教育偏失，這是建立在核心素養的哲學理論基礎、經濟學理論基礎，可透過核心素養教學目標整合知識、能力與態度，並具體轉化爲學生的「學習目標」，而不宜將知識、能力、態度切割爲彼此獨立分離瑣碎的行爲目標。這也呼應本章所提到「強調知識、能力與態度的統整」的第一個核心素養教學設計原則（洪詠善、范信賢，2015，16-17），強調學習是完整的。

更進一步地，核心素養的「教案設計模式」，應建立核心素養的具體目標體系，依據課程綱要的核心素養撰寫教學目標，要明確指出，是要培養課程綱要的哪些項目的核心素養？運用何種「學習內容」與「學習表現」？如何進行活動設計內容？如何評估「學習目標」的達成與否？「核心素養」的教學目標是指教師透過課程規劃教學設計「期待」學生「接受教學後」所能「學習獲得」的知識、能力與態度。

因此，「核心素養的教案設計模式」，是指教師能將「核心素養」的「教學目標」（教師想教的），具體轉化爲「核心素養」的「學習目標」（學生能學的），布置合宜的學習情境，以激發學生的「學習動機」，是以「教學目標」需再具體轉化成爲學生的「學習目標」，並選擇呼應「核心素養」及其相對應的「學習重點」，發展「學習內容」的學習活動，再引導學生展現適當的「學習表現」，並藉多元評量方式，以了解核心素養「學習目標」的達成程度（蔡清田，2019）。因爲十二年國民基本教育核心素養的課程轉化，係包含從《十二年國民基本教育課程綱要總綱》到各領域／科目課程綱要的課程目標、核心素養、學習重點，到教材設計、教學實務及學習評量等各環節，需有效進行課程轉化，以利核心素養的達成。「核心素養」在課程綱要的轉化層次，包括了核心素養轉化到各教育階段核心素養、各領域／科目核心素養、學習重點，如圖3-7「核心素養在課程綱要的轉化及其與學習重點的呼應關係」所示（國家教育研究院，2014b：8）。

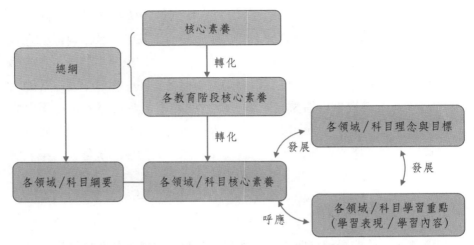

圖3-7　核心素養在課程綱要的轉化及其與學習重點的呼應關係

　　核心素養是可以「分教育階段」與「分領域／科目」進行課程設計；「分教育階段」是指核心素養依序分為國小、國中、高級中等教育等「教育階段」循序漸進；「分領域／科目」是指如「符號運用與溝通表達」的核心素養依「教育階段」設計出「國小教育階段核心素養」（國小E-B1具備「聽、說、讀、寫、作」的基本語文素養，並具有生活所需的基礎數理、肢體及藝術等符號知能，能以同理心應用在生活與人際溝通），並可再依「領域／科目」的學科特色敘寫其「領域／科目核心素養」（國小國語文的「國-E-B1理解與運用本國語言、文字、肢體等各種訊息，在日常生活中學習體察他人的感受，並給予適當的回應，以達成溝通及互動的目標」）；而且如圖3-8核心素養的學習目標與學習表現及學習內容呼應圖示，國小國語文的「國-E-B1理解與運用本國語言、文字、肢體等各種訊息，在日常生活中學習體察他人的感受，並給予適當的回應，以達成溝通及互動的目標」此一國語文領域／科目核心素養，並可結合「2-Ⅲ-3靈活運用詞句和說話技巧，豐富表達內容」的第三學習階段「學習表現」與「Ac-Ⅲ-4各類文句表達的情感與意義」的第三學習階段「學習內容」，再具體轉化成為國小六年級國語文第一條學習目標「國-E6-B1-1.能配合語言

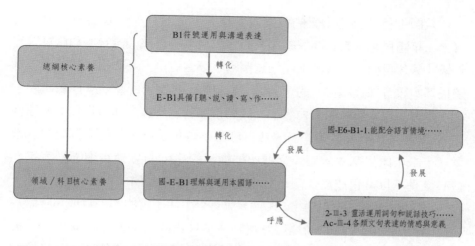

圖3-8　核心素養的學習目標與學習重點（學習表現及學習內容）呼應圖示

情境，欣賞不同語言情境中詞句與語態在溝通和表達上的效果」，以便進行後續的教案設計。

　　目標是「教案設計模式」的指南針（蔡清田，2019），因此，「核心素養教案設計模式」，應留意核心素養的三層目標體系，核心素養的「第一個層次」目標是依據《十二年國民基本教育課程綱要總綱》的核心素養與各教育階段核心素養的項目及其具體內涵，核心素養的「第二個層次」目標是特定領域／科目課程綱要的「領域／科目核心素養」之項目及其具體內涵；核心素養的目標體系的「第三個層次」是指教師依據上述《課程綱要》的「核心素養」，進行核心素養的教案設計，設想「期待」學生「接受教學後」所能「學習獲得」的知識、能力與態度的「教學目標」，並以特定年級的學生為學習主體，將教師想教的「教學目標」進一步具體轉化為特定年級學生應能學到的「學習目標」，並選擇呼應「領域／科目核心素養」及其相對應的「學習重點」，發展「學習內容」的學習活動，再引導學生展現適當的「學習表現」，並藉多元評量方式，以了解核心素養「學習目標」的達成程度（蔡清田，2019），亦即以「學習目標」引導教學、學習與評量的緊密連貫統整。

教師進行「核心素養的教案設計模式」之設計，一定要先學會解析《十二年國民基本教育課程綱要》的「領域／科目核心素養」和撰寫特定年級「學習目標」。教師不能任意撰寫「學習目標」，必須依據《十二年國民基本教育課程綱要》的「領域／科目核心素養」，結合「學習重點」之「學習表現」與「學習內容」，具體撰寫特定年級「學習目標」。簡言之，如表3-2：核心素養的三層次目標體系轉化示例，「第一個層次」參考《十二年國民基本教育課程綱要總綱》的「B1符號運用與溝通表達」核心素養可以轉化成為「國小教育階段核心素養」的「E-B1具備『聽、說、讀、寫、作』的基本語文素養，並具有生活所需的基礎數理、肢體及藝術等符號知能，能以同理心應用在生活與人際溝通」，再轉化為「第二個層次」參考《語文領域──國語文課程綱要》的「領域／科目核心素養」和國小國語文領域／科目核心素養的「國-E-B1理解與運用本國語言、文字、肢體等各種訊息，在日常生活中學習體察他人的感受，並給予

表3-2　核心素養的三層次目標體系轉化示例──以國小國語文領域／科目為例

核心素養的「第一個層次」（總綱層次）目標	B1 核心素養	B1核心素養具體內涵（符號運用與溝通表達）
	E-B1 國小教育階段核心素養	E-B1具備「聽、說、讀、寫、作」的基本語文素養，並具有生活所需的基礎數理、肢體及藝術等符號知能，能以同理心應用在生活與人際溝通
核心素養的「第二個層次」（領綱層次）目標	國-E-B1國小國語文領域／科目核心素養	國-E-B1理解與運用本國語言、文字、肢體等各種訊息，在日常生活中學習體察他人的感受，並給予適當的回應，以達成溝通及互動的目標。
核心素養的「第三個層次」（教案層次）目標	國-E6-B1-1國小國語文六年級學習目標	國-E6-B1-1.能配合語言情境，欣賞不同語言情境中詞句與語態在溝通和表達上的效果。

適當的回應，以達成溝通及互動的目標」，並再具體轉化成為「第三個層次」該項國語文領域／科目核心素養的國小六(6)年級第一(1)條學習目標「國-E6-B1-1.能配合語言情境，欣賞不同語言情境中詞句與語態在溝通和表達上的效果」或國小六(6)年級第二(2)條學習目標「國-E6-B1-2.能學習敘述、描寫、說明、議論、抒情等表述方式，練習寫作」，學習目標的編碼方式，就是將國小國語文領域／科目核心素養「國-E-B1」的第二碼教育階段再補加上年級編碼，並加上第四碼為流水號成為「國-E6-B1-1」或「國-E6-B1-2」，以便進行後續教案設計及教學實施。

　　就核心素養的教學設計而言，「學習目標」的敘寫，應以學生應習得的目標為主，以學生為學習主體，並應考量學習時數限制，不宜在有限的時數下納入過多的學習重點。教師可依據「學習表現」和「學習內容」之對應分析，連結高相關性的「領域／科目核心素養」，整合「學習表現」、「學習內容」與「領域／科目核心素養」之內涵，具體轉化為單元教材之特定年級「學習目標」。「學習目標」的編碼方式，就是將國小國語文領域／科目核心素養「國-E-B1」的第二碼教育階段再補加上年級(6)編碼，並加上第四碼為流水號(1)(2)成為「國-E6-B1-1」或「國-E6-B1-2」，以便進行該國語文領域／科目核心素養的後續教案設計及教學實施與學習評量；「學習目標」的撰寫方式可依據圖3-9呼應「國-E-B1」國小國語文領域／科目核心素養的學習目標與學習重點示例，可以透過特定年級「學習目標」的設計，呼應「領域／科目核心素養」與「學習重點」之「學習表現」與「學習內容」，同時強調該學科

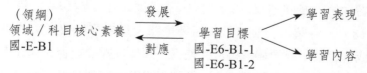

圖3-9　呼應「國-E-B1」國小國語文領域／科目核心素養的學習目標與學習重點示例

的認知（知識）、技能（能力）及情意（態度），如下表3-3：呼應國語文-E-B1核心素養（「國-E-B1理解與運用本國語言、文字、肢體等各種訊息，在日常生活中學習體察他人的感受，並給予適當的回應，以達成溝通及互動的目標」）的學習目標與學習重點的示例。

表3-3　呼應「國-E-B1」國小國語文領域／科目核心素養的學習目標與學習重點示例

呼應國小國語文的「國-E-B1領綱核心素養的各單元學習重點與學習目標		
單元名稱	學習重點	學習目標
單元一	學習表現　2-Ⅲ-3靈活運用詞句和説話技巧，豐富表達內容。	國-E6-B1-1.能配合語言情境，欣賞不同語言情境中詞句與語態在溝通和表達上的效果。
	學習內容　Ac-Ⅲ-4各類文句表達的情感與意義。	
單元二	學習表現　6-Ⅲ-5書寫説明事理、議論的作品。	國-E6-B1-2.能學習敘述、描寫、説明、議論、抒情等表述方式，練習寫作。
	學習內容　Bd-Ⅲ-1以事實、理論為論據，達到説服、建構、批判等目的。	

　　教師撰寫「學習目標」，可參考「學習重點」的「學習表現」（Performance）與「學習內容」（Content）的PC二維（2D）雙向分析表，進行「學習目標」的課程設計（黃光雄、蔡清田，2015；Tyler, 1949）；換言之，「學習目標」可由「學習重點」的「學習表現」與「學習內容」雙向度對應關係發展而成，「學習目標」如能適切地結合高度相關的「學習表現」與「學習內容」，就合乎「學習目標」課程設計的「雙向度原則」（楊俊鴻，2019），此即所謂「學習目標」的「學習表現」與「學習內容」雙向細目表的PC雙因子二維（2D）課程設計模式（蔡清田，2018）。各領域／科目教科用書編輯人員或學校教師可依學生的不同年級或學習階段或領域／科目的差異，彈性地編織組合「學習表現」與「學習內容」以進行「學習目標」的課程設計，有利於將「學習重點」的「學習表現」與「學習內容」轉化為「學習目標」，以有效地引導教師教

學活動並引導學生進行目標導向的學習。

　　撰寫「學習目標」，應該以特定年級學生為學習主體，從學生學習的角度出發，用淺顯易懂的文字語詞來撰寫特定年級「學習目標」以整合「學習重點」的「學習表現」與「學習內容」，「學習內容」為學習素材的部分，屬於教學的內容屬性，「學習表現」為學生學習認知歷程、行動能力、態度形塑的部分，屬於透過教學引導學生學習展現之屬性，因此，一方面可將「學習表現」的「重要動詞」具體明確地應用連結在「學習目標」中（Glatthorn & Jailall, 2009），另一方面同時將「學習內容」的「重要概念」具體明確地應用連結在「學習目標」之中。

　　例如：運用下表3-4呼應國語文-E-B1核心素養（「國-E-B1理解與運用本國語言、文字、肢體等各種訊息，在日常生活中學習體察他人的感受，並給予適當的回應，以達成溝通及互動的目標」）的「學習目標」與「學習內容」及「學習表現」的雙向細目表，運用「學習表現」的「重要動詞」以及「學習內容」的「重要概念」，進而撰寫特定年級的具體「學習目標」（如「國-E6-B1 -1.能配合語言情境，欣賞不同語言情境中詞句與語態在溝通和表達上的效果」），以利進行後續的教學設計。

表3-4　呼應國語文-E-B1核心素養之「學習目標」與「學習內容」及「學習表現」的雙向細目表

學習目標＼學習表現＼學習內容	2-Ⅲ-3靈活運用詞句和說話技巧，豐富表達內容。	6-Ⅲ-5書寫說明事理、議論的作品。
Ac-Ⅲ-4各類文句表達的情感與意義。	國-E6-B1-1.能配合語言情境，欣賞「不同語言」情境中「詞句」與語態在溝通和表達上的效果。	
Bd-Ⅲ-1以事實、理論為論據，達到說服、建構、批判等目的。		國-E6-B1-2.能學習「敘述、描寫、說明、議論」、抒情等「表述方式」，練習寫作。

　　應根據單元主題且與核心素養高相關的「學習內容」與「學習表現」，透過「學習內容」與「學習表現」雙向細目表，進行教案設計，如表3-4呼應國語文-E-B1核心素養之「學習目標」與「學習內容」及「學習表現」的雙向細目表，以設計「學習目標」。換言之，「學習目標」除了可以採用「學習表現」（Performance）與「學習內容」（Content）的「PC雙因子」二維（2D）課程設計模式之外，「學習目標」更可緊密連結緊扣「領域／科目核心素養」的具體內涵進行改寫，成為導向核心素養（Core Competence）的「學習目標」，這就是一種更高階而精巧的「PCC三因子」三維（3D）螺旋課程設計模式（蔡清田，2018），一方面彰顯了十二年國民基本教育課程改革是一種「以核心素養為導向的課程設計」，而且另一方面也說明了核心素養是課程設計的DNA（蔡清田，2019）。詳言之，就「學習目標」的課程設計模式而言，乃是「領域／科目核心素養」、「學習內容」與「學習表現」等三要素之課程設計關係模式，「學習目標」的「PCC三因子」三維（3D）螺旋課程設計模式三要素，一是領域／科目核心素養，二是該領域／科目「學習內容」，三是該領域／科目「學習表現」，更說明了「學習目標」三要素之間緊密連結緊扣的關係模式，如圖3-10「學習目標」的「PCC三因子」三維（3D）螺旋課程設計模式。

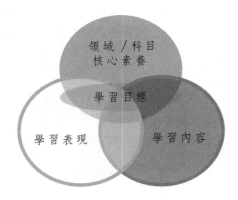

圖3-10　「學習目標」的「PCC三因子」三維（3D）螺旋課程設計模式

（二）可透過「學習情境」分析設計，導向「學習目標」的學習情境，引發學習動機並選擇組織學習經驗

　　其次，「情境」是達成核心素養學習目標的重要脈絡媒介，核心素養必須在人與「情境」脈絡交互作用中培養，核心素養的學習必須發生在有意義的「情境」脈絡之下，透過「情境」學習，才能確保學習者的主動參與，及獲得適應現在生活的機會（蔡清田，2019），是以學校教育人員如能設計優質學習情境，經營良好班級學習氣氛的外在環境與內在情境，將能引發學生積極學習動機。特別是，如果學校教育工作人員能布置適當的學習情境，強調在參與動態發展的「情境」中進行學習（Lave & Wenger, 1990），可透過「學習情境」分析設計，導向「學習目標」的學習脈絡情境，將能引發「學習動機」並選擇組織學習經驗，有助於「學習目標」的達成；換言之，核心素養的學習不是發生在真空當中，也不是靜態命題知識的獲得，而是在參與動態發展的「情境」中進行學習（Lave & Wenger, 1990），重視情境的適當性與有效性，合乎本章所述的核心素養之心理學與社會學的理論基礎及教學原理與教學設計原則，更呼應了強調遊戲化教學情境營造的教學論（Paniagua & Istance, 2018），強調透過相關遊戲學習活動設計，可以引起學生的學習興趣並促進學生的學習動機，協助學生獲得認知、技能、情意價值面向上的幸福感，並可讓傳統單調乏味的課堂學習，翻轉變得活潑有趣而能有利於學習目標的達成。因此，教師可透過「學習情境」分析設計，導向「學習目標」的學習情境脈絡，安排適當的學習時間與空間作為學習情境的養分，引發「學習動機」並選擇組織學習經驗，特別是安排機會透過學生已經學過的舊經驗連結實際的情境脈絡，布置情境讓學生將舊經驗應用到真實情境之中（Paniagua & Istance, 2018），強調學生參與情境而進行真實學習，並讓學生體會學以致用，以解決真實世界的問題，讓「學習目標」產生生活情境意義，並且呼應「強調情境化、脈絡化的學習」的第二個核心素養教學設計原則。

　　「情境脈絡」影響教學策略的適當性與有效性，因此，核心素養的教學設計，強調情境化、脈絡化的學習，不只是虛擬情境而是要從真實

情境思考教學問題，連結真實的情境脈絡，讓學生對學習產生真實情境的學習意義理解（understanding），是以核心素養的教學設計，強調情境化、脈絡化的學習，是一種「重視理解的設計」（understanding by design, UBD）（Wiggins & McTighe, 2011），以朝向學習意義的感知及理解，也就是透過情境化與脈絡化的教學設計，將核心素養的學習賦予意義，協助學生了解核心素養的學習，可以應用到生活中，有助於解決生活問題。

　　就核心素養的教學設計而言，可以相關情境或時事議題作出發，以引發「學習動機」，透過發現問題後再凝聚與學習該單元必備的知識、能力與態度（鄭任君、蔡清田、楊俊鴻，2017）。特別是核心素養不是先天或遺傳的，是經由後天學習獲得的，是可教可學的，可透過「學習情境」分析設計，引發學習動機並選擇組織學習經驗，這是建立在核心素養的心理學、社會學與教育學的理論基礎，可透過情境分析設計布置脈絡，激發觸動學習動機以利選擇組織學習經驗。由於核心素養的學習，包括了個體成功地因應外部生活環境的各種社會場域複雜任務之要求，激發個體內部心智運作機制的認知、技能與情意等行動的先決條件（蔡清田，2012），展現個體行動所需的知識、能力、態度之整體因應互動體系，尤其「社會情境」是指個體置身所處外部生活情境各種社會場域複雜需求，特別是指個體因應生活情境的各種社會場域之複雜需求，可以激發個體內部心智及其運作機制的認知、技能與情意的行動先決條件，如此將能引導學生個體展現負責任之行動，這些構成要素之間組合而成的整體互動體系，可引導學生將所學應用到各種學習領域與社會生活情境，不僅有助於個人獲得成功人生，更有助於建立功能健全的社會（蔡清田、陳伯璋、陳延興、林永豐、盧美貴、李文富、方德隆、陳聖謨、楊俊鴻、高新建、李懿芳、范信賢，2013）；是以核心素養的教案設計，強調教學應能強化其情境脈絡的連結，亦即進行教學情境分析設計布置，以引發「學習動機」，使學生不僅透過實際的情境脈絡來學習，也能將所學應用實踐到情境脈絡。因此，情境脈絡的鋪陳，乃成了教學設計的重要元素。教學活動設計是否連結了適當的情境或脈絡？情境脈絡的設計是否導向或促進教學目標的達成？都應該是核心素養的教案設計重點（林永豐，2018）。

（三）核心素養「教學設計」的「發展活動」，可透過選擇組織「學習重點」的「學習內容」，以發展學習方法及活動策略引導「學習表現」

　　針對不同「核心素養」項目的學習目標，應有不同「教學設計」的「發展活動」，核心素養的「發展活動」，可透過選擇組織「學習重點」的「學習內容」，導入主要的「學習內容」相關知識，以引導學生展現「學習表現」，將「學習內容」與「學習表現」結合在一起，不只是給魚吃，更要教釣魚的方法，培養學生成為終身學習者（洪詠善、范信賢，2015），以彰顯核心素養乃包含認知、技能、情意的統整能力，發展學習方法及活動策略，呼應「強調學習歷程、學習方法及學會學習的策略」之第三個核心素養教學設計原則，更合乎本章所述核心素養之哲學、人類學、心理學與社會學等理論基礎及教學原理。

　　「核心素養」的「教案設計」，需要依據「核心素養」轉化而來的「學習目標」，進行「發展活動」的設計；尤其是依據「學習目標」，選擇組織課程綱要的「學習重點」之「學習內容」，進行「發展活動」的設計，以引導學生展現「學習表現」，亦即，教師依據明確的「學習目標」，將課程綱要的「學習內容」與教科書的「教材內容」進行教學轉化處理；特別是，一方面將教科書提供教材的相關學科知識內容組織整合成為學科知識結構體系，以呼應課程綱要的「學習內容」；另一方面並將「教材內容」與生活情境統整，轉化成為活潑生動而能激勵學生學習的課堂「教學內容」，進而引導學生展現出課程綱要相對應的「學習表現」，亦即達成以「學習目標」引導教學、學習與評量的緊密連貫統整，以「學習目標」促成教、學、評的三位一體。

　　教師要依據能達成「核心素養」的「學習目標」，進行「發展活動」的設計，並說清楚講明白，可以發展何種特定「學習內容」之教學活動？需要花費多少「教學時間」？透過何種教法引導學生經由什麼「學習內容」？何種學習方法歷程？布置何種學習任務作業，以引導學生展現「學習表現」？因此，教案設計不應該僅僅是教師的教學方案，也應該是教師

開給學生的「學習處方（處理方案）」，應該明白學生是達成「學習目標」的學習主體，甚至應該讓學生明白，是誰（who）需要達成「學習目標」？為何要（why）達成「學習目標」？要達成哪項（what）「學習目標」？如何（how）達成該項「學習目標」？何時（when）達成該項「學習目標」？教師更要告訴學生，「教師我要教什麼」？要引導學生可透過什麼「學習重點」的「學習內容」？學生可以經過何種「學習方法歷程」？可以達成哪項「學習表現」？可以達成哪項「學習目標」？可以達成哪項「核心素養」的何種程度水平？教師進行教案設計，要能以學生為達成「學習目標」的學習主體，就如同醫師在撰寫患者病歷進而開「處方」時，不是寫醫師自己要做什麼，而是撰寫病人患者需要何種「處方」內容，才能「對症下藥」以達「藥到病除」的目標。因為教師「教」了，不等於學生「學」了，學生「學」了，不等於學生「學會」了，教師如果只有關注教師自己是否已經「教」了，而忽略引導學生「學」，是不能保證學生「學會」並達成「學習目標」。所以，教學改進要從改進教案設計開始，教案設計不改進，教學就不會改進！教案設計改進的方向是要能透過「發展活動」的設計，發展「學習內容」的教學過程，進而引導學生的「學習表現」以達成「學習目標」。

　　是以，「核心素養的教案設計模式」，統整了系統性的「學習內容」與「學習表現」以期達成「學習目標」，因此可以透過「教學設計」，經由「學習內容」以驅動「學習表現」（let the learning content drive the learning performance）；換言之，透過「發展活動」，引導學生經由「學習內容」與「學習表現」以期能達成「學習目標」，特別是，除了知識內容的學習之外，應強調「學習內容」和「學習表現」的過程、經驗、事件、情境、脈絡做適切結合，以使學生喜歡學習及學會如何學習。以自然科學領域教學為例，除了教導自然科學的重要概念或事實之外，應培養學生能從觀察、實驗的歷程，學習探索證據、回應不同觀點，並能對問題、方法、資料或數據的可信性進行檢核，進而解釋因果關係或提出可能的問題解決方案。

（四）可透過「統整活動」，活用實踐評量學習重點的「學習表現」，進行「學習表現」的學習評量

　　最後，核心素養的「教案設計模式」，除了上述的「學習目標」、「學習情境」與「發展活動」之外，更涉及「統整活動」的設計。特別是，可透過「統整活動」，活用實踐「學習表現」，進行學習評量，並藉多元評量方式，以了解核心素養「學習目標」的達成程度，進而達成以「學習目標」引導教學、學習與評量的緊密連貫統整，以「學習目標」促成教、學、評的三位一體。這也呼應本章所提到「強調實踐力行的表現」的第四個核心素養教學設計原則，更合乎核心素養之哲學、心理學與社會學的理論基礎及教學原理。「核心素養的教案設計模式」，強調實踐力行的表現，讓學生可以統整所學，不只能把所學遷移到其他例子進行應用，或是實際活用在生活裡，更可對其所知所行進行外顯化的思考，在生活中整合活用、循序漸進、實踐力行，以便將教學內容生活統整轉化實踐成為生活智慧，這是以可透過「統整活動」，活用實踐評量「學習重點」的「學習表現」，進行「學習表現」的學習評量，本書第五章「核心素養的評量論」將就此進一步闡述。

　　特別值得注意的是，核心素養教案設計可以每一節課40-45分鐘時間，聚焦一個「學習目標」，實踐教學、學習、評量的連貫一致，亦即，依據核心素養的第一個「學習目標」，進行第一個「學習內容」的教學發展活動，和第一個「學習表現」的學習評量，以了解學生是否已經達成第一個「學習目標」；如是，便可進行核心素養的第二個「學習目標」，進行第二個「學習內容」的發展活動，和第二個「學習表現」的學習評量，以了解學生是否已經達成第二個「學習目標」，依此類推，根據「學習目標」進行實踐教學、學習、評量的連貫，這是「有效教學策略」的核心技術。尤其是學生在「學習目標」，可從低層次到高層次、從具體到抽象，循序「延伸擴展」而漸進「加深加廣」（蔡清田，2019）。

　　這是一種基於理解的學習，以「深層高階」的「高深複雜」思維發展和解決問題為目標，將已知知識遷移到新的情境，例如：協助學生在認知

歷程面向能由記憶、理解、應用、分析、評鑑、創造等層次循序加深加廣的延伸，技能面向由感知、準備狀態、機械化、複雜的外在反應、適應、獨創等層次循序加深加廣的擴展，情意面向由接受、反應、評價、重組、價值或品格的養成等層次循序加深加廣的發展（蔡清田，2018），強調由傳統的「淺層學習」（Surface Learning）翻轉為「深度學習」（Deep Learning），特別是包括三方面的學習，強調由傳統的「被動學習」翻轉為「自主學習」，強調由傳統的「虛假學習」翻轉為「情境學習」，強調由傳統的「個別學習」，翻轉為「合作學習」，可以引導並改進教學。本書第四章「核心素養的學習論」將進一步闡述。

上述「核心素養的OSCP教案設計模式」，妥善運用「領域／科目核心素養」、「學習內容」與「學習表現」的「PCC三因子」三維（3D）螺旋課程設計模式，將核心素養的「教學目標」具體轉化為「學習目標」，並布置合宜的學習情境，以激發學生的「學習動機」，並選擇適切的「學習重點」之「學習內容」，發展「學習內容」的學習活動，透過教學設計引導，以學生學習為主的活動設計安排，豐富學生學習方法歷程與學習經驗，尤其是學習活動設計可依據教室課堂實際狀況，兼顧動態與靜態之適切學習活動，靈活安排各項學習活動之學習時間，可彈性列舉出學生達成該項核心素養的「學習內容」及相關教學引導活動等，進而透過「統整活動」引導學生展現適當的「學習表現」，並藉多元評量方式，以了解核心素養「學習目標」的達成程度。茲以嘉義縣鄒秀惠、林美伶、劉怡君老師設計的國小三年級社會領域「班級自治」主題一單元一節課的核心素養簡要教案設計，劉政昇、李雅雯、莊銘凱老師七年級健體領域「進擊競技的體適能」教案設計，高雄市路竹國小六年級劉秀玲、賴儷芬、黃靖芬老師的社會領域「資源與生活──多元發展海洋資源」主題的核心素養教案設計，為例加以說明：

■鄒秀惠、林美伶、劉怡君老師的國小三年級社會領域「班級自治」
　簡要教案設計

領域／科目	社會領域		設計者	鄒秀惠、林美伶、劉怡君
實施年級	國小三年級		總節數	共 1 節，40 分鐘
主題名稱	班級自治			

設計依據			
學習 重點	學習表現	2c-II-1省思個人的生活習慣與在群體中的角色扮演，尊重人 我差異，避免對他人產生偏見。	
	學習內容	Ac-II-1兒童在生活中擁有許多權力（可包括生存權、學習 權、表意權、隱私權、身體自主權及不受歧視的權利等）與 責任（包括遵守規範、尊重他人或維護公共利益等）。	
核心 素養	總綱	E-C1具備個人生活道德的知識與是非判斷的能力，理解並 遵守社會道德規範，培養公民意識，關懷生態環境。	
	領綱	社-E-C1培養良好的生活習慣，遵守社會規範，參與公共事 務，維護人權，關懷自然環境與人類社會的永續發展。	
教材來源	康軒三年級上學期——班級自治		
教學設備／資源	教師自製班會流程牌卡，小白板，議會開會影片		

單元學習重點與學習目標			
單元名稱	學習重點		學習目標
單元一 單元名稱	學習 表現	2c-II-1省思個人的生活 習慣與在群體中的角色 扮演，尊重人我差異， 避免對他人產生偏見。	社-E3-C1-1認識班級自治 活動的角色任務、開會流 程及相關規範
	學習 內容	Ac-II-1兒童在生活中擁 有許多權力（可包括生 存權、學習權、表意 權、隱私權、身體自主 權及不受歧視的權利 等）與責任（包括遵守 規範、尊重他人或維護 公共利益等）。	

教學單元活動設計			
單元名稱	班級自治	時間	共 1 節，40 分鐘
主要設計者	鄒秀惠、林美伶、劉怡君		
學習目標	社-E3-C1-1認識班級自治活動的角色任務、開會流程及相關規 範		

學習表現	2c-II-1省思個人的生活習慣與在群體中的角色扮演，尊重人我差異，避免對他人產生偏見。
學習內容	Ac-II-1兒童在生活中擁有許多權力（可包括生存權、學習權、表意權、隱私權、身體自主權及不受歧視的權利等）與責任（包括遵守規範、尊重他人或維護公共利益等）。
領綱核心素養	社-E-C1培養良好的生活習慣，遵守社會規範，參與公共事務，維護人權，關懷自然環境與人類社會的永續發展。
核心素養呼應說明	班級自治是由班上同學自己管理班級的事務。開班會、制定班級公約、選舉班級幹部等，都屬於班級自治活動、參與班級自治活動，不但可以提升自己的能力、培養為他人服務的精神，也能讓班級的運作更加有效續。

教學活動內容及實施方式	備註
【引起動機】（社-E3-C1-1認識班級自治活動的角色任務、開會流程及相關規範） 1.播放議會開會影片，詢問學生在這影片當中看到這些人在做什麼？ 2.你覺得為什麼要開會？	【時間】 5分鐘
【發展活動】〔Ac-II-1兒童在生活中擁有許多權力（可包括生存權、學習權、表意權、隱私權、身體自主權及不受歧視的權利等）與責任（包括遵守規範、尊重他人或維護公共利益等）。〕 一、辨別班級自治的主要角色與工作任務 1.閱讀課文文本（pp.37-39）。 2.在開班會流程當中發現開班會需要哪些角色，他所負責的項目是什麼？（請學生討論後於小白板寫下） 3.教師觀念澄清。 4.請學生再想想，在開會時除了需要這些角色幫助會議進行之外，還有哪些事情需要留意的？ 二、認識開班會的流程 1.闔上課本，請各組進行流程牌卡組合，並解釋這樣排的原因？ 2.請學生進行文本驗證，並思索與文本的差異為何？ 3.教師進行觀念澄清。	【時間】 15分鐘 【時間】 15分鐘
【統整活動】（2c-II-1省思個人的生活習慣與在群體中的角色扮演，尊重人我差異，避免對他人產生偏見。） 1.由教師提問，請學生回答各個角色的任務？ 2.透過卡牌組合，請學生上臺排出適合的班會的開會流程。	【時間】5分鐘 社-E3-C1-1認識班級自治活動的角色任務、開會流程及相關規範

試教成果或教學提醒	(非必要項目)
參考資料	(若有請列出)
附錄	

■劉政昇、李雅雯、莊銘凱老師七年級健體領域「進擊競技的體適能」簡要教案設計

領域／科目	健康與體育領域／體育課		設計者	劉政昇、李雅雯、莊銘凱
實施年級	國中七年級		總節數	共 1 節，45 分鐘
主題名稱	進擊（競技）的體適能			
設計依據				
學習重點	學習表現	1c-IV-3了解身體發展與動作發展的關係。 2c-IV-2表現利他合群的態度，與他人理性溝通與和諧互動。 3c-IV-1表現局部或全身性的身體控制能力，發展專項運動技能。		
	學習內容	Ab-IV-1體適能促進策略與活動。		
核心素養	總綱	C2人際關係與團隊合作		
	領綱	健體-J-C2 具備利他及合群的知能與態度，並在體育活動和健康生活中培育相互合作及與人和諧互動的素養。		
教材來源				
教學設備／資源				
各單元學習重點與學習目標				
單元名稱	學習重點		學習目標	
單元一 單元名稱	學習表現	1c-IV-3了解身體發展與動作發展的關係。 2c-IV-3表現自信樂觀、勇於挑戰的學習態度。 3c-IV-1表現局部或全身性的身體控制能力，發展專項運動技能。	學習目標： 體-J7-C2-1能知道自己與他人的身體發展狀態並執行體適能活動。 體-J7-C2-2具備與他人合作及良性的互動，並以團隊合作的精神完成體適能活動。 體-J7-C2-3透過體適能策略以表現流暢的身體控制能力。	
	學習內容	Ab-IV-1體適能促進策略與活動。		

教學單元活動設計			
單元名稱	進擊（競技）的體適能	時間	共 1 節， 45 分鐘
主要設計者	劉政昇、李雅雯、莊銘凱		
學習目標	體-J7-C2-1能知道自己與他人的身體發展狀態並執行體適能活動。 體-J7-C2-2具備與他人合作及良性的互動，並以團隊合作的精神完成體適能活動。 體-J7-C2-3透過體適能策略以表現流暢的身體控制能力。		
學習表現	1c-IV-3了解身體發展與動作發展的關係。 2c-IV-2表現利他合群的態度，與他人理性溝通與和諧互動。 3c-IV-1表現局部或全身性的身體控制能力，發展專項運動技能。		
學習內容	Ab-IV-1體適能促進策略與活動。		
領綱核心素養	健體-J-C2 具備利他及合群的知能與態度，並在體育活動和健康生活中培育相互合作及與人和諧互動的素養。		
核心素養呼應說明	• 在班級競賽的運動情境中，學生應具備促進個人的體適能策略以表現流暢的身體控制能力，並培養良好的團隊合作與態度。 • 透過體適能的促進策略及團隊合作，學生能知覺競技體適能與團隊合作的關聯性，體會體適能為身體發展所帶來的效益。		

教學活動內容及實施方式	備註
一、引起動機 體-J7-C2-1能知道自己與他人的身體發展狀態並執行體適能活動。 體-J7-C2-2具備與他人合作及良性的互動，並以團隊合作的精神完成體適能活動。 體-J7-C2-3透過體適能策略以表現流暢的身體控制能力。 以班級競賽為目標，希望孩子促進自我的競技體適能，以促進比賽的表現。 1.接球活動：反應力。 2.移動式接球活動：敏捷力、反應力。 3.單腳不倒翁、雙人不倒翁：平衡、協調性。 二、發展活動：Ab-IV-1體適能促進策略與活動 1.攻城掠地之折返跑：瞬發力、團隊合作策略、敏捷、速度、反應。 2.單雙號分組進行小組競賽，每局三分鐘。 3.局間進行小組擬定戰術策略。 4.先徒手防守。第二局加球，持球者才可以抓人。	·10分鐘 23分鐘

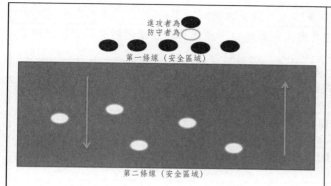

進攻者為 ●
防守者為 ○

第一條線（安全區域）

第二條線（安全區域）

進攻者需從第一條線跑至第二條線折返，算完成一分。
防守者要在灰色區域碰觸進攻者之身體，而進攻者就算淘汰出局。
每一局三人出局攻守交換。

三、統整活動
1c-IV-3了解身體發展與動作發展的關係。
2c-IV-2表現利他合群的態度，與他人理性溝通與和諧互動。
3c-IV-1表現局部或全身性的身體控制能力，發展專項運動技能。
1.請獲勝的隊伍分享得勝關鍵，每個人代表的角色有何義意？
2.請同學說明我們課程活動是為了增進什麼「競技體技能」。
3.用學習單填寫：票選組內最佳得分手。
4.請各組分享失分的關鍵。
5.預告下次上課內容。
6.填寫學習單。（將剛剛上課的內容轉化成紙筆的問題，請同學回答填寫）

12分鐘　學習單
體-J7-C2-1能知道自己與他人的身體發展狀態並執行體適能活動。
體-J7-C2-2具備與他人合作及良性的互動，並以團隊合作的精神完成體適能活動。
體-J7-C2-3透過體適能策略以表現流暢的身體控制能力。

■高雄市路竹國小六年級社會領域「資源與生活──多元發展海洋資源」主題

1. 主題說明

領域／科目	社會	設計者	劉秀玲、賴儷芬、黃靖芬
實施年級	國小六年級上學期	總節數	共1節，40分鐘
主題名稱	資源與生活──多元發展海洋資源		

設計依據		
核心 素養	總綱	E-A2具備探索問題的思考能力，並透過體驗與實踐處理日常生活問題。
	領綱	社-E-A2 關注生活問題及其影響，敏覺居住地方的社會、自然與人文環境變遷，並思考解決方法。
學習 重點	學習 表現	3a-III-1透過對時事的理解與省思，提出感興趣或令人困惑的現象及社會議題。
	學習 內容	Ab-III-3自然環境、自然災害及經濟活動，和生活空間的使用有關聯性。
議題 融入	實質 內涵	一、環境議題 1.環E4覺知經濟發展與工業發展對環境的衝擊。 2.環E5覺知人類的生活型態對其他生物與生態系的衝擊。 二、海洋議題 海E4認識家鄉或鄰近的水域環境與產業。
	所融入 之單元	
與其他領域／科 目的連結		
教材來源		電子教材、自編教材
教學設備／資源		電腦、投影設備
各單元學習重點與學習目標			

單元名稱	學習重點		學習目標
單元一 單元名稱	學習 表現	3a-III-1透過對時事的理解與省思，提出感興趣或令人困惑的現象及社會議題。	社-E6-A2-1具備探索問題的思考能力，說明海洋資源利用的情形。
	學習 內容	Ab-III-3自然環境、自然災害及經濟活動，和生活空間的使用有關聯性	

2. 單元一設計（單元二、三、四……可自行增列）

教學單元活動設計			
單元名稱	資源與生活——多元發展海洋資源	時間	共1節，40分鐘
主要設計者	劉秀玲、賴儷芬、黃靖芬		

學習目標	社-E6-A2-1具備探索問題的思考能力，說明海洋資源利用的情形。
學習表現	3a-III-1透過對時事的理解與省思，提出感興趣或令人困惑的現象及社會議題。
學習內容	Ab-III-3自然環境、自然災害及經濟活動，和生活空間的使用有關聯性。
領綱核心素養	E-A2具備探索問題的思考能力，並透過體驗與實踐處理日常生活問題。
核心素養呼應說明	社-E-A2 關注生活問題及其影響，敏覺居住地方的社會、自然與人文環境變遷，並思考解決方法。
議題融入說明	

教學活動內容及實施方式	備註
一、引發學習動機 社-E6-A2-1具備探索問題的思考能力，說明海洋資源利用的情形。（「學習目標」） 來到桃園沿海，典型西部沙灘海岸前緣，有著臺灣面積最大、發育最完整的藻礁地景，從竹圍漁港到永安漁港，綿延27公里。 同為由生物體建造的「生物礁」，珊瑚礁色彩繽紛、形狀多變，相對於浮潛時醉心於珊瑚礁之美，藻礁則顯得沒那麼亮眼，大家對於藻礁的認識，較為陌生。從公共電視節目「我們的島：藻礁有事嗎？」切入，以時事來討論臺灣海洋資源的利用的主題內容。 二、發展教學活動 Ab-III-3自然環境、自然災害及經濟活動，和生活空間的使用有關聯性。（「學習重點」的「學習內容」） （一）分組討論 1.臺灣四面環海，生態環境有何特點？ 2.臺灣人民有哪些海上休閒活動？ （二）環顧臺灣1,600公里長的海岸線，有藻礁分布的不到50公里，其中只有桃園，擁有連續27公里的藻礁地景，不過中油第三天然氣接收站，打算蓋在這裡。數十年的能源需求與數千年的藻礁，如何選擇？試提出這個時事議題所衍生出來的各項問題。	【時間】 5分鐘 【評量重點】 學生專心程度 【時間】 25分鐘 【評量重點】 參與活動情形

三、統整活動 3a-III-1透過對時事的理解與省思，提出感興趣或令人困惑的現象及社會議題。（「學習重點」的「學習表現」） 能蒐集相關報導，從中擷取重點，並從自己提出的問題中，試著歸納出海洋資源利用與生活的關係，當兩者產生衝突時，是否有解決的替代方案。	【時間】 10分鐘 【評量重點】 社-E6-A2-1具備探索問題的思考能力，說明海洋資源利用的情形。
試教成果 或 教學提醒	（非必要項目）
參考資料	（若有請列出）
附錄	

　　上述「核心素養的OSCP教案設計」，可以透過「核心素養」進行領域／科目的教案設計，包括引起動機、發展活動、統整活動等，可以簡單的教學流程展現，但是教學流程設計，需因應生活情境，掌握整合認知、情意、技能之「學習目標」，透過「學習情境」分析設計，導向「學習目標」的學習情境，引發「學習動機」，例如透過以「社-E6-A2-1具備探索問題的思考能力，說明海洋資源利用的情形」作為「學習目標」，進行「教學活動」發展對應的「學習內容」，進而可透過「統整活動」，活用實踐「學習表現」，進行學習評量，並藉多元評量方式以了解核心素養「學習目標」的達成程度，一方面可達成「核心素養」的「學習目標」及「學習內容」與「學習表現」的三合一教學設計，另一方面更可以「學習目標」引導教學、學習與評量的緊密連貫，以「學習目標」促成教、學、評的三位一體以落實達成「核心素養」的培養。

五、結語

　　本章「核心素養的教學論」，探討核心素養的學理基礎與教學原理，特別是強調教師是學生學習的「助學者」，可透過專業化的「適性教學」、個別化的「差異教學」與精確化「有效教學」等3P教學策略成

爲引導學生學習的專家，進而運用「核心素養的OSCP教案設計模式」，將核心素養的「教學目標」具體轉化爲「學習目標」，並布置合宜的學習情境，激發學生的「學習動機」，選擇適切的「學習重點」，發展「學習內容」的學習活動，兼顧動態與靜態之適切學習活動，透過「統整活動」引導學生展現「學習表現」，並藉多元評量方式，了解核心素養「學習目標」的達成程度。作者將在下一章「核心素養的學習論」進一步闡述。

參考文獻

丘愛鈴（2013）。成就每一個學生：差異化教學之理念與教學策略。教育研究月刊，**231**，18-33。

石鷗（2017）。核心素養的課程與教學價值。載於楊九詮主編，**學生發展核心素養三十人談**（pp.32-36）。上海市：華東師範大學出版社。

辛濤（2017）。學生發展核心素養研究應注意幾個問題。載於楊九詮主編，**學生發展核心素養三十人談**（pp.20-23）。上海市：華東師範大學出版社。

余文森（2017）。**核心素養導向的課堂教學**。上海市：上海教育出版社。

周淑卿、吳璧純、林永豐、張景媛、陳美如（2018）。**素養導向的教學設計參考手冊**。臺北市：教育部國民及學前教育署。

邵朝友、崔允漷（2017）。指向核心素養的計學方案設計：大觀念的視角。**全球教育展望**，**46**(6)，11-19。

張華（2017）。核心素養與我國基礎教育課程改革的再出發。載於楊九詮主編，**學生發展核心素養三十人談**（pp.37-41）。上海市：華東師範大學出版社。

吳清山（2002）。創意教學的重要理念與實施策略。**臺灣教育**，**614**，2-8。

吳清山（2011）。發展學生核心素養，提升學生未來適應力。**研習資訊**，**28**(4)，1-3。

吳璧純（2017）。素養導向教學之學習評量。**臺灣教育評論月刊**，**6**(3)，

30-34。

李眞文、羅寶鳳（2013）。學習共同體爲基的差異化教學探究。**教育研究月刊**，**233**，21-35。

李詠吟、單文經（2006）。**教學原理**。臺北市：遠流。

林素貞（2013）。差異化教學與成功學習。**教育研究月刊，233**，21-35。

林永豐（2017）。核心素養的課程教學轉化與設計。**教育研究月刊，275**，4-17。

林永豐（2018）。素養導向教學設計的要領。載於周淑卿、吳璧純、林永豐、張景媛、陳美如，**素養導向的教學設計參考手冊**（pp.1-3）。臺北市：教育部國民及學前教育署。

林進材（2000）。**有效教學——理論與策略**。臺北市：五南。

林崇德（主編）（2016）。**面向21世紀的學生核心素養研究**。北京市：北京師範大學出版社。

郝永崴、鄭佳君，何美慧、林宜眞、范莎惠、陳秀玲譯（2007），Gary D. Borich原著。**有效教學法**。臺北市：五南。

師保國（2017）。核心素養的「教」與「評」。**人民教育**，20173/4期，47-50。

孫雙金（2017）。我們是如何實落小學語文核心素養的。載於楊九詮主編，**學生發展核心素養三十人談**（pp.210-216）。上海市：華東師範大學出版社。

洪裕宏、胡志偉、顧忠華、陳伯璋、高湧泉、彭小妍等人（2008）。**界定與選擇國民核心素養：概念參考架構與理論基礎研究**。行政院國家科學委員會專題研究計畫成果報告。臺北市：陽明大學。

洪詠善、范信賢（主編）（2015）。**同行～走進十二年國民基本教育課程綱要總綱**。新北市：國家教育研究院。

洪儷瑜（2012）。**全民教育——補救教學的基本概念與實施**。臺北市：臺灣師範大學教育研究與評鑑中心。

胡志偉、郭建志、程景琳、陳修元（2008）。**能教學之適文化國民核心素養研究**。行政院國家科學委員會專題研究計畫成果報告（NSC95-

2511-S-002-001）。臺北市：國立臺灣大學。

高湧泉、陳竹亭、翁秉仁、黃榮棋、王道還（2008）。**國民自然科學素養研究**。行政院國家科學委員會專題研究計畫成果報告（NSC 95-2511-S-005-001）。臺北市：國立臺灣大學。

黃光雄、蔡清田（2015）。**課程發展與設計新論**。臺北市：五南。

黃政傑（1999）。**課程設計**。臺北市：東華。

黃政傑、林佩璇（1996）。**合作學習**。臺北市：五南。

黃政傑、張嘉育（2010）。合作學習。**課程與教學季刊**，13(3)，1-22。

黃瑞菘（2018）。**核心素養導向課程設計**。臺北市：五南。

黃炳煌（1984）。**課程理論的基礎**。臺北市：文景。

教育部（2011a）。**中華民國教育報告書：黃金十年百年樹人**。臺北市：作者。

教育部（2011b）。**十二年國民基本教育實施計畫**。臺北市：作者。

教育部（2012）。**十二年國民基本教育：開啓孩子的無限可能**。臺北市：作者。

教育部（2014）。**十二年國民基本教育課程綱要總綱**（103年11月28日，臺教授國部字第1030135678A號）。臺北市：作者。

國家教育研究院（2014a）。**十二年國民基本教育課程發展指引**。臺北市：作者。

國家教育研究院（2014b）。**十二年國民基本教育課程發展建議書**。臺北市：作者。葉興華（2012）。學科能力分組教學——十二年國教實施後的另一種教學選擇。見黃政傑主編，**十二年國教課程教學改革：理念與方向的期許**（pp.193-211）。臺北市：五南。

楊九詮（主編）（2017）。**學生發展核心素養三十人談**。上海市：華東師範大學出版社。

楊俊鴻（2018）。**素養導向課程與教學：理論與實踐**。臺北市：高等教育出版社。

楊俊鴻（2019）。如何依十二年國教課程綱要撰寫教學單元的學習目標？**臺灣教育評論月刊**，**8**(2)，50-55。

楊俊鴻、張茵倩（2016，12月）。**素養導向課程與教學的實踐：以臺南市保東國民小學全校性的公開課為例**。論文發表於國家教育研究院主辦之「2016邁向十二年國教新課綱：學生學習與學校本位課程發展研討會」，臺北市。

張新仁編著（2003）。**學習與教學新趨勢**。臺北市：心理出版社。

張德銳（2012）。區別化教師評鑑制度的規劃與實施策略。**臺北市立教育大學學報，43**(1)，121-144。

張素貞、黃詣翔（2012）。差異化教學的理念與實務。載於張素貞、李俊湖主編，**十二年國民基本教育：精進教學的理念與實踐**（pp.155-174）。臺北市：國立臺灣師範大學。

陳偉仁、黃楷如、陳美芳（2013）。學校學習支援系統中差異化教學的實施。**教育研究月刊，233**，5-19。

陳伯璋（2010）。臺灣國民核心素養與中小學課程發展之關係。**課程研究，5**(2)，1-26。

陳伯璋、張新仁、蔡清田、潘慧玲（2007）。**全方位的國民核心素養之教育研究**。行政院國家科學委員會專題研究計畫成果報告（NSC 95-2511-S-003-001）。臺南市：首府大學。

陳龍安（2008）。**創造思考教學的理論與實際**（簡明版）。臺北市：心理。

彭小妍、王瓊玲、戴景賢（2008）。人文素養研究。行政院國家科學委員會專題研究計畫成果報告（NSC 95-2511-S-001-001）。臺北市：中央研究院。

謝文英（2014，6月）。中小學教師差異化教學策略。**教師天地，190**，51-57。

甄曉蘭、蔡曉楓（2013）。學校課程與教學領導革新——建置學習支援系統帶好每個學生。載於中國教育學會主編，**從內變革：開創教與學的主體行動**（pp.35-54）。臺北市：學富。

馮朝霖、范信賢、白亦方（2011）。**國民中小學課程綱要系統圖像之研究**（國家教育研究院委託研究報告）。臺北市：國立政治大學教育研究

所。

楊向東（2017）。基於核心素養的基礎教育課程標準研製。**全球教育展望，46(9)**，34-48。

歐用生（1999）。從「課程統整」的概念評九年一貫課程。**教育研究資訊，7(1)**，22-32。

歐用生（2003）。**課程典範再建構**。高雄市：麗文文化。

歐用生（2019）。**課程語錄**。臺北市：五南。

鄭任君、蔡清田、楊俊鴻（2017）。跨越科目疆界的「健體與綜合活動」之跨領域主題課程設計。**教育脈動，11**：12-15

蔡清田（2008）。**課程學**。臺北市：五南。

蔡清田（2011）。**素養：課程改革的DNA**。臺北市：高等教育。

蔡清田（2012）。**課程發展與設計的關鍵DNA：核心素養**。臺北市：五南。

蔡清田（2013）。**教育行動研究新論**。臺北市：五南。

蔡清田（2014）。**國民核心素養：十二年國民基本教育課程改革DNA**。臺北市：高等教育。

蔡清田（2016）。**50則非知不可的課程學概念**。臺北市：五南。

蔡清田（2017）。**課程實驗：課綱爭議的出路**。臺北市：五南。

蔡清田（2018）。**核心素養的課程發展**。臺北市：五南。

蔡清田（2019）。**核心素養的學校本位課程發展**。臺北市：五南。

蔡清田、陳延興、李奉儒、洪志成、鄭勝耀、曾玉村、林永豐（2009）。**中小學課程相關之課程、教學、認知發展等學理基礎與理論趨向研究**。國家教育研究院委託研究報告。嘉義縣：國立中正大學課程研究所。

蔡清田、陳延興、吳明烈、盧美貴、陳聖謨、方德隆、林永豐（2011）。**K-12中小學一貫課程綱要核心素養與各領域連貫體系研究**。國家教育研究院委託研究報告。嘉義縣：國立中正大學課程研究所。

蔡清田、洪若烈、陳延興、盧美貴、陳聖謨、方德隆、林永豐、李懿芳（2012）。**K-12各教育階段核心素養與各領域課程統整研究**。國家教

育研究院委託研究報告。嘉義縣：國立中正大學課程研究所。

蔡清田、陳伯璋、陳延興、林永豐、盧美貴、李文富、方德隆、陳聖謨、楊俊鴻、高新建、李懿芳、范信賢（2013）。**十二年國民基本教育課程發展指引草案擬議研究**。國家教育研究院委託研究報告。嘉義縣：國立中正大學課程研究所。

顧忠華、吳密察、黃東益（2008）。**我國國民歷史、文化及社會核心素養之研究**。行政院國家科學委員會專題研究計畫成果報告（NSC 95-2511-S-004-001）。臺北市：國立政治大學。

鍾啓泉（譯）（2010）。佐藤學（2006）著。**學校的挑戰：創建學習共同體**。上海市：華東師範大學出版社。

鍾啓泉（2016）。基於核心素養的課程發展——挑戰與課題。**全球教育展望**，**45**(1)，3-25。

鍾啓泉（2017）。學科教學的發展及其課題：把握學科素養的一個視角。**全球教育展望**，**46**(1)，11-23。

鍾啓泉、崔允漷（2018a）。《核心素養與教學改革》。上海市：華東師範大學出版社。

鍾啓泉、崔允漷（2018b）。《核心素養研究》。上海市：華東師範大學出版社。

Allan, S. D. & Tomlinson, C. A. (2000). *Leadership for differentiating schools and classrooms.* Alexandria, VA: ASCD.

Anderson, K. M. (2007). Differentiating instruction to include all students. *Preventing School Failure*, *51*(3), 49-54.

Borich, G. (2004). *Effective teaching methods* (5th ed.). Upper Saddle River, NJ: Prentice-Hall/Merrill.

Brown, J. S., Collins, A., & Duguid, P. (1989). Situated cognitive and the culture of learning. *Educational Researcher*, *18*(1), 32-42.

Bruner, J. (1967). Man: A Course of Study. In J. Bruner & P. Dow, *Man: A Course of Study. A description of an elementary social studies curriculum* (pp.3-37). Cambridge: Education.

Canto-Sperber, M. & Dupuy, J. P. (2001). Competencies for the good life and the good society. In D. S. Rychen & L. H. Salganik (Eds.), *Defining and selecting key competencies* (pp.67-92). Göttingen, Germany: Hogrefe & Huber Publishers.

Chambliss, M. & Calfee, R. (1998). *Textbooks for learning: Nurturing children's minds*. Blackwell Publishing.

Cheng, Eric (2019). *Successful Transposition of Lesson Study: A Knowledge Management Perspective*. H. K.: Springer.

Cox, S. G. (2008). Differentiated instruction in the elementary classroom. *Education Digest*, *73*(9), 52-54.

Drake, S. M. (2007). *Creating Standards-Based Integrated Curriculum: Aligning Curriculum, Content, Assessment, and Instruction*. Thousand Oaks, CA.: Corwin Press.

European Commission (2005). *Lifelong Learning and Key Competences for All: Vital Contribution to Prosperity and Social Cohesion*. Retrieved January 16, 2008 from http://europa.eu.int/comm/education/policies/2010et_2010_fr.html

European Union (2007). Key competences for lifelong learning: European reference framework. *Official Journal of the European Union, L394*. http://ec.europa.eu/education/index_en.htlm

Gehlbach, H., Brinkworth, M. E., & Harris, A. D. (2012). Changes in teacher-student relationships. *British Journal of Educational Psychology*, *82*, 690-704.

Glatthorn, A. A. & Jailall, J. M. (2009). *The principal as curriculum leader: Shaping What Is Taught and Tested (3rd)*. Thousand Oaks, CA: Corwin.

Giddens, A. (1984) *The constitution of society*. Cambridge: Polity Press.

Goody, J. (2001). Education and competence: Contextual diversity. In D. S. Rychen & L. H. Salganik (Eds.), *Defining and selecting key competencies* (pp.175-189). Göttingen, Germany: Hogrefe& Huber Publishers.

Guerriero, S & Révai, N (2017). Knowledge-based teaching and the evolution of a profession. In S. Guerriero (Ed.), *Pedagogical Knowledge and the Changing Nature of the Teaching Profession* (pp.253-269). Paris: OECD Publishing.

Haste, H. (2001). Ambiguity, autonomy, and agency: Psychological challenges to new competence. In D. S. Rychen & L. H. Salganik (Eds.), *Defining and selecting key competencies* (pp.93-120). Göttingen, Germany: Hogrefe & Huber Publishers.

Henderson, J. G. & Hawthorne, R.D. (2000). *Transformative curriculum leadership*. N. J.: Prentice Hall.

Huebner, T. A. (2010). Differentiated Instruction. *Educational Leadership*, *67*(5), 79-81.

Kang, H.S. & Lee, J. E. (2016). Inquiry on Narrative's Application to Subject Matter Education: Focused on the 2015 Revised National Curriculum. *Asia-Pacific Journal of Educational Management Research*, *1*(1), pp.109-114.

King-Sears, M. E. (2008). Facts and fallacies: Differentiation and the general education curriculum for students with special educational needs. *Support for Learning, 23*(2), 55-62.

Levy, F. & Murnane, R. (2001). Key competencies critical to economic success. In D. S. Rychen & L. H. Salganik (Eds.), *Defining and selecting key competencies* (pp.151-173). Göttingen, Germany: Hogrefe & Huber Publishers.

Lave, J. & Wenger, E. (1990). *Situated Learning: Legitimate Peripheral Participation*. Cambridge: Cambridge University Press.

Morin, E. (1999). *The Seven Complex Lessons in Education for the Future*. UNESCO.

Nussbaum, Martha C. (1997). *Cultivating Humanity: A Classical Defense of Reform in Liberal Education*. Cambridge, Massachusetts: The Belknap

Press of Harvard University Press.

Organisation for Economic Cooperation and Development (OECD) (2005). *The Definition and Selection of Key Competencies: Executive Summary*. Paris: Author. Retrieved June 12, 2010, from http://www.deseco. admin.ch/bfs/deseco/en/index/02.parsys.43469.downloadList.2296. DownloadFile.tmp/2005.dskcexecutivesummary.en.pdf

Organisation for Economic Co-operation and Development (OECD) (2016). Global competency for an inclusive world. Retrieved March 5, 2017, from http://www.oecd.org/pisa/aboutpisa/ Global-competency-for-an-inclusive-world.pdf

Paniagua, A. & Istance, D. (2018). *Teachers as Designers of Learning Environments: The Importance of Innovative Pedagogies*. Paris Educational Research and Innovation, OECD Publishing.

Perrenoud, P. (2001). The key to social fields: Competencies of an autonomous actor. In D. S. Rychen & L. H. Salganik (Eds.), *Defining and selecting key competencies* (pp. 121-149). Göttingen, Germany: Hogrefe & Huber Publishers.

Rychen, D. S. & Salganik, L. H. (Eds.) (2001). *Defining and selecting key competencies*. Göttingen, Germany: Hogrefe & Huber Publishers.

Rychen, D. S. & Salganik, L. H. (Eds.) (2003). *Key competencies for a successful life and a well-functioning society*. Göttingen, Germany: Hogrefe & Huber Publishers.

Schleicher, A. (2018). Foreword. In *Teachers as Designers of Learning Environments: The Importance of Innovative Pedagogies*. Paris: OECD Publishing.

Schon, D. A. (1983). *The reflective practitioner: how professionals think in action*. New York: Basic Books.

Schröder, M. (2015). Competence-oriented study programmes. Retrieved from http://www.fibaa.org/uploads/media/13_Werkstatt_

Kompetenzorientierung_Mai_2015_V3_en_01.pdf

Spencer, L. M. & Spencer, S. M. (1993). *Competence at Work: Models for Superior Performance*. New York: John Wiley and Sons.

Suchman, L. A. (1987). *Plans and Situated Actions: The Problem of Human-machine Communication*. New York: Cambridge University Press.

Tomlinson, C. A. (1999). Leadership for differentiated classrooms. *The School Administrator, 56*(9), 6-11.

Tomlinson, C. A. (2012). *How to differentiate instruction inmixed-ability classroom* (2nd). Alexandra, VA: ASCD.

Tomlinson, C. A. & Kalbfleisch, M. L. (1998). Teach me, teach my brain: A call for differentiated classrooms. *Educational Leadership, 56*(3), 52-55.

Tomlinson, C. A. & Strickland, C. A. (2005). *Differentiation in practice: A resource guide* for *differentiating curriculum, grades 9-12*. Alexandria, VA: ASCD.

Trilling, B. & Fadel, C. (2009). *21st Century Skills: Learning for Life in Our Times*. San Francisco, CA USA: John Wiley & Sons, Inc.

Tyler, R. W. (1949). *Basic principles of curriculum and instruction*. Chicago: University of Chicago Press.

United Nations Educational, Scientific and Cultural Organization (UNESCO) Institute for Education (2003). *Nurturing the Treasure: Vision and Strategy 2002-2007*. Hamburg, Germany: Author.

Weinert, F. E. (2001). Concepts of competence: A conceptual clarification. In D. S. Rychen & Salganik, L. H. (Eds.), *Defining and selecting key competencies* (pp.45-65). Göttingen, Germany: Hogrefe & Huber.

Wiggins, G. & McTighe, J. (2011). *The Understanding by Design guide to creating high quality units*. Alexandria, VA: ASCD.

第四章 核心素養的學習論

　　本書第三章「核心素養的教學論」指出核心素養「可以透過教學加以培養」，可透過「核心素養的OSCP教案設計模式」，協助教師進行核心素養的教學。本章「核心素養的學習論」，指出核心素養是「可以透過學習獲得成就」，更進一步探討「核心素養」具有「三多元一高一長」的學習理念特質，可結合「核心素養的OSCP教案設計模式」，建構「核心素養的SIE學習模式」（Social Situation, Implicit Mechanism, Explicit Action，簡稱SIE學習模式），透過「學習情境」激發學生「學習動機」導向「學習目標」；透過「學習目標」統整知識、能力、態度呼應核心素養；透過「學習重點」發展學習活動，並統整「學習內容」與「學習表現」，強化實踐力行表現，展現核心素養的「外顯行動」以因應社會情境的需要。本章進而指出「核心素養的深度學習策略」，強調由傳統的「淺層學習」翻轉為「深度學習」，特別是包括三方面的翻轉，由「被動學習」翻轉為「自主學習」，由「虛假學習」翻轉為「情境學習」的「真實學習」，由「個別學習」翻轉為「合作學習」；尤其是可透過「自主學習」、「情境學習」、「合作學習」，培養社會生活所需要的「自主行動」、「溝通互動」、「社會參與」等「核心素養」，呼應了核心素養的「深度學習」，可引導學生習得「核心素養」，說明如次：

一、核心素養的學習理念

　　「核心素養導向的學習」，係指以學生為學習主體（陳伯璋、張新仁、蔡清田、潘慧玲，2007），學生能活用所學並實踐於社會生活情境的一種「新學習取向」（國家教育研究院，2014a；教育部，2014；黃光雄、蔡清田，2015），有別於以教師教學為主的「傳統導向」及以學科知識為主的「內容導向」（Paniagua & Istance, 2018）。「核心素養導向的學習」，具有「多元面向」、「多元功能」、「多元場域」、「高深複雜」、「長期培育」等「三多元一高一長」的學習理念特質，如表4-1說明如次：

表4-1　核心素養的「三多元一高一長」五種學習理念特質

核心素養學習理念特質	核心素養學習理念特質的具體描述
（一）多元面向	核心素養的學習，具備「多元面向」的複合構念綜合整體，核心素養的此項學習理念特質是建立在本書第三章所論的哲學理據及其教學原理之上。
（二）多元功能	核心素養的學習，同時具備促進個人發展與社會發展之「多元功能」，核心素養的此項學習理念特質是建立在本書第三章所論的經濟學理據及其教學原理之上。
（三）多元場域	核心素養的學習，具有跨越各種社會場域與學習領域等「多元場域」之廣度，核心素養的此項學習理念特質是建立在本書第三章所論的社會學理據及其教學原理之上。
（四）高階複雜	核心素養的學習，牽涉到人因應情境的「高深複雜」的深度反省思考心智運作的深度學習，核心素養的此項學習理念特質是建立在本書第三章所論的心理學理據及其教學原理之上。
（五）長期培育	核心素養的學習，必須透過各教育階段的終身學習之「長期培育」，核心素養的此項學習理念特質是建立在本書第三章所論的人類學理據及其教學原理之上。

（一）核心素養是具備「多元面向」的複合構念綜合整體

　　核心素養的學習理念特質之一，是核心素養的學習，具備「多元面向」的複合構念綜合整體，核心素養的此項學習理念特質，是建立本書第三章所論的哲學理據及其教學原理之上。「多元面向」的學習理念特性，是指核心素養的學習具備的「多元性」，亦即每項核心素養均涵蓋知識、能力與態度等多面向，乃是一系列多元面向組合的「整體」（蔡清田，2011），一方面彰顯了核心素養是涵蓋了認知、技能、情意的「複合構念」；另一方面，值得注意的是，整體大於部分之合，這呼應了個體在生活情境任務要求下，展現主體能動者所需行動的知識、能力、態度之「整體」因應互動體系（陳伯璋、張新仁、蔡清田、潘慧玲，2007；馮朝霖、范信賢、白亦方，2011；Canto-Sperber & Dupuy, 2001；Morin, 1999）。核心素養是行動主體能動者與生活情境互動過程當中，具有主

體能動性的行動實踐智慧，其中涉及到主體能動者能結合個體內部認知、技能與情意等複雜心智之行動先決條件（洪裕宏、胡志偉、顧忠華、陳伯璋、高湧泉、彭小妍等人，2008；蔡清田，2012；Haste, 2001；Weinert, 2001），進而統整個體的知識、能力與態度，扮演「反思的實踐者」（Schon, 1987），透過行動反思與學習，促成個體展現主體能動者的負責任之行動（Giddens, 1984），以便能成功地因應生活情境的各種複雜任務（Paniagua & Istance, 2018; Pellegrino, 2017; Rychen & Salganik, 2001; Schleicher, 2018）。

　　特別是「經濟合作與發展組織」進行「素養的界定與選擇」（Definition and Selection of Competencies：Theoretical and Conceptual Foundations）之研究，探討「核心素養」之定義與選擇的理據及架構（Rychen & Salganik, 2003），明確指出「核心素養」涉及「知識」、「能力」與「態度」之統整，包括個人「優質生活」與「優質社會」生活情境互動所需展現出來的「優質」態度。上述核心素養的學習，所涉及的內涵並非單一面向的知識、能力、態度，而是多元面向的「整體」。

　　核心素養這項理念特質可分為兩個重點，第一是核心素養的學習，具備「知識」、「能力」與「態度」等面向的綜合「整體」，涵蓋心智歷程的多個面向複合構念，包含「認知」、「技能」與「情意」等面向的價值（Haste, 2001），其內涵比一般能力更為寬廣，核心素養是結合「知識」、「能力」與「態度」等面向為一個「綜合整體」，而且核心素養包括涉及處理複雜問題的認知技能、分析批判、溝通表達、合作情誼及倫理道德規範等要素。核心素養的學習特質，便是個人在道德和智慧思想上的成熟，能夠擔負起自主學習和行動的責任，可超越知識和能力的教育，可導正過去重知識、重能力、忽略態度之偏失。第二是核心素養是強調全人的或全方位的素養（陳伯璋、張新仁、蔡清田、潘慧玲，2007），核心素養係指個人所需具備的素養，促使學習者能夠在各種生活情境中，有效地進行學習，有助於學生了解自己，學會與他人互動，進而適應社會生活，所以全人所應具備核心素養應是多方面的「知識」、「能力」與「態度」的統整。

（二）核心素養同時具備促進個人發展與社會發展之「多元功能」

　　核心素養的學習理念特質之二，是核心素養的學習，同時具備促進「個人發展」與「社會發展」之「多元功能」，核心素養的此項學習理念特質是建立在本書第一章核心素養的教育功能價值以及本書第三章所論的經濟學理據及其教學原理之上。核心素養同時具備促進「個人發展」與「社會發展」之多元功能，可以達成不同的教育目的，以維持個人發展與社會發展之功能（Rychen & Salganik, 2001）；核心素養具備多元功能，能夠達成各種重要目的，並且能在多元脈絡情境中解決各種問題，有助於增強個人的成就動機、工作的品質，同時強調社會需求與功能，可以核心素養作為更新教育目的之重要來源（陳伯璋、張新仁、蔡清田、潘慧玲，2007）。

　　核心素養是學生個體處於社會生活所需的素養，更是現代社會公民必須具備的素養，也是培育能促進「個人發展」與「社會發展」的高素質國民與世界公民之基礎，有助於個人發展的自我實現與社會發展的凝聚團結，是以核心素養的學習，不僅有助於個人開展潛能，而且可產生社會效益，並可培養學生的終身學習、社會公民責任等各種社會核心價值（蔡清田，2018）。因此，就教育改革的課程設計而言，核心素養可以作為「教育目的的重要來源」，不僅有助於「個人發展」開展潛能獲得優質生活，且可促成「社會發展」產生社會經濟效益建立優質社會，並可培養人民的終身學習、社會公民責任等各種社會核心價值，是以核心素養可作為教育目的之重要來源，更可進而轉化為具體的「學習目標」。

（三）核心素養具有跨越各種社會場域與學習領域等「多元場域」之廣度

　　核心素養的學習理念特質之三，是核心素養的學習，具有跨越各種社會場域與學習領域等「多元場域」之廣度，核心素養的此項學習理念特質是建立在本書第三章所論的社會學理據及其教學原理之上。「多元場域」

的學習理念特性是可以學習遷移並運用到許多不同的社會情境與學習領域
／科目（蔡清田，2015；Schon, 1987）。特別是個人所處的社會生活情
境，牽涉到個人所處環境脈絡廣大的人、事、物所構成的各種生活問題與
工作挑戰，亦即根據個人所處環境脈絡情境因素來定義核心素養。這種核
心素養可以透過個人及所處的情境脈絡與個人所採取的主體行動等要素，
闡述個人及其所處的制度結構之間的動態關係，因為個人所處的社會環境
脈絡情境的條件不同以及根據的前提不同，核心素養可以協助個人彈性地
因應不同環境脈絡情境而調整其行動（Haste, 2001）。

　　就核心素養的廣度而言，核心素養的學習，具有跨越各種社會場域與
學習領域之廣度，核心素養並不特別限定於某個場域，而是跨越了所有的
社會場域與學習領域。是以，核心素養可以協助個人無論在哪一個機構、
擔任不同的工作或處在各種不同的多變情境下，所需要而能有效運用，這
是對每一個個人都非常重要而關鍵的知識、能力與態度等行動的先決條
件，能夠協助個人有效參與學校教育、各行業市場、社會團體，以及家庭
生活（Trilling & Fadel, 2009）。一方面，核心素養能跨越生活的各種不
同的社會場域與學習領域，另一方面，個人也可透過參與這些各種不同的
社會場域與學習領域行動，獲得社會福利、規範、權力關係、社會互動等
為基礎的一組社會地位動態組合（Schröder, 2015），可以說明某些特定情
境下，可達成某種特定目的所需要的核心素養，而且核心素養具有達成不
同情境脈絡的不同特定目的貢獻的重要性，皆可在各種社會情境脈絡之運
用，找到適當定位。此種核心素養的學習理念特質，是能跨越生活的各種
不同的社會場域疆界，並跨越各級學校的主要學習領域課程科目內容及重
要的新興議題，以協助個人在不熟悉的環境脈絡情境之下進行行動，達成
多元目標、精熟多元的工作任務，並在社會文化環境脈絡情境之下，經由
調整適應、塑造影響與選擇環境，以協助個人獲得生活所需的核心素養並
經營成功的生活。

　　而且核心素養的學習，能跨越各級學校的主要學習領域課程科目內
容及重要的新興議題，例如：語文、數學、自然科學、社會科學、健康與
體育、藝術、科技等主要學習領域科目內容，以及生命教育、性別平等教

育、資訊教育、環境教育、人權教育、家政教育、海洋教育等重要的新興議題。是以，一方面，教育人員除了應理解核心素養，能跨越各級學校的主要學習領域科目內容及重要的新興議題之外；另一方面，學校教育人員應適當地規劃設計課程，安排學生透過參與學習各級學校的主要學習領域科目內容及重要的新興議題，以協助學生學習獲得核心素養。特別是，透過各級學校教育的主要學習領域科目內容及重要的新興議題，培養未來社會的人民具有必要的核心素養，以便能在許多不同的社會情境當中來回穿梭不同的社會領域，方能進行成功的、有責任的、有生產力的生活，完成社會中許多不同的角色，並在許多不同的情境中，獲得理解並採取負責任的行動，以因應當代生活的不同需求與挑戰（Rychen & Salganik, 2001）。

（四）核心素養牽涉到人因應情境的「高深複雜」反省思考心智運作的深度學習

　　核心素養的學習理念特質之四，是核心素養牽涉到人因應情境的「高深複雜」的深度反省思考心智運作的深度學習，核心素養的此項學習理念特質是建立在本書第三章所論的心理學理據及其教學原理之上。核心素養牽涉到人因應情境的「高深複雜」反省思考心智運作的深度學習，牽涉到內在動機、自我概念、認知、技能、態度或價值等，包括認知的技能或心智慧力與非認知的技能與情意（Weinert, 2001）。「高階複雜」及「高深複雜」的學習特性，是指核心素養的學習，是建立在當代社會生活所需的個體內部情境之社會心智運作機制的認知、技能、情意等等行動的先決條件之上，並透過個體對生活的反省與學習，激發個體內部情境之社會心智運作機制的認知、技能、情意等等內在結構的行動先決條件，促進個體與環境交互的學習，以成功地因應外部生活環境脈絡情境之下各種社會場域的複雜任務，有助於個體獲得「優質生活」。

　　「經濟合作與發展組織」自1997年推動「國際學生評量計畫」（Programme for International Student Assessment，簡稱PISA）以來，即試圖架構出讓學生不僅只有閱讀、數學、科學等方面學科能力，更是要學生

能在複雜的社會中，具有廣泛解決問題的核心素養，涉及了人因應情境的「高階複雜」反省思考心智運作及「高深複雜」的深度學習。核心素養不僅可以協助個人針對環境脈絡情境的需求進行因應，更能協助個人發展出「高深複雜」的心智「反思力」，這種反省思考及行動與學習，涉及相當複雜的心智過程，並且要求個人將思考過程從主體轉變為客體，這是具有有關學習如何學習的「後設素養」之特質，特別是「核心素養」強調心智運作的自律自主以及積極反省與主動學習，不僅能夠協助個人進行抽象思考與自我反省，亦能協助個人扮演反思的實踐者，在社會化的過程中，明確找到個人的自我價值與定位（Rychen & Salganik, 2003）。

　　核心素養的學習特質，便是個人在道德和智慧思想上的成熟，能夠擔負起自我反省思考及行動和學習的責任。此種反省思考及行動，必須運用後設認知技能、創造力及批判能力，這不僅涉及個人如何進行思考，也包括個人如何建構其思想、感受，以及社會關係的整體生活經驗，要求個人到達更為成熟的境界（Haste, 2001）。大多數的個人通常都是必須到達成年之後，才能發展出此一較高水準的心智複雜性，這是建立在人類發展演化進化與長期學習的成果之上，個人才能將更高級水準的心智複雜性，融入其思考與行動當中。這就涉及到核心素養必須透過各教育階段的終身學習之「長期培育」，以下加以闡述。

（五）核心素養必須透過各級教育階段的終身學習之「長期培育」

　　核心素養的學習理念特質之五，是核心素養的學習，必須透過各教育階段的終身學習之「長期培育」，核心素養的此項學習理念特質是建立在本書第三章所論的人類學理據及其教學原理之上。核心素養必須透過各級教育階段的終身學習之「長期培育」，這彰顯了「核心素養」是可教的、可學的，並且可經由社會的、動機的、教學的觸動引發，以進行各級教育階段的終身學習之長期培育。核心素養的發展乃是終身學習的歷程，始於家庭、學校與社會教育，而貫穿人的一生。核心素養係可持續發展，且在不同人生階段中強化之，涉及了終身學習的歷程。其基本假設是，個體與

所處的生活情境之間的關係是辯證的、動態的，個體的行動是發生在生活環境的政治、工作、健康醫療等等社會文化脈絡的社會場域複雜需求之中，亦即核心素養可以從生活環境脈絡的情境中進行學習，並可在生活環境脈絡的各種的社會場域情境中加以運用，因此，其與人類生活情境的關係相當密切（Goody, 2001）。

核心素養的學習，必須透過各級教育階段的終身學習之長期培育的，此種特質彰顯了「核心素養」具有動態發展的本質，是不斷成長與改變的，而且可因學習經驗、教學指導而發展，必須透過不同教育階段的長期培育，如何在各種階段時期與環境，有效發展這些素養，並有助於個人創造成功的生活，乃成為一項亟待解決之問題，而這需要透過各級教育階段的終身學習之「長期培育」。因此，就課程設計而言，核心素養可以在兒童期、青少年期、青年期與成年期等不同發展階段而逐漸培育，並逐漸增進其心智的複雜性。是以，核心素養必須透過各級教育階段的終身學習之「長期培育」。

綜上所述，核心素養具有「三多元一高一長」的學習理念特質，彰顯了本書第一章「核心素養的教育論」指出核心素養的五項教育價值功能論點，而且也呼應了第三章「核心素養的教學論」所論的哲學、經濟學、社會學、心理學、人類學理論基礎的教學原理，可以說明核心素養是「可以透過學習獲得成就」，可以據此建構「核心素養的學習模式」，以下進一步說明。

二、核心素養的學習模式

作者依據上述核心素養「三多元一高一長」的學習理念，以及本書第三章的哲學、經濟學、社會學、心理學、人類學理據教學原理與「核心素養的OSCP教案設計模式」之上，歸納整合了洪裕宏、胡志偉、顧忠華、陳伯璋、高湧泉、彭小妍等人（2005）的核心素養理論模式，嘗試建構一套「核心素養的社會情境、內隱機制、外顯行動學習模式」（Social Situation, Implicit Mechanism, Explicit Action，簡稱SIE），簡稱為「核心

素養的SIE學習模式」，探討如何經由學習核心素養，而能協助學習者因應不同情境而調整其行動，以因應不同情境的各種社會需求與任務挑戰；一方面，強調個體外部的社會情境脈絡制度結構之重要性；另一方面，重視個體自律自主的行動與透過個體的社會參與行動等，以促成改善社會情境脈絡的制度結構之可能性，可同時促進「個人發展」與「社會發展」（蔡清田，2019；Rychen & Salganik, 2003）。

從社會功能論的論點而言，「核心素養的學習」，有助於協助個體彈性地因應不同環境脈絡情境而調整其行動，以因應不同情境的各種社會需求與任務挑戰（Rychen & Salganik, 2001），有助於個體成功因應社會情境之需求（Giddens, 1984）。「核心素養的SIE學習模式」，不只是核心素養的學習理念特質以及社會功能論的靜態架構，因為核心素養是學生經由教師指導設計學習情境，引導學生互動與學習內化而展現實踐行動，以改善個人與社會生活情境，是學思知行合一的歷程與才德兼備的結果，更彰顯核心素養的教育功能、課程規劃、教學原理、教學模式、學習理念、學習模式等學習要素之間的動態發展，以及個體置身所處內部與外部情境互動的動態發展體系模式，更涉及《大學》「誠於中」而「形於外」的外顯行動，是核心素養的外觀展現的輸出系統，更牽涉到在社會情境當中培養出來的行動實踐系統（蔡清田，2018）。

「核心素養的SIE學習模式」，可培養現代社會生活情境所需要的「核心素養」。這些「核心素養」，需要透過學校教育情境規劃之下，引導學生學習，以利於個體因應社會生活及培養生活技能，強調核心素養是能統整認知、技能、情意態度價值之行動實踐，能協助每一位學習者透過學習累積生活經驗，學習獲得全方位的核心素養（陳伯璋、張新仁、蔡清田、潘慧玲，2007；蔡清田，2018），進而發展成為「全人」（whole person）（蔡清田，2019），實踐其學習潛能，並建構關於個人、群體與人類生活的幸福感（Well-Being）（OECD, 2018），形塑一個未來美好的生會生活（楊俊鴻，2019）。此一「核心素養的學習模式」，是個體成功地因應外部生活環境脈絡情境之下的各種社會場域複雜任務之要求（Canto-Sperber & Dupuy, 2001），激發主體能動者個體內部心智運

作機制的認知、技能與情意等行動的先決條件（洪裕宏、胡志偉、顧忠華、陳伯璋、高湧泉、彭小妍等人，2008；蔡清田，2012；Haste, 2001；Weinert, 2001），強調核心素養是能統整認知、技能、情意態度價值之行動實踐，展現主體能動者所需行動的知識、能力、態度的核心素養之整體因應互動體系。

　　「核心素養的SIE學習模式」包括了個體成功地因應外部生活環境下的各種社會複雜任務要求，激發個體內部心智運作機制的認知、技能與情意等行動的先決條件（洪裕宏、胡志偉、顧忠華、陳伯璋、高湧泉、彭小妍等人，2005；蔡清田，2012），展現個體行動所需的知識、能力、態度之整體因應互動體系如圖4-1「核心素養的SIE學習模式」所示，SIE具有三個重要構成要素：其一，「社會情境」（Social Situation，簡稱S）是指個體置身所處外部生活情境各種社會場域複雜需求，特別是指個體必須因應生活情境的各種社會場域之複雜需求，可呼應達成本書第三章「核心素養的OSCP教案設計模式」之「學習情境」及「學習目標」；其二，「內隱機制」（Implicit Mechanism，簡稱I）是指個體內部情境之心智運作機制；其三，「外顯行動」（Explicit Action，簡稱E）是指個體展現「誠於中」而「形於外」的負責任之核心素養外顯行動，展現達成核心素養「學習目標」之「學習表現」具體行動，可呼應達成本書第三章「核心素養的OSCP教案設計模式」之「學習目標」及「學習表現」與外顯行動，以及上述三個構成要素之間組合而成的「核心素養的SIE學習模式」之整體互

圖4-1　核心素養的SIE學習模式

動體系，可跨越並融入各種社會生活情境與學習領域，不僅有助於個人獲得成功人生，更有助於建立功能健全社會，分述如下：

（一）「社會情境」是指個體置身所處外部生活情境各種社會場域複雜需求

「社會情境」（Social Situation，簡稱S）是指個體外部所處的社會生活情境，特別是指個體必須因應生活情境的各種社會場域之複雜需求，而且核心素養能協助個體成功地因應外部生活情境的各種社會場域之複雜需求。其中，「社會情境」牽涉到個體置身所在環境的人、事、物所構成的生活問題與工作挑戰任務。「社會情境」（social Situation）是依據核心素養「三多元一高一長」的學習理念，以及本書第三章核心素養的理論基礎教學原理，特別是社會學及心理學的理據，核心素養是個體基於外部生活環境脈絡情境的需求，激發個體內部情境的心智運作機制之認知、技能、情意等行動的先決條件，以展現個體的行動，並能成功地因應外部生活情境的複雜任務要求之整體因應行動（洪裕宏、胡志偉、顧忠華、陳伯璋、高湧泉、彭小妍等人，2008；蔡清田，2019），並可呼應本書第三章「核心素養的OSCP教案設計模式」之「學習目標」（Objectives）及「學習情境」（Situation），透過「學習情境」布置脈絡，引發學習動機並選擇組織學習經驗；核心素養的「教學設計」，可透過選擇組織「學習重點」的「學習內容」（Content），以發展學習方法及活動策略，進而透過「統整活動」，活用實踐「學習表現」（Performance），進行學習評量，以了解核心素養的「學習目標」之達成程度。

「社會情境」此一要素呼應社會學理論的「湯瑪斯定理」（Thomas theorem），也就是美國芝加哥學派社會學家威廉‧湯瑪斯（William Isaac Thomas, 1863-1947）的「情境定義」（definition of the situation），如果個體作為行動主體將「情境定義」為真實的，那麼其結果也將會成為真實的（Thomas & Thomas, 1928），亦即「境由心造」，而且個體對「社會情境」局勢進行定義之後，這些定義也會逐漸影響了個體的生活風格與表現行為及未來行動。就如同美國社會學家羅伯特‧默頓（Robert

King Merton, 1910-2003）提出的「自行應驗的預言」（self-fulfilling prophecy），如果個體根據對「社會情境」理解開展了後續行動，其結果就可能使這一情境理解逐漸落實而成為真實的。此種有關「社會情境」的社會學理論對「核心素養的學習」，相當具有啟發作用，如果學校教育工作人員能布置適當的社會學習情境，強調在參與動態發展的「社會情境」中進行學習（Lave & Wenger, 1990），重視「社會情境」脈絡的適當性，將能引發學生學習動機，有助於學習目標的達成，這個「核心素養的SIE學習模式」的「社會情境」，合乎核心素養之社會學的理論基礎教學原理，呼應了強調學習情境營造的教學論，強調透過相關學習活動設計，可以引起學生學習興趣動機，協助學生獲得認知、技能、情意價值。

「核心素養的SIE學習模式」是需求取向的，符合個人的生活情境的需要或挑戰，也可能和專業工作職位、社會角色、個人計畫有關，而牽涉到個體所處社會情境脈絡廣大的人、事、物所構成的各種生活問題與工作挑戰（洪裕宏、胡志偉、顧忠華、陳伯璋、高湧泉、彭小妍等人，2008）。例如：「經濟合作與發展組織」的「素養的界定與選擇」，其所定義的核心素養是指一個人在特定的社會情境中，能成功地滿足情境的複雜要求與挑戰，以及順利地執行生活任務，獲致成功生活或優質生活之理想結果（Rychen & Salganik, 2003）。核心素養能協助個人有彈性地因應後現代社會各種複雜多變情境的應用需要，個體也需要結合運用不同的核心素養來達到「社會情境」的要求，這些「社會情境」的變異來源可能包括：文化的規範、科技的普及程度，以及社會和權力關係。因此，若要對核心素養有更明確的理解，則分析「社會情境」因素就有其重要性。

「核心素養的SIE學習模式」當中之社會生活情境要素，是指個體在特定的「社會情境」中，需成功地滿足外部社會情境的各種社會場域之複雜需求，方能順利地執行生活或工作任務。這是以「社會功能取向」的論點來定義核心素養（洪裕宏、胡志偉、顧忠華、陳伯璋、高湧泉、彭小妍等人，2008；Rychen & Salganik, 2001），前瞻性地探索個人應具備哪些核心素養，進而獲得社會興趣、規範、權力關係、社會互動等為基礎的一組社會地位動態組合之社會資本，同時促成「成功的個人生活」及「功能

健全的社會」（Rychen & Salganik, 2003）。

　　「核心素養的SIE學習模式」之基本假設是個體與所處的生活情境之間的關係是辯證的、動態的。個體並不是生活在真空當中，個體的行動是發生在生活環境的政治、工作、健康醫療等等社會文化脈絡的各種社會場域複雜需求之中，亦即生活環境脈絡情境不能分割的一部分（陳伯璋、張新仁、蔡清田、潘慧玲，2007；胡志偉、郭建志、程景琳、陳修元，2008；高湧泉、陳竹亭、翁秉仁、黃榮棋、王道還，2008；彭小妍、王瓊玲、戴景賢，2008；顧忠華、吳密察、黃東益，2008）。因此，若要對核心素養有更明確的理解，則社會情境因素就有其關鍵的重要性。這種論述呼應了「情境學習」強調「情境」對於學習的重要性（Suchman, 1987; Brown, Collins, & Duguid, 1989; Lave & Wenger, 1990）。換言之，「核心素養的SIE學習模式」所要培養的核心素養，是可從生活環境脈絡的適當情境中進行學習，並可在生活環境脈絡的各種社會場域情境中加以靈活運用，因此核心素養與社會情境關係密切（蔡清田，2019）。

（二）「內隱機制」是指個體內部情境之心智運作機制

　　「內隱機制」（Implicit Mechanism，簡稱I）是指個體內部情境的心智運作機制，特別是指個體內部情境的心智運作機制之認知、技能及情意等行動的先決條件，這是指「誠於中」內隱（implicit）不明顯的「內在心智」或隱藏不可見（invisible）的「潛在運作機制」。核心素養的「內隱機制」是依據核心素養具有「三多元一高一長」的學習理念特質，以及哲學及心理學的理據及其教學原理，是經由激發個體內部情境的心智運作機制之認知、技能、情意等內在結構的行動先決條件，方能成功地因應外部生活情境之下的各種社會場域之複雜任務（Suchman, 1987; Brown, Collins, & Duguid, 1989; Lave & Wenger, 1990）。

　　核心素養能激發個體內部心智運作機制之認知、技能及情意的行動先決條件，這種論點指出核心素養的學習有其深度（Weinert, 2001）。核心素養統整了認知、技能與情意價值的「內在心智」，諸如分析或批判技能、作決定的技能、問題解決的技能，以及結合以認知為依據的個體內部

情境之心智運作機制，並激發其動機、情緒與價值，有助於激發個體行動
之成就動機，提升其工作的品質。就深度而言，核心素養涉及個體內部認
知、技能及情意價值動機等「高深複雜」的心智運作機制，結合知識、能
力與態度為一體，而能在適當時機回應生活情境的複雜需求之任務行動。
詳言之，核心素養牽涉到內在動機、自我概念、認知技能等，特別是指在
生活情境的各種社會場域複雜需求之下，激發個體內部認知技能與情意價
值動機等層面的整體行動先決條件，以回應生活情境的各種社會場域任務
行動之需求（Weinert, 1999）。此種有關核心素養涉及認知、技能及情意
價值動機等「高深複雜」的心智運作機制，對「核心素養的深度學習」，
相當具有啟發作用，本章稍後會加以延伸說明。

（三）「外顯行動」是指個體展現負責任之核心素養行動

　　「外顯行動」（Explicit Action，簡稱E）是指個體的行動是指個體展
現「誠於中」並「形於外」的負責任之核心素養「外顯行動」，展現達成
核心素養「學習目標」之「學習表現」具體行動。「外顯行動」是依據核
心素養「三多元一高一長」的理念特質，以及人類學、哲學、社會學及心
理學的理據教學原理。核心素養能促成展現「誠於中」並「形於外」的
負責任之外顯行動（Giddens, 1984），這是指外顯（explicit）明顯可見
（visible）「形於外」的任務行動，而且個體所展現的言行舉止等外顯行
動，都是個體內部心智運作機制之認知、技能及情意等行動的先決條件之
投射展現，亦即所謂「表裡一致」的「誠於中，而形於外」。核心素養
與一般行動的差別在於，其展現的行動可以使個體的知識、能力、態度
轉化展現成為具體的外顯行動，並能有效地解決問題或達成任務（Haste,
2001）。

　　這說明核心素養是同時具有「內隱的」與「外顯的」理論構念，就
如同是一座「冰山」，同時包括「外顯的」特質和「內隱的」特質之總合
（Spencer & Spencer, 1993）。核心素養包括一般人所容易觀察到的「外
顯的」特質，包括普通人不易觀察到的一切潛在「內隱的」特質；「外顯
的」可見的行動展現，是可觀察的、清楚且容易理解的、與社會生活相關

的、可以具體陳述的。這種核心素養的學習模式，強調「誠於中」並「形於外」的行動層面之實際表現的素養，強調問題解決能力、批判思考能力、通用領域與特定領域之知識、務實而積極的自信心、社會人際互動等行動，而且也展現出個體的能動性與責任。因此，負責任的行動主體會根據他們個人的與社會的目標以及整體生活經驗，去反省檢討並評鑑其生活層面的行動，並假定其對事物、行動、事件、經驗的意義與重要價值有一個整體的理解。核心素養同時涉及到個體對生活情境的事件、客體及問題的界定，以及當時的行動情境，必須對於個體如何在特定的情境中與對象互動，以及何以如此做出說明，才能了解日常生活及其社會問題。個體的行動，必須透過特定的條件才能實現，行動必須依循其所置身的特定情況而定，這些特定的情境正是完成行動所需要的必要條件。因此，若要了解核心素養的行動，必須要了解行動者如何建構出行動的進行過程，而且在此過程中，必須考慮到行動實際運作之際所身處的內在心理條件，以及所置身的外部社會情境。

　　核心素養是個體與生活情境進行互動過程當中，展現的行動實踐智慧，其中涉及到個體能結合內部情境的認知、技能與情意等複雜心智之行動先決條件，進而統合個體的知識、能力與態度，扮演反思的實踐者（Schon, 1987），透過行動反思與學習，促成個體展現「誠於中」並「形於外」的負責任之行動。特別是，當個體處理模糊不清與矛盾衝突的立場與行動時，必須慎思熟慮考慮到多面向的各種衝突矛盾不相容的理念邏輯與立場，以及其多面向背後的相互關聯與彼此關係，並採取明智的行動（胡志偉、郭建志、程景琳、陳修元，2008；高湧泉、陳竹亭、翁秉仁、黃榮棋、王道還，2008；彭小妍、王璦玲、戴景賢，2008；顧忠華、吳密察、黃東益，2008），達成本書第三章「核心素養的OSCP教案設計模式」之「學習目標」及「學習表現」，呼應「核心素養的SIE學習模式」之整體互動體系。

　　「核心素養的SIE學習模式」與個體所處的生活情境有著密切的關係，個體一方面可以透過學習獲得核心素養，以因應生活情境的需要，不過個體原先所具備的素養，以及個體面對新情境所需要的核心素養之間，

可能存在著差異；另一方面，個體必須透過調適，將原先所具備能因應舊情境之核心素養加以調整轉化，來因應新情境的需要。此種因應新情境所需的核心素養之調適是相當重要的，這種調適的論點也呼應了心理學者皮亞傑（Jean Piaget）主張個體所具有的核心素養與新情境之間的動態辯證歷程。在調適的過程當中，個體可以分析新情境的需要，將其原有的知識、能力、態度等加以主動反省地運用，再加以調整轉化，以因應新環境脈絡之所需，並應用到各種不同場域的生活情境（Haste, 2001）。此種有關核心素養展現負責任之行動表現，涉及透過「類化」過去既有經驗的遷移，以及「調適」以因應新環境脈絡情境需要的理論，對「核心素養的學習」，相當具有啓發作用，如能透過「學習重點」發展學習活動並統整「學習內容」與「學習表現」，兼重學習歷程方法與學習結果，強化練習實踐力行表現，將能有助促成學習經驗的類化遷移，展現負責任的核心素養行動以因應社會情境的需要，本文稍後會在「核心素養的學習原理」加以進一步說明。

　　綜上所述，「核心素養的SIE學習模式」，統合了個體的知識、認知技能、特定內容的策略、動機傾向、個人價值取向、社會行動等，而成為一種複雜的智慧行動體系。核心素養是個體與情境進行合理而有效溝通、互動所需具備的行動先決條件。其中，情境意指人、事（包含社會文化道德、組織制度）、物（包含自然環境與科技工具）等人與己、人與人、人與物之各種社會場域的生活情境；合理則蘊含了態度情意的道德價值判斷；有效則意味著素養的水準是可以有程度性的差異；條件則包含了認知、技能及情意三方面行動的先決條件（Haste, 2001）。「核心素養的SIE學習模式」，乃是建立在前述SIE三種構成要素的部分之總合整體。特別是核心素養是個體在生活情境任務要求下，展現行動所需的知識、能力、態度之整體因應互動體系，而不只是單一的情境，也不是單一的知識、能力或態度，更不是單一的行動；而且各種社會場域情境的複雜任務要求，個體內部情情境的心智及其運作機制之認知、技能、情意等行動先決條件、個體的行動等等，都不是獨立於個體所處環境脈絡情境之外，而是與個體所處的外部環境脈絡之各種社會場域情境是密切相關互動的，這些

都是「核心素養的SIE學習模式」之組成要素，這對「核心素養的學習原理」具有相當重要的啓發價值，以下加以闡述。

三、核心素養的學習原理

「核心素養的SIE學習模式」，可以引申出以下三個核心素養的學習原理，（一）可透過「學習情境」以激發學生「學習動機」導向「學習目標」；（二）可透過「學習目標」統整知識、能力、態度呼應核心素養；（三）可透過「學習重點」發展學習活動並統整「學習內容」與「學習表現」，強化練習實踐力行表現，促成學習經驗的類化遷移，展現負責任的核心素養行動表現，以因應社會情境的需要。茲說明如次：

(一)可透過「學習情境」以激發學生「學習動機」導向「學習目標」

前述「核心素養的SIE學習模式」相關的「湯瑪斯定理」（Thomas theorem）、「自行應驗的預言」（self-fulfilling prophecy）等社會學理論的「社會情境」牽涉到個體置身所在環境的人、事、物所構成的生活問題與工作挑戰任務（顧忠華、吳密察、黃東益，2008；Giddens, 1984），特別強調「情境」對於學習的重要性（Lave & Wenger, 1990），這對「核心素養的學習原理」具有啓發作用，尤其是「學習情境」影響教學策略的有效性，是以學校教育人員如能設計優質學習情境，經營良好班級學習氣氛的「情境」，將能引發學生積極學習動機，而且「學習情境」攸關著「誰正在學習？」以及「情境的什麼人事物與核心素養學習相關？」（Paniagua & Istance, 2018）。如果學校教育工作人員能布置適當的「學習情境」，強調在參與動態發展的情境中進行學習（Lave & Wenger, 1990），將能引發學生「學習動機」，有助於「學習目標」的達成，這是合乎核心素養的理論基礎及教學原理，而且呼應了「情境學習論」，強調透過相關學習活動設計，可以引起學生的學習興趣並促進學生的「學習動機」，協助學生獲得認知、技能、情意價值面向上的幸福感，並可讓傳

統單調乏味的課堂學習，翻轉變得活潑有趣而能有利於「學習目標」的達成，本章稍後在「情境學習」再進一步闡述。

　　此處值得一提的是，「核心素養的學習」需要透過學校教育情境規劃（蔡清田，2018），透過與學生個體當前活動產生關聯或交互作用的「社會情境」分析設計（Paniagua & Istance, 2018），引導學生透過「情境」學習現代社會生活與後現代未來「社會情境」所需要的核心素養（蔡清田、陳伯璋、陳延興、林永豐、盧美貴、李文富、方德隆、陳聖謨、楊俊鴻、高新建、李懿芳、范信賢，2013）。「情境」是學習核心素養的重要脈絡媒介，核心素養必須在人與「情境」脈絡交互作用中培養，核心素養的學習必須發生在有意義的「情境」脈絡之下，透過「情境」學習，才能確保學習者的主動參與，以及獲得適應現在生活的機會（吳璧純、鄭淑慧、陳春秀，2017）。因此，可透過「學習情境」的分析與設計，布置學習情境脈絡，引發「學習動機」並選擇組織學習經驗導向「學習目標」，特別是安排機會透過學生已經學過的舊經驗連結實際的情境脈絡，布置情境讓學生將舊經驗應用到真實情境之中，強調學生參與情境而進行真實學習，並讓學生體會學以致用，以解決真實社會生活世界中的問題（Suchman, 1987）。「情境學習」強調個體要學習到有意義的知識，這種知識必須來自學習者所處的情境當中，特別是可在真實情境進行「真實情境學習」，就有如同將由看影片學騎（開）車，進而改為真實情境學騎（開）車的「真實情境學習」，可引發「學習動機」並強調學習者在真實情境中主動投入探索，並與環境中的人、事、物互動進行有意義的情境行動（Lave & Wenger, 1990），導向「學習目標」。

　　是以核心素養的學習，強調在經過教學設計的情境學習，並引導學生知道學習什麼、如何學習、為何學習的後設學習，因學習經驗、教學指導而不斷地發展，增進學習者與生活情境的互動（Cattaneo & Chapman, 2010），進而形成交互作用的動態互動的論點，呼應了「情境學習」強調情境對於學習的重要性（蔡清田，2011），強調透過參與式與體驗式的學習活動（楊俊鴻，2018），以強化核心素養的學習（Cheng, 2017）。特別是透過情境化與脈絡化的設計，強調情境化、脈絡化的學習，將核心素

養的學習賦予意義，協助學生了解核心素養的學習，學生能主動地與周遭人、事、物及環境的互動中觀察現象，尋求關係，解決問題，並關注在如何將所學內容轉化爲實踐性的知識，可以應用落實於生活中，有助於解決生活情境中的問題（洪詠善、范信賢，2015）。

（二）可透過「學習目標」統整知識、能力、態度以呼應核心素養

前述「核心素養的SIE學習模式」的涉及個體置身所處的「社會情境」以及個體內部心智其運作機制，此種涉及認知、技能及情意價值動機等「高深複雜」的心智運作機制（胡志偉、郭建志、程景琳、陳修元，2008；Suchman, 1987；Brown, Collins, & Duguid, 1989；Weinert, 2001），具有啓發作用，特別是「核心素養」的「學習目標」宜包含知識、能力、態度等面向的統整，可導正過去重知識、重能力、忽略態度之教育偏失，這是建立在前述「核心素養的SIE學習模式」的理論基礎，可整合知識、能力與態度，並具體轉化爲學習目標，這也呼應本書第三章所提到「強調知識、能力與態度的統整」的第一個核心素養教學設計原則，強調學習是完整的（Paniagua & Istance, 2018），因此，核心素養的學習能協助個體發展成爲一個健全的人，也能因應生活情境需求，統整知識、能力與態度等面向的學習並運用在生活情境。核心素養的學習能促成個體能「誠於中」並「形於外」的負責任行動，目的是引導人發展其進化的主體能動性，經此過程可將培養成具有知識、能力和態度的人（Glatthorn & Jailall, 2009），可導正過去重知識、重能力、忽略態度之偏失（洪詠善、范信賢，2015）。

「十二年國民基本教育」課程綱要核心素養的「學習目標」，應參考新課程綱要核心素養的三層目標體系來源，「第一個層次」目標來源是依據《十二年國民基本教育課程綱要總綱》的核心素養與教育階段核心素養，「第二個層次」目標來源是特定領域／科目課程綱要的「領域／科目核心素養」；「第三個層次」目標來源是依據《十二年國民基本教育課程綱要》的「核心素養」，將教師期待達成的「教學目標」具體轉化爲特定

年級學生應能學會的「學習目標」，並選擇呼應「領域／科目核心素養」及其相對應的「學習重點」，發展「學習內容」的學習活動，再引導學生展現適當的「學習表現」，以了解核心素養「學習目標」的達成程度（蔡清田，2019）。

是以，教師不宜任意撰寫「學習目標」，最好依據《十二年國民基本教育課程綱要》的「核心素養」，具體撰寫特定年級學生應能學會的「學習目標」，例如參考「第一個層次」《十二年國民基本教育課程綱要總綱》的「B1符號運用與溝通表達」及「國小教育階段核心素養」的「E-B1具備『聽、說、讀、寫、作』的基本語文素養，並具有生活所需的基礎數理、肢體及藝術等符號知能，能以同理心應用在生活與人際溝通」，再參考「第二個層次」《語文領域課程綱要》國小國語文領域／科目核心素養的「國-E-B1理解與運用本國語言、文字、肢體等各種訊息，在日常生活中學習體察他人的感受，並給予適當的回應，以達成溝通及互動的目標」，並再撰寫具體轉化成為「第三個層次」國語文領域／科目核心素養的國小6年級B1第一條學習目標「國-E6-B1-1.能配合語言情境，欣賞不同語言情境中詞句與語態在溝通和表達上的效果」；此一「學習目標」的編碼方式，就是將國小國語文領域／科目核心素養「國-E-B1」的第二碼教育階段補加上年級6編碼，並加上第四碼為流水號（1）成為「國-E6-B1-1」，成為能具體呼應核心素養的「學習目標」，以便進行核心素養「學習目標」導向的教學。

（三）可透過「學習重點」發展學習活動並統整「學習內容」與「學習表現」，強化練習實踐力行表現，促成學習經驗的類化遷移，展現負責任的核心素養行動，以因應社會情境的需要

前述「核心素養的SIE學習模式」，有關核心素養涉及個體展現「誠於中」並「形於外」的負責任之外顯行動（Giddens, 1984; Haste, 2001; Spencer & Spencer, 1993; Schon, 1987），這對「核心素養的學習原理」具有啟發作用，可透過能呼應核心素養的「學習重點」發展學習活動，並統

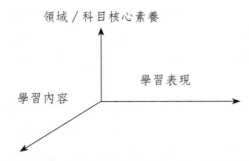

圖4-2　能呼應核心素養的「學習表現」與「學習內容」

整「學習表現」與「學習內容」如圖4-2能呼應核心素養的「學習表現」與「學習內容」所示，可以呼應核心素養的學習理念特質，而且可以兼重學習歷程方法與學習結果，強化練習實踐力行表現，將能有助促成學習經驗的類化遷移，展現負責任的核心素養行動表現。

　　是以需要依據能呼應核心素養的「學習目標」，選擇組織能對應的「學習重點」之「學習內容」，進行學習以引導學生展現「學習表現」，一方面，將教科書提供教學材料的相關學科知識內容組織整合成為學科知識結構體系，以呼應領域／科目課程綱要的「學習內容」；另一方面，並將能呼應「學習內容」的「教材內容」與生活情境統整，轉化成為活潑生動而能觸動激勵學生學習的課堂「教學內容」，進而引導學生展現出「學習表現」。特別是，就能呼應核心素養的「學習重點」而言，「學習重點」由「學習表現」與「學習內容」兩個向度所組成，可作為課程設計、教材發展、教科書審查及學習評量之參考，並可配合教學加以實踐以引導學生達成能呼應核心素養的「學習目標」（蔡清田、陳伯璋、陳延興、林永豐、盧美貴、李文富、方德隆、陳聖謨、楊俊鴻、高新建、李懿芳、范信賢，2013）。

　　各領域／科目設計了能呼應核心素養的「領域／科目學習重點」（簡稱「學習重點」）包含「學習表現」與「學習內容」（詳如本章的表4-4「呼應健體-E-A1領綱核心素養的學習目標與學習重點示例」，以及表4-5「領域／科目核心素養與學習重點雙向細目表呼應」所示），可以在能呼

應核心素養的「學習目標」引導下，同時強調學習歷程方法及「學習表現」，讓學生能透過主動探索、體驗、試驗、尋求答案，在與周遭人、事、物及環境的互動中尋求關係，並將所學內容轉化爲「學習表現」之實踐（蔡清田、陳伯璋、陳延興、林永豐、盧美貴、李文富、方德隆、陳聖謨、楊俊鴻、高新建、李懿芳、范信賢，2013）。一方面，這呼應了近年來學校教育已由教師爲主講授教科書的單向學習，翻轉成爲以學生爲主；另一方面，由注重教導學生教學內容，翻轉成爲也注重學生「學習表現」的學習歷程及方法（洪詠善、范信賢，2015），並強調轉化實踐行動的知能，活用實踐「學習表現」進行學習評量，以了解核心素養「學習目標」的達成程度。

　　此處值得注意的是，「情境學習」是指透過貼近學生既有經驗且符合其當下興趣的特定情境的「眞實學習」，連結學生所處日常生活與學校課程學習之間的溝通橋梁，而能協助學生透過學習整合知識、能力、態度，並透過「誠於中」並「形於外」的「學習表現」實踐核心素養。這呼應了前述「核心素養的SIE學習模式」，強調透過學習情境設計，學生可運用過去的學習經驗以支持新的學習（Pellegrino, 2017），並能有效地回應新情境的任務要求以學習獲得成功生活（Rychen & Salganik, 2003），在這個如同從已知世界到未知世界之旅程中，學生與新世界相遇，與新的他人相遇；在這個旅程中，學生也與新世界對話，與新的他人對話，與新的自身對話（鍾啓泉譯，2010；歐用生，2019；蔡清田，2019），包括和自我對話的「自主行動」、認知世界事物的「溝通互動」、與他人對話的「社會參與」，合乎「自發」、「互動」與「共生」的人類圖像特質，彰顯了「自己」、「人與他者」及「生活世界」等人類倫理系統圖像（馮朝霖、范信賢、白亦方，2011），這和「自主行動」、「溝通互動」、「社會參與」等「核心素養」的「深度學習」有著密切關係，以下加以闡述說明。

四、核心素養的深度學習意涵

　　「核心素養的SIE學習模式」之「核心素養的學習原理」具有「深度

學習」（deep learning）的意涵（林珮璇、李俊湖，2019），而且具有許多「深度學習策略」的啓發價值。「深度學習」一詞最早出現於二十世紀70年代，由瑞典哥德堡大學研究者F. Marton與R. Saljo（1976）基於學習本質的層級理論提出此一理論概念，近年來「深度學習」的意義，是指學生在教師的教學指導之下，透過參與教室課堂學習活動，明確學生對知識的緘默點、將班級課堂作爲學生學習的過渡點、讓班級課堂成爲思維傳遞的交互點、把班級教學內容作爲學生的感知體驗點、使班級課堂變爲學習生活實際的著力點，可以深化核心素養的學習（張鵬、郭恩澤，2017）。

　　「核心素養」的深度學習意涵，可以透過「學習重點」的設計，學生在「學習表現」的認知、技能與情意等層面，就如同「深呼吸」一樣，可從低層次到高層次、從具體到抽象循序延伸擴展「加深加廣」的「深度學習」（蔡清田，2019）。這是基於理解的學習，以「高深複雜」思維發展和解決問題爲目標，將已知知識遷移到新的情境（Fullan, Quinn, & McEachen, 2018），例如：協助學生在認知歷程面向能由記憶、理解、應用、分析、評鑑、創造等層次循序加深加廣的延伸，技能面向由感知、準備狀態、機械化、複雜的外在反應、適應、獨創等層次循序加深加廣的擴展，情意面向由接受、反應、評價、重組、價值或品格的養成等層次循序加深加廣的發展（蔡清田，2018）。

　　值得注意的是，核心素養的學習是十二年國教課程改革的核心，課程改革只有進入到學生學習的區域，才眞正進入了學校教育的深度區域，如果教室內的課堂學習不變，則不僅學校教育不變，而且學生學習也就不會變，可見學生學習是課程改革的深度地帶。特別是十二年國教「核心素養」的「深度學習」牽涉到人因應情境的「高深複雜」反省思考心智運作。「核心素養」之深度學習之「深」，表現在它超越生理學、心理學而達至社會實踐的深度，觸及學生的心靈深處，與人的理性、情感、價值觀密切相連。「核心素養」的「深度學習」之「深」，不僅僅是「淺層學習」的「淺」之對立面，「深度學習」是「深」在人的心靈裡，「深」在人的精神境界上（郭華，2016），教學純有技術，若不能打動人「心」，沒有讓學生「動心」，就可能只是「鸚鵡學舌」有口無心，學生的「心」

如沒放在學習上，或沒有用「心」學習，則學生的知識、能力、態度情感價值就不能活躍，就不可能有「深度學習」。

　　「核心素養的深度學習」牽涉到人因應情境的「高深複雜」反省思考心智運作機制，觸及人類的深層心理與高階靈魂的想像（Haste, 2001），深入人心深處的學習動機渴望，以激發積極主動的自主學習並讓學生成為學習主體（Morin, 1999），特別是，核心素養可透過個人對生活的反省與學習等個人內部情境之心智運作機制，促進個人與環境交互的「自主學習」（autonomous learning）、「情境學習」（situational learning）、「合作學習」（collaborative learning）等「深度學習」。如圖4-3「核心素養的深度學習」所示，包括三方面的深度學習，由「被動學習」翻轉為「自主學習」，由「虛假學習」翻轉為「情境學習」的「真實學習」，由「個別學習」翻轉為「合作學習」；可透過「自主學習」、「情境學習」、「合作學習」的深度學習策略，培養現代社會生活與後現代未來社會生活情境所需要的「核心素養」。這些「核心素養」，需要在「學校教育」的課程規劃及教學設計之下，引導學生透過深度學習策略習得「核心素養」，以利於個體的競爭力以因應社會生活的挑戰，進而促進國家社會的競爭力（蔡清田，2018）。

　　「核心素養導向的學習」係指以學生為學習主體，是以人為中心，以學生為本，以學習為本，能活用所學並實踐於生活情境的一種學習取向。這種「核心素養導向的學習」，有別於以教師教學為主的「傳統導向」與

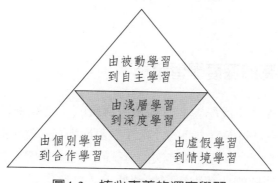

圖4-3　核心素養的深度學習

以學科領域／科目知識學習爲主的「內容導向」，藉由同時強調學習歷程及「學習表現」，並透過兼重思考與行動、理解與應用等高層次認知思考之規劃，讓學生能透過主動探索、體驗、試驗、尋求答案與合作學習，在與周遭人、事、物及環境的互動中尋求關係，並關注如何將所學內容轉化爲實踐（蔡清田、陳伯璋、陳延興、林永豐、盧美貴、李文富、方德隆、陳聖謨、楊俊鴻、高新建、李懿芳、范信賢，2013：10）。特別是「核心素養」的「深度學習」，是「人與生活世界」交織而成的學習歷程與結果（鍾啓泉譯，2010；歐用生，2019；蔡清田，2019），牽涉到「人與自己」的相遇與對話之「自主行動」，也涉及「人與事物」的相遇與對話之「溝通互動」，涉及「人與他人」的相遇與對話之「社會參與」，合乎「自發」、「互動」與「共生」的人類圖像特質（馮朝霖、范信賢、白亦方，2011），彰顯了「自己」、「人與他者」及「生活世界」等人類倫理系統圖像。尤其是核心素養的學習是透過人與自己、他人、生活世界的事物之關聯及參與互動，包括和自己對話的「自主行動」實踐、認知世界事物的「溝通互動」實踐、與他人對話的「社會參與」實踐，強調「自主學習」、「情境學習」、「合作學習」。學習必須變成學生自己的份內任務，引導學生進行「自主學習」、「情境學習」、「合作學習」，可將傳統的消極被動、虛假不實、單一個別的學習，翻轉爲積極主動、眞實情境、團隊合作的學習。因此，本章進一步闡述「核心素養的深度學習策略」，可以透過「自主學習」、「情境學習」、「合作學習」等學習策略，以培養「自主行動」、「溝通互動」與「社會參與」之「核心素養」。

五、核心素養的深度學習策略

　　「核心素養的深度學習」，強調由傳統的「淺層學習」翻轉爲「深度學習」，特別是包括三方面的「深度學習策略」，首先由傳統的「被動學習」翻轉爲「自主學習」，其次由傳統的「虛假學習」翻轉爲「情境學習」，再次由傳統的「個別學習」翻轉爲「合作學習」；一則「自主學

習」是關於人與自己的「自主行動」核心素養之「深度學習策略」，能促進自主行動核心素養的深度學習，重視「人與生活世界」交織而成的學習歷程與學習結果，牽涉到「人與自己」的相遇與對話而能增進自律自主之「自主行動」，以協助個體自主行動反思學習「建構自我」；二則「情境學習」是關於人與萬物的「溝通互動」核心素養之「深度學習策略」，能促進溝通互動核心素養的深度學習，涉及「人與事物」的相遇與對話能增進人與萬物之「溝通互動」，以人事物作爲溝通媒介進行活動學習以「建構世界」；三則「合作學習」是關於人與他人的「社會參與」核心素養之「深度學習策略」，能促進社會參與核心素養的深度學習，更涉及「人與他人」的相遇與對話能增進人與他人之「社會參與」，以所參與的社群爲媒介進行合作學習以「建構同伴」，交織而成的終身學習者之學習歷程與結果（鍾啓泉譯，2010；歐用生，2019；蔡清田，2019），合乎《國民中小學課程綱要系統圖像之研究》所描繪之「自發」、「互動」與「共生」的人類圖像特質，彰顯了「自我」、「人與他者」及「生活世界」等人類倫理系統圖像（馮朝霖、范信賢、白亦方，2011），更合乎《十二年國民基本教育課程綱要》所描繪之「自發」、「互動」與「共好」的基本理念與理想願景，特別是呼應現代社會生活與後現代未來社會生活情境所需要「自主行動」、「溝通互動」、「社會參與」等核心素養，需在「學校教育」的課程規劃與教學設計之下，引導學生透過各種學習策略進行「核心素養」的學習，一方面促進「個體發展」，進而促進「社會發展」，厚植社會競爭力的根基。

　　就「核心素養」的「深度學習策略」而言，「自主行動」、「溝通互動」、「社會參與」等核心素養的學習，是透過人與自己、他人、生活世界的事物之關聯及參與互動等三種對話實踐的「學習」意涵，學習是與新世界的相遇與對話的實踐，包括和自我對話的「自主行動」實踐、認知世界事物的「溝通互動」實踐、與他人對話的「社會參與」實踐，亦即自我內在的實踐、文化的實踐、人與社會的實踐（鍾啓泉譯，2010；歐用生，2019；蔡清田，2019），可應用於各種社會領域及各學科領域／科目之學習。特別是新課程綱要之「核心素養的學習」，強調以學生爲學習主體，

學生能活用所學並實踐於行動中的一種學習取向。這種取向有別於以教師教學為主的「傳統導向」以及以學科知識學習為主的「內容導向」（尹後慶，2017；唐彩斌，2017；張豐，2017；孫雙金，2017），特別重視「自主行動」、「溝通互動」、「社會參與」（蔡清田、陳伯璋、陳延興、林永豐、盧美貴、李文富、方德隆、陳聖謨、楊俊鴻、高新建、李懿芳、范信賢，2013），可透過「自主學習」的深度學習策略增進「自主行動」的核心素養、可透過「情境學習」的深度學習策略增進「溝通互動」的核心素養、可透過「合作學習」的深度學習策略增進「社會參與」的核心素養。

　　更進一步而言，「核心素養」的「自主行動」，可透過「人與自己」的相遇與自我對話，以協助個體自主行動反思學習開發潛能「建構自我」；「核心素養」的「溝通互動」，可透過「人與事物」之相遇與事物對話，以人事物作為溝通媒介進行活動學習以「建構世界」；「核心素養」的「社會參與」，可透過「人與他人」的相遇與他人對話，以所參與的社群為媒介進行合作學習以「建構同伴」。這些「自主行動」、「社會參與」、「溝通互動」等「核心素養」之學習歷程，可以實踐終身學習者的終身學習永續歷程，彰顯「自發」、「互動」與「共生」的人類圖像特質，不只呼應了圖4-3核心素養的深度學習，更呼應了未來社會中能促成「個體發展」與「社會發展」之「自主學習」、「情境學習」、「合作學習」等三類深度學習策略。是以本章「核心素養」的學習論，進一步指出圖4-4核心素養的深度學習策略，闡述了「自主學習」、「情境學習」、「合作學習」等三類深度學習策略，呼應現代社會生活與後現代未來社會生活情境所需要「自主行動」、「溝通互動」、「社會參與」等「核心素養」之學習（蔡清田、陳伯璋、陳延興、林永豐、盧美貴、李文富、方德隆、陳聖謨、楊俊鴻、高新建、李懿芳、范信賢，2013），可作為實施「十二年國民基本教育」課程改革之參考，更可作為核心素養之學習基礎（蔡清田，2018）。

　　「自主學習」是關於人與自己的「自主行動」核心素養之「深度學習策略」，能促進自主行動核心素養的深度學習；「情境學習」是關於人

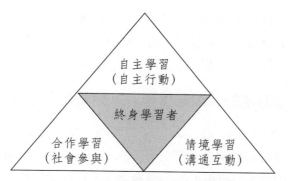

圖4-4 核心素養的深度學習策略

與萬物的「溝通互動」核心素養之「深度學習策略」，能促進溝通互動核心素養的深度學習；「合作學習」是關於人與他人的「社會參與」核心素養之「深度學習策略」，能促進社會參與核心素養的深度學習。《十二年國民基本教育課程綱要》的「核心素養」，牽涉到人因應情境的「高階複雜」深度反省思考心智運作的「深度學習」，重視「人與生活世界」交織而成的學習歷程與學習結果（鍾啓泉譯，2010；歐用生，2019），一則「核心素養」的「自主行動」牽涉到「人與自己」的相遇與對話，可透過「自主學習」之「深度學習策略」增進自律自主之「自主行動」，以協助個體自主行動反思學習開發潛能「建構自我」；二則「核心素養」的「溝通互動」也涉及「人與事物」的相遇與對話，可透過「情境學習」之「深度學習策略」增進人與萬物之「溝通互動」，以人事物作為溝通媒介進行活動學習以「建構世界」；三則「核心素養」的「社會參與」更涉及「人與他人」的相遇與對話，可透過「合作學習」之「深度學習策略」增進人與他人之「社會參與」，以所參與的社群為媒介進行合作學習以「建構同伴」。這些「自主行動」、「社會參與」、「溝通互動」等「核心素養」之學習歷程與結果（蔡清田，2018），可以彰顯「自發」、「互動」與「共生」的人類圖像特質，合乎《國民中小學課程綱要系統圖像之研究》所描繪之「自發」、「互動」與「共生」的人類圖像特質，彰顯了「自我」、「人與他者」及「生活世界」等人類倫理系統圖像（馮朝霖、范信

賢、白亦方，2011），強調由「被動學習」翻轉爲「自主學習」，強調由「虛假學習」翻轉爲「情境學習」的「眞實學習」，強調由「個別學習」翻轉爲「合作學習」，分述如次：

（一）強調由傳統的「被動學習」，翻轉為「自主學習」

「核心素養」的第一種「深度學習策略」是「自主學習」，強調由傳統的「被動學習」翻轉爲「自主學習」（autonomous learning），這是關於人與自己的「自主行動」核心素養之「深度學習策略」，能促進自主行動核心素養的深度學習。特別是「自主行動」的「核心素養」，呼應《十二年國民基本教育課程綱要》的「自發」之基本理念，「自主學習」可透過後現代社會生活情境所需要的「身心素質與自我精進」、「系統思考與解決問題」、「規劃執行與創新應變」等核心素養內涵加以培養。這些核心素養，係指在學習情境脈絡中，個體能負責自我生活管理以及能進行自主行動選擇，達到提升身心素質與自我精進，能夠選擇適當的學習途徑，進行系統思考與解決問題，並具備創造能力與積極行動力，以進行搜尋檢索、閱讀、解釋、省思，並轉化成生活所需的規劃執行與創新應變的素養，彰顯了「自主學習」的重要性。

「自主學習」的「深度學習」呼應了本書第三章核心素養的教學論所提出核心素養的教學設計強調學習歷程、學習方法及學會學習的策略之原則，重視學習歷程而非記憶背誦標準答案，鼓勵學生積極主動覺察問題並進行探索深究而非消極被動告知學生「學習內容」，因爲「核心素養」的「學習」並不是透過反覆練習，而是透過認知、技能、情意的經驗與體驗而學習獲得核心素養，是從已知的世界出發，探索未知世界的旅程；是超越現有的知識能力，進而學習獲得新的核心素養。「核心素養」的「深度學習策略」，並不是靠學生單打獨鬥便可透過認知、技能、情意等學習生活世界的新事物，而是須透過「自主學習」的探究態度（Attitude）、提問技能（Skill）、統整知識（Knowledge）而學習獲得自主學習的探究提問統整（ASK）素養，更須積極地透過同學互動協同合作，以及教師引導各種論點對話思考激盪以建構理念，方而能伸展（jump）學習獲得所需的知

識、能力、態度，而能提升核心素養。

「自主學習」的深度學習策略，是「積極主動」的學習（active learning），更是「自動自發」、「自律自主」的學習，而且重視「積極的」（proactive）、「互動的」（interactive）及「深度的」的學習（楊俊鴻，2018；Kimura & Tatsuno, 2017），意涵著學生積極主動的學習，是能夠引發學生主動學習動機與學習活動。能在教師引導下，考量學生的興趣和性向，激發學生學習的內在動機與學習樂趣，鼓勵學生適性探索，進行自動自發的「自主學習」，尊重學生多樣學習，開啓學生潛能，學生成為學習的主體，不是被逼或被迫學習，具有學習的主體性，達成適性揚才的人才培育目標。

例如：D. M. Ogle於1986年所提出的KWL學習策略（What-I-Know, What-I-Want-to-Know, & What-I-Learned），是一個協助學生連結先備知識與新的學習經驗的學習策略，在KWL的學習過程中，學生設定自己的學習目的，獨立或透過同儕合作解決問題（Ogle, 1986）。首先，教師協助學生討論學生所已經知道的關於學習主題的背景知識K（What-I-Know?）；而後教師引導學生討論他們想要學習的問題W（What-I-Want-to-Know?）；接著學生針對所提出的問題找尋答案，方式如透過書本查詢、科學實驗與觀察等相關活動；最後，學生嘗試回答之前所提出的問題，分享他們在這個過程中所學得的知識L（What-I-Learned?）。這也呼應了「探究本位的學習」（inquiry-based learning），發展學生具備探究、批判思考與統整的能力，能夠使學生分辨問題的性質、提出解決方案、發現支持或反對的證據、發展以證據為基礎的學習方案（Paniagua & Istance, 2018）。特別是「適性教學」的關注焦點應該指向學生學習，尤其是學生自動自發的「自主學習」的深度學習策略，應是適性教學的關鍵。

「自主行動」的「核心素養」，呼應「自發」之基本理念，尤其學生是學習的主體，教師則是協助學生學習的引導者，從「教師教學」主導，透過「先教導後學習」、「邊教導邊學習」、「先學習後教導」，循序漸進「升級」轉變成為以「學生學習」為主，並轉向引導學生「學習如何學習」且「轉型」由「要我學習」到「我要學習」，提高學生喜歡學習的動

機意願與樂趣，以培養學生「自主學習」與自我管理學習，習得終身學習者的「自主行動」、「溝通互動」、「社會參與」等核心素養。

1. 核心素養的「自主學習」重視認知、技能、情意的學習

核心素養的「自主學習」重視認知、技能、情意的學習，核心素養的自主學習呼應了「核心素養的SIE學習模式」之學習原理，核心素養是個體成功地因應外部生活環境脈絡情境之下的各種社會場域複雜任務之要求（Canto-Sperber & Dupuy, 2001），激發主體能動者個體內部情境之社會心智運作機制的認知、技能與情意等行動的先決條件，展現主體能動者所需行動的知識、能力、態度之整體因應互動體系。換言之，核心素養是行動主體能動者與外部生活情境進行互動過程當中，具有主體能動性的行動實踐智慧（Giddens, 1984），涉及到主體能動者的行動實踐智慧之知識、能力與態度等面向（蔡清田，2011），結合個體內部情境的認知、技能與情意等複雜心智行動之先決條件（Weinert, 2001），進而統整個體的知識、能力與態度，扮演反思的實踐者（Schon, 1987），透過行動反思與學習，促成個體展現主體能動者的負責任之行動（Perrenoud, 2001）。

2. 核心素養的「自主學習」重視學習內容與學習結果，也重視學習的歷程與方法

核心素養的「自主學習」重視「學習內容」與學習結果，也重視學習的歷程與方法，尤其是核心素養的培養，強調從重視教師如何「教」，轉型到強調學生如何「學」，學生是學習的主體，教師則是協助學生學習的引導者，從「教師教學」主導，轉變成為以「學生學習」為主體，轉向引導學生「學習如何學習」而且增加學生自主學習與自我管理學習，重視核心素養的「學習內容」與學習結果，也重視學習歷程以及學習如何學習的方法，引導學生喜愛學習，進而進行終身學習，能對未來發展具有想像力，並具有「身心素質與自我精進」、「系統思考與解決問題」、「規劃執行與創新應變」的核心素養，以因應變化多端的未來。

核心素養強調學生的「自主學習」，以思考探索和培養興趣及開展潛能，學習必須有內爍動機而不只是非外爍動機，學習應該是要能自動自發的「自主學習」，可提供學生自主學習規劃的專題、實作或探索等課程，

協助學生找到自己的專長與特色，進而開發自己的潛能與天分，並輔以生涯發展，讓學生了解並發展自己的興趣與性向；而核心素養的學習，則以學生為學習的主體，重視「自主學習」與「適性學習」以培養學生的自主行動力，因此宜依據學生的興趣、身心成熟準備度、多元智慧、性向、文化、性別和學習型態等差異，設計及調整課程內容，訂定領域內科目的修習年級、規劃合適的必修及選修的適性學習進路，考慮升學與就業之間的關聯等，強調學生主體性之學習型態，激發學生對周遭環境好奇並進行探索與遊戲，主動與環境互動及解讀訊息，能參與周遭人、事、物互動，觀察現象，尋求關係，解決問題以強化學生「自主學習」的學習成效（蔡清田、洪若烈、陳延興、盧美貴、陳聖謨、方德隆、林永豐、李懿芳，2012）。為激發學生學習動機，增進「自主學習」，教師應明確教導學生學習如何學習，包括使用動機策略、共通的學習策略、領域／科目／群科特定的學習策略、思考策略，以及後設認知策略等，引導學生進行「自主學習」。

　　吳璧純、鄭淑慧與陳春秀（2017）指出，在「核心素養」的教學中，學生是自主行動的學習者，而教師是學生學習的引導者與協助者；可透過課堂教學脈絡化的學習情境、協助學生使用方法與策略、引導學生採取行動和進行反思，學習「核心素養」。特別是「有效教學」的關注焦點應該翻轉指向學生學習，尤其是學生自動自發的「自主學習」。「核心素養」的「自主學習」，不是放任的學習，而是指現代社會生活與後現代未來社會生活情境所需要的「身心素質與自我精進」、「系統思考與解決問題」、「規劃執行與創新應變」等範疇內涵，這些「自主行動」的「核心素養」的深度學習策略，特別是透過學習如何規劃、學習如何學習，係指在社會情境脈絡中，個體能察覺自我，負責自我生活管理以及能進行自主行動建立自信，達到提升「身心素質與自我精進」。個人為學習的主體，能夠選擇適當的學習途徑，進行系統思考與解決問題，並具備創造能力與積極行動力，彰顯了「自主學習」的深度學習策略的重要性。為激發學生學習動機，增進「自主學習」的深度學習策略，教師應明確教導學生學習如何學習，包括使用動機策略、共通的學習策略、領域／科目／群科

特定的學習策略、思考策略，以及後設認知策略等，引導學生進行「自主學習」的深度學習策略，重視核心素養的培養，強調從重視教師如何「教」，轉型到強調學生如何「學」，學生是學習的主體，教師則是協助學生學習的引導者，從「教師教學」主導，轉變成為以「學生學習」為主，轉向引導學生「學習如何學習」而且增加學生自主學習與自我管理學習，引導學生認識自我與社會大我，在瞬息萬變的情境中進行學習，對未來發展具有想像力，並具有「身心素質與自我精進」、「系統思考與解決問題」、「規劃執行與創新應變」的核心素養，以因應變化多端的未來社會生活情境。這也牽涉到核心素養的「情境學習」與「真實學習」的深度學習策略，茲進一步說明如下。

（二）強調由傳統的「虛假學習」，翻轉為「情境學習」的「真實學習」

「核心素養」的第二種「深度學習策略」是「情境學習」，強調由傳統的「虛假學習」翻轉為「情境學習」的「真實學習」，這是關於人與萬物的「溝通互動」核心素養之深度學習策略，能促進溝通互動核心素養的深度學習。特別是「溝通互動」的「核心素養」，呼應《十二年國民基本教育課程綱要》新課綱的「互動」之基本理念，強調廣泛地運用工具，有效地與人及環境互動。這些工具包括物質工具和社會文化工具，前者如人造物、科技與資訊，後者如語言、文字及數學符號。工具不只是被動的媒介，同時也是人我與環境之間積極互動的管道，這些「核心素養」之「學習」，彰顯了「情境學習」的重要性，可透過「情境學習」學習社會生活所需要的「符號運用與溝通表達」、「科技資訊與媒體素養」、「藝術涵養與美感素養」等核心素養內涵，這些「溝通互動」的核心素養學習，重視「情境脈絡」影響教與學策略的適當性與有效性（Paniagua & Istance, 2018），強調學生參與情境而進行真實學習，並讓學生體會學以致用，以解決真實世界中的問題，讓「學習目標」產生生活情境意義，並且呼應本書第三章所提到「強調情境化、脈絡化的學習」的第二個核心素養教學設計原則。

　　因為「情境脈絡」會影響教學策略的適當性與有效性，因此，核心素養的教學設計，強調情境化、脈絡化的學習，不只是虛擬情境而是要從真實情境當中思考教學問題，連結真實的情境脈絡，讓學生對學習產生真實情境的學習意義理解（understanding），特別強調在經過設計的真實情境中，就如同要身歷其境在水中學習游泳，不能只是在陸地上學游泳，而要在真實實地情境的「實境學習」，因此，學校教育工作人員可透過「學習情境」布置導向「學習目標」的學習情境脈絡，以引發「學習動機」並選擇組織學習經驗導向「學習目標」，否則就只是「膚淺學習」或「淺層學習」，而不是「真正學習」也不是「真實學習」（authentic learning）（Lave & Wenger, 1990），如同歐用生（2019）在「課程語錄50」一針見地指出許多學習都像沒有「蛋」的蛋餅，沒有「蚵」的蚵仔煎，不是貨真價實的「真實學習」（蔡清田，2019）。

　　是以，《十二年國民基本教育課程綱要》課程改革重視「核心素養的情境學習」，強調由傳統的「虛假學習」，翻轉為「情境學習」的「真實學習」，不僅強調以學生作為學習的主體以及師生互動參與，同時重視知識、能力與態度的「領域／科目核心素養」，透過「學習重點」的課程設計，統整學科知識的「學習內容」與核心能力的「學習表現」，兼顧能力導向學習與知識導向學習，並且配合學生認知結構發展，因應學生由國小到國中、高中的認知、技能、情意之階段發展過程；而且延續「跨領域／科目」課程統整的特色，教師教學應調整過去偏重學科知識的教學型態，活化教學現場與學習評量，除了引導學生學習學科知識之外，也要強調轉化實踐行動的知能，培養學生因應未來生活所需的「跨學科領域」的核心素養。

　　因此，就「核心素養的深度學習策略」而言，強調由傳統應試教育的「淺層學習」或「虛假學習」，翻轉為「情境學習」的「真實學習」，特別是在實地情境進行「實境學習」及「真實學習」，就有如同將由看影片學騎（開）車，進而改為實地情境學騎（開）車的「實境學習」，聚焦真實情境的問題解決；「情境學習」強調學習者在真實情境中主動投入探索，並與環境中的人、事、物互動進行有意義的情境行動，從中獲得社會

性與眞實性的知識，因此，「情境學習」的「眞實學習」，是社會活動的發展過程，而認知活動受到所活動的社會情境影響，知識的意義也受到於社會活動的規範（Suchman, 1987）；「情境學習」的「眞實學習」，強調個體要學習到有意義的知識，這種知識必須來自學習者所處的情境當中，而不是無關的情境而來（Brown, Collins, & Duguid, 1989）。是以「核心素養的深度學習策略」，強調在經過設計的眞實情境中學習統整知識、能力、態度，並引導學生後設學習，知道學習什麼、如何學習、爲何學習（蔡清田，2016），核心素養會因學習經驗、教學指導而不斷地發展，並且重視學習的情境，以增進學習者與生活情境的互動（Cattaneo & Chapman, 2010），進而形成交互作用的、動態互動的論點（蔡清田，2011），如果學校教育工作人員能布置適當的學習情境，強調在參與動態發展的「情境」中進行學習（Lave & Wenger, 1990），將能引發學生學習動機，有助於「學習目標」的達成，這是合乎前述核心素養之理論基礎及教學原理與教學設計原則，以及「核心素養的SIE學習模式」之學習原理，而且呼應了強調教學情境營造的重要性（Paniagua & Istance, 2018），更呼應了「情境學習」的重要性，強調透過參與式與體驗式的學習活動（楊俊鴻，2018；Kang & Lee, 2016），以強化學生核心素養的發展（Cheng, 2017）。

「核心素養的深度學習策略」，強調眞實生活的「情境學習」與「眞實學習」的深度學習策略，情境學習是指透過與學生個體當前活動產生關聯或交互作用的情境，情境即是個體所處的現實生活本身，可以指向某一特定領域科目或跨越不同領域科目，也可以跨越不同社會生活情境的學習。情境學習是指透過貼近學生既有經驗且符合其當下興趣的特定眞實情境，連結學生所處日常生活與學校課程學習之間的溝通橋梁，而能協助學生透過學習整合知識、能力、態度價值（Collins, Brown, & Newman, 1989），並加以實踐而習得核心素養。「情境學習」的深度學習策略是以學習爲中心、以學習者爲主體，學習不再被定位爲靜態知識之獲得，而是將學習置於動態參與的特定情境當中（陳國泰，2008），是指在眞實的情境中，學習者與所處情境不斷互動，且主動去探究，並且知道如何詮

釋與運用所學，亦即在情境中的「真實學習」，是學生根據所面臨的情境需要、問題、機會、自主特質、個人興趣等所選擇的實際學習（蔡清田，2016）。「情境學習」而言，學習的目的在於使個人有能力處理未來生活中面臨的複雜工作，因此，應在真實情境中進行學習，可透過步驟解說與示範、多方練習與回饋，讓學生熟練學習策略的使用，進而養成習慣，並能主動應用於新的學習情境。「真實學習」的深度學習策略不是標準制式化的形式學習，「真實學習」的深度學習策略是主動建構深層知能與情意，以便能在面對真實情境脈絡中進行解決所遭遇的問題而展現「學習表現」。而標準制式化的形式學習，則可能只是為了達成獲得良好的考試成績之目的，獲得應試的零星破碎記憶之表面淺層知識。

　　核心素養的「情境學習」的深度學習策略，需要從真實生活情境論點，採「問題本位的學習」（problem-based learning）或「專題本位的學習」（project-based learning）等「真實學習」的方式進行，即創發一個能引發學生討論或有興趣的「問題」（problem）或「專題」（project）的「真實任務」來導引學生進行學習，特別是針對生活情境當中真實「問題」或「專題」的探究過程，規劃和實施以解決「問題」或完成「專題」任務之學習過程，例如圖4-5「班級火鍋聚會設計大要」所示：小學高年級以火鍋聚會來取代營養午餐，在午餐費不改變的狀況下，擬定可行的預算表，進行比價、選擇與經費核銷，學生學會了國小社會領域高年級理財教育中的「記帳、消費的價值判斷和選擇」（白亦方、劉修豪、黃炳煌，2011），並也呼應「規劃執行與創新應變」、「符號運用與溝通表達」、「人際關係與團隊合作」等核心素養。

　　如以數學領域教學為例，除了要能在數學課解題之外，還應能以數學的觀念解決真實世界及日常生活情境的問題（洪詠善、范信賢，2015），強調注入真實世界需要解決的問題，給學生討論、執行和實踐，透過「情境學習」讓學習與生活連結（Pike & Selby, 1988），培養學生自主行動和社會參與的核心素養，並真正的將學習與真實世界連結。因此，就解決問題的核心素養而言，學生不僅要學習，不僅要學習解題，不僅要學習解答考卷上的選擇題、是非題、配合題、應用題，更要學習解決人生當前與未

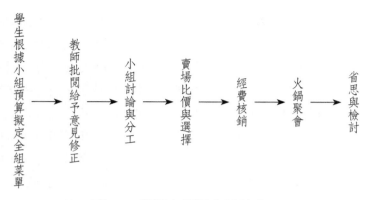

圖4-5 班級火鍋聚會設計大要

來生活的「情境題」；這也呼應哈伯瑪斯（J. Habermas）提出「情境理性」的理念，主張人類理性植基於具體的生活情境，並隨著情境的變化而改變，每一種情境都是人類在某一特定的時空所發生的生活體驗，是以將學習置於真實生活情境當中的「情境學習」，如在游泳池學游泳而非只在陸上學游泳，重視學習者與所處情境不斷互動的「真實學習」，是指學生能主動地與周遭人、事、物及生活情境的互動中學習觀察現象，解決問題，關注在如何將所學內容轉化為實踐性的知識，並落實於社會生活中，促進個人在生活情境中更有效地進行社會參與，並且增進個人成功的生活及健全社會發展的「核心素養」。在此學習過程中，學生既能善用學科知識又能超越學科知識，不僅能理解不同學科領域／科目的獨特價值及學科領域／科目間的相互連結，且能夠綜合運用所需的學科領域／科目或多學科領域／科目或跨學科領域／科目或超學科領域／科目的知識技能和態度情意價值，能在生活情境中進行「情境學習」與「真實學習」，並能轉「知識」為「智慧」，解決當前與未來社會生活「問題」或「專題」的任務挑戰，而非迷失於瑣碎的「淺層學習」或「虛假學習」之中。

　　「核心素養的深度學習」，透過「情境學習」，特別是在實地情境進行「實境學習」及「真實學習」的「深度學習策略」，不僅強調以學生作為學習的主體及師生互動參與，同時重視統整知識、能力與態度，透過「學習重點」的課程設計統整了系統性的學科知識「學習內容」與核心能

力的「學習表現」，兼顧能力導向與知識導向學習，並配合學生認知結構發展，因應學生由國小到國中、高中的認知、技能、情意之教育階段發展過程，循序漸進加深加廣引導學生學習「核心素養」（洪詠善、范信賢，2015）。

1. 核心素養的「情境學習」重視「真實學習」

「核心素養」的「情境學習」重視「真實學習」，並培養學生能將所學的核心素養應用在生活情境中，因此核心素養能協助個體發展成為一個健全的人，也能因應生活情境需求。核心素養能促進個人在多元的情境或社會中更有效能的參與，並且增進個人成功的生活及健全社會發展。「核心素養」的情境學習，可以引導學生主動地與周遭人、事、物及環境的互動中觀察現象、尋求關係及解決問題，並落實於「真實學習」之中。教師在實施「真實學習」的深度學習策略時，強調學生承擔「真實學習」責任，可以參考下表4-2「真實學習」的學生責任（Glatthorn, Bragaw, Dawkins, & Parker, 1998, 76）：

表4-2　「真實學習」的學生責任

※經由學習經驗：
・學生協助促成環境使其能有助於學習；
・學生掌握了學習焦點，並且受到激勵去進行學習；
・學生監控自己的學習，反省自己的學習歷程，敏於感知自己的所學；
・學生和教師與其他學習者共同合作；
・學生常提醒自己的實作表現任務會被評量；
・學生重視學習：學生對學習有感情，並發展出積極的意義。
※學生學習時採取如下的步驟：
・學生擬定一個有意義的「學習目標」；
・學生藉由活化先前的素養，記住所已經知道的，溫故知新；
・學生獲得有深度的新素養；
・學生會將它加以組織；
・學生會向自己解釋並產生自己的意義；
・學生會將它畫成圖像；
・學生會將它融入已知的知識能力，並將知識能力重新再概念化；
・學生會用精緻的方式來溝通自己的新知能、討論概念與分享理念；
・學生能以詳細的內容與舉例說明的方式進行寫作；
・學生能以圖像、圖表與基模來呈現知識能力素養；
・學生能利用隱喻與譬喻；

・學生學習獲得並應用一種學習策略；
・學生利用該項素養與策略，和別人一起工作，以解決有意義的問題；
・學生會評鑑自己的解答問題方式；
・學生會展現並分享自己所學的素養。

　　首先，教師宜強調「眞實學習」的重點，是強調學習的重要性，而且學生是學習最優先考量的重要事項。雖然此處表4-2「眞實學習」的學生責任，呈現的是近乎直線過程，然而實際上，學習者可能在這些步驟上跳來跳去並回到過去先前的步驟。「眞實學習」將焦點集中於學生學習之上，並且激勵學生自己去完成學習任務。學生持續監控自己的學習歷程，並且隨時留意「眞實學習」的實作「學習表現」。

　　就「眞實學習」的深度學習歷程而言，「眞實學習」的學習者是以一個有意義的「學習目標」作爲開端，進而彈性地進行學習歷程，學習者會活化先前知識，以積極態度來獲得新知，以自己的策略來組織新知，並建構意義。一個最重要的步驟，是學習者會以主動積極的歷程來處理新知，並且重新概念化他們的先前知識。在眞實學習過程中，學生可能用了有效解決問題的社會心理操作程序之「深度學習策略」。「眞實學習」深度學習策略最後歷程，是提出結論，如解決社會情境中的一個問題、評鑑解決問題的方法、溝通並展現所獲得的知識。如能依據表4-2「眞實學習」的學生責任，所建議的學習策略，以便能讓學習歷程順利產生（Glatthorn, Bragaw, Dawkins, & Parker, 1998）。「眞實學習」是個人的努力學習、「眞實學習」必須要獲得新素養並利用新素養、眞實學習必須要有反思對話、眞實學習不只是活動而已，眞實學習必須要有回饋、眞實學習是情意的，也是認知的。這些注意事項是根據「眞實學習」的原理加以組織，可供學校教師參考，以免誤用「眞實學習」，以下加以進一步說明。

(1)「眞實學習」是一種個人的努力學習

　　「眞實學習」是一種個人的努力學習，儘管透過合作進行學習，還是應該關注個別學生的學習成就。特別是教師可將學生分組學習的實作「學習表現」加以結構化，讓組內每一位成員都有要完成的實作「學習表現」，並透過同儕壓力，以確保每一個組員的實作「學習表現」都能完

成。教師應該密切地監控學生分組學習的「學習表現」，以觀察是否所有學生小組成員，皆主動積極進行「眞實學習」而展現出核心素養的「學習表現」。學生可以如同「合作學習」，計算小組總分及個人平均分數。教師可以發展結構化的系統，以協助「合作學習」的小組成員評鑑彼此的貢獻，本章稍後會在「合作學習」的學習策略加以進一步說明。

(2)「眞實學習」必須要獲得新素養並利用新素養

「眞實學習」深度學習策略必須要獲得新素養並利用新素養，此一原理指出當學生能接觸新素養，並利用新素養去擴展、取代與深化現有素養時，才可能產生「眞實學習」。教師宜指導學生指出課程方案當中的必要素養，將焦點集中於有助了解重要學科素養的核心概念與歷程。確保其評量具有堅實的素養根據，特別是在課程單元設計與結構的過程中，要包括了素養的獲得，協助學生獲得通道以接觸新素養，避免以教師講述作爲唯一有效的教學方式。而且教師宜在整個課程單元學習過程中，適時監控學生對新素養的了解。

(3)「眞實學習」必須要有反思對話

「眞實學習」深度學習策略必須要有反思對話，此一學習原理指出，「眞實學習」的反思與討論的兩個相關成分。針對經驗進行反省，以加深思考的學習深度，可以獲得最佳的學習。而且學生個別的看法，需要透過團體對話進行經驗與分享，以便進行討論分析以及三角交叉檢證。進行教學時，有系統組織地進行反省，藉由放聲思考與強調反省思考的重要性。在全班討論時，放慢速度並增加「待答時間」。在提問之後，至少等待三秒，再要求學生回答。在考究複雜問題時，要求學生進行個別反省思考，之後再進行小組或全班討論分析。如果能讓學生寫下複雜問題的答案，會更有幫助，因爲此一寫作歷程會協助學生，將個人的知識能力提升到後設認知能力意識層次，並且察覺到他們的知識能力之價值。教師可以指導學生學習如何透過合作小組進行反省檢討，如輪流反省、主動積極聆聽、分享理念、開放地面對建議性的差異、從反思對話過程當中獲得深度學習。

(4)「眞實學習」不只是活動而已，眞實學習必須要有回饋

「眞實學習」不只是活動而已，「眞實學習」必須要有回饋，教師可

以不同方式，運用真實學習，例如：在設計課程單元時，強調學習結果而非活動；在規劃個別課題時，確保每一個經過規劃的活動都是和課程規劃的「學習目標」相關的；在進行課題教學時，彈性運作並隨時關注「學習目標」，並且清楚而明確地向學生說明每一個教學活動的「學習目標」。「真實學習」必須要有回饋，回饋的來源包括：學生自己、教師、家長、同儕、電腦、外部專家、考試。教師應善用客觀而有建設性的正面回饋，最好是在看到學生實作任務的「學習表現」之後，要儘快提供回饋，回饋最好是客觀的而且基於明確的規準與特定的證據，回饋最好是建設性的而且能同時強調優點與有待改進之處，則更容易促成核心素養的「真實學習」。

(5)「真實學習」不只是技能的，也是情意的，更是認知的

「真實學習」的深度學習策略不只是技能的，也是情意的，更是認知的，過去由於升學壓力重視考試分數的績效壓力，使得情意教育往往受到忽略。事實上，情意可能比認知還要重要。因此，教師應花時間去激勵學習動機，強調學習經驗的意義；教師應敏於察覺學生的情感，知道何時去處理與何時要忽略；教師應認知到許多學生對於學校教育、考試與所學的科目具有負面態度的此種事實，認知到這些態度而不是投降或放棄；教師應建立正面而積極的態度，而讓學生有機會獲得努力之後的成功；教師本身展現正面而積極的態度價值，並顯示合理的熱忱，表現出關心學生並重視自己的教學；教師應了解學生所真正學習得到的「學習獲得的課程」，總是多於「考試評量的課程」之測驗所考到的部分，儘管是最佳的「學習表現」評量或實作評量，也只能測量到學生所學習到的部分內容，而且通常沒有被評量考視試測量出來的，可能是最重要的目標。因此可透過「真實學習」情境將「核心素養」結合領域／科目學習重點的「學習內容」與「學習表現」而進行學習，以下將進一步闡述。

2. 核心素養的情境學習之學習重點可統整學習內容與學習表現，能兼顧能力導向學習與知識導向學習，可引導學生進行「深度學習」

「核心素養」的「情境學習」之「學習重點」可統整「學習表現」

與「學習內容」，可引導學生進行「深度學習」，尤其是「十二年國民基本教育」重視「核心素養」的學習，設計了「學習重點」，需包含「學習表現」與「學習內容」，可以兼顧能力導向學習與知識導向學習，這呼應了近年來學校教育已由教師為主講授教科書的單向學習，轉變為以學生為主，由注重教導學生「學習內容」，轉變為也注重學生的學習歷程及方法（洪詠善、范信賢，2015，2）。「核心素養」的「深度學習」，不僅強調以學生作為學習的主體及師生互動參與，同時重視統整知識、能力與態度，透過「學習重點」的課程設計統整了系統性的學科知識「學習內容」與核心能力的「學習表現」，並配合學生認知結構發展，因應學生由國小到國中、高中的認知、技能、情意之教育階段發展過程，循序漸進地引導學生學習學科知識能力素養，並強調轉化實踐行動的知識、能力、態度，培養學生因應生活所需的核心素養。

　　「核心素養」的「深度學習策略」，強調整合知識、能力與態度、情境化脈絡化的學習、學習歷程方法及策略、實踐力行的表現，特別是指在「核心素養」導向的學習過程中，透過「學習重點」的「學習內容」的設計，學生在「學習表現」上的認知、技能與情意等層面，就如同「深呼吸」一樣，可從低層次到高層次、從具體到抽象循序漸「延伸擴展」而逐漸「加深加廣」的「深度的學習」（蔡清田，2018）。特別是就「學習重點」而言，「學習重點」由「學習表現」與「學習內容」兩個向度所組成（請見表4-3），用以引導課程設計、教材發展、教科書審查及學習評量等，並配合教學加以實踐（蔡清田、陳伯璋、陳延興、林永豐、盧美貴、李文富、方德隆、陳聖謨、楊俊鴻、高新建、李懿芳、范信賢，2013）。核心素養的「學習重點」架構提供各領域／科目教材設計的彈性，在不同版本教材中，「學習表現」與「學習內容」可以有不同的對應關係，但所有的「學習表現」與「學習內容」都應被涵蓋，以下加以說明。

　　(1)透過「學習重點」可引導學習目標的設計

　　「學習重點」具有「垂直連貫性」，一般而言「領域／科目學習重點」可分成五個學習階段（數學領域則更進一步分為十二個年級階段），並且可以依據不同學習階段進行垂直連貫，有助於各領域／科目課程內容

表4-3 學習重點（「學習表現」與「學習內容」的雙向細目架構）概念示意（以國中社會、高中歷史科為例）

學習內容向度		……	4-5-1 能利用二手資料，進行歷史推論	4-5-2 能利用一手資料，進行歷史推論	4-5-3 能利用一手資料推論，並提出假設	……	5-3-1 歷史解釋／分辨不同的歷史解釋	5-3-2 歷史解釋／理解歷史學科的因果關係，對歷史事件的原因與影響提出解釋	5-4-1 史料證據／運思辨，判斷史料得以作為證據的適當性
一	由各學科專家與課程學者共同討論，並加以發展……								
二	由各學科專家與課程學者共同討論，並加以發展……								
三	由各學科專家與課程學者共同討論，並加以發展……								
第四學習階段 七年級	7-2-6 戰後的臺灣（1.二二八事件；2.戒嚴體制的建立；3.民主化的歷程；4.工業化社會的形成）			第一單元	第一單元				
八	8-3-6早期中國文化的發展（中國文化的起源……）		第六單元	第六單元					
九	9-4-6歐亞地區古典文明的發展（1.希臘文明特色；2.羅馬帝國與基督教興起；3.恆河流域印度文明……）			第九單元					
第五學習階段 十	10-3-2晚清興洋務以自強、圖變法以保國。						第五單元	第五單元	
十一	11-4-1非洲與亞太地區：從被「發現」到被「殖民」。						第二單元	第二單元	
十二	12-5-3移民從「異鄉客」到「文化接受」和「認同感」的心態轉折。							第三單元	第三單元

順序的縱向連貫（蔡清田，2016），可據此設計同領域／科目課程在不同學習階段間能適度區隔與順利銜接的無縫課程，達成領域／科目學習重點的前後銜接，促成前後連貫而沒有斷層或脫節的現象，有益於教師循序漸進教學與學生學習的加深加廣。

　　因此，「學習重點」的功能之一是可以引導「學習目標」的設計，「十二年國民基本教育」透過各學習階段「學習重點」，可以引導每一學年學期的學生「學習目標」的設計，尤其是「學習重點」呼應了新版教育目標理念，突顯了知識與認知歷程同等重要（蔡清田、陳伯璋、陳延興、林永豐、盧美貴、李文富、方德隆、陳聖謨、楊俊鴻、高新建、李懿芳、范信賢，2013），可以引導「學習目標」的設計，進而引導該領域／科目各學年學期的教材內容與學習活動及學習評量設計。詳細言之，能呼應核心素養的各領域科目之「學習重點」，可引導「學習目標」的設計，可透過課程發展將「領域／科目核心素養」具體轉化為「學習重點」與學年學期的「學習目標」。「學習重點」比「領域／科目核心素養」更為具體，可轉化為該領域／科目的學年學期及單元主題的「學習目標」重要來源，特別是「領域／科目學習重點」是依據學習階段或學習年級劃分的，可以依序逐一分配加以轉化作為學年學期「學習目標」，引導教材設計、學習方法與評量方式，以便能在某一學習階段的範圍內加以實踐落實核心素養的「學習表現」。

　　因此，各領域／科目的教材開發、教學活動設計，應將十二年國教各領域科目「學習重點」具體轉化為學年學期「學習目標」，特別是可參考各學習階段「學習重點」，具體轉化成為各學年學期「學習目標」，必要時可配合教科書分學年（學期）的審查制度，可再分學期設計具體轉化成為該「領域／科目」的學期「學習目標」，統整該「領域／科目」該學期「教科書分冊」的「學習內容」與「學習表現」及各單元主題的「學習目標」，以引導各領域／科目的教材開發、教學活動設計與學習評量之實施，引導學生達成核心素養的「學習目標」，特別是「學習內容」與「學習表現」的雙向細目表功能，並非只在檢核，亦可發展設計「學習內容」與「學習表現」的對應關係，引導「學習目標」之設計與達成。更進一步

地，可以透過「學習目標」的設計，呼應「領域／科目核心素養」與「領域／科目學習重點」，同時強調該領域／科目的認知（知識）、技能（能力）及情意（態度）之「學習表現」與「學習內容」，如下表4-4呼應健體-E-A1領綱核心素養的學習目標與學習重點示例，說明如次：

表4-4　呼應健體-E-A1領綱核心素養的學習目標與學習重點示例

呼應健體-E-A1領綱核心素養的各單元學習重點與學習目標			
單元名稱	學習重點		學習目標
單元一 單元名稱	學習表現	1a-III-3理解促進健康生活的方法、資源與規範	健體-E5-A1-1理解促進健康的飲食原則。
	學習內容	Ea-III-2兒童及青少年飲食問題與健康影響	
單元二 單元名稱	學習表現	2a-III-2覺知健康問題所造成的威脅感與嚴重性	健體-E5-A1-2關注兒童及青少年的飲食問題，覺察不良飲食行為對健康所造成的威脅。
	學習內容	Ea-III-2兒童及青少年飲食問題與健康影響	

(2)透過「學習重點」可引導學生進行核心素養的學習

　　特別是各領域／科目的「學習重點」具有引導學生學習核心素養的功能，而且透過「學習重點」可引導學生進行核心素養的學習，「學習重點」不同於過去各領域／科目的「學科知識」及「能力指標」，呼應領域科目核心素養的「學習重點」是引導學生學習達成核心素養的重要媒介，透過「學習重點」可以引導學生專心於呼應核心素養的「學習內容」與「學習表現」，可引導學生循序漸進學習獲得核心素養。

　　透過「學習重點」可引導學生學習，以便學生能有系統地探究性向並循序漸進地開展學習潛能，而且「學習重點」的設計可以簡化繁瑣的「能力指標」，可減輕學生學習範疇廣泛的沉重壓力，並可引導學生專心學習核心素養。當前教育改革從關注「教師的教」轉而強調「學生的學」，以核心素養導向的課程更為著重學生「學習重點」（國家教育研究院，2014b）。以核心素養導向的「學習重點」可以引導學生關注知識能力、

情意及態度的培養、多元創新、沉澱反思,並關注在如何將所學內容轉化為實踐性的智慧,鼓勵主動積極學習,並落實於生活中,透過自律自主行動以開放的心胸來適應並參與社會生活(蔡清田、陳伯璋、陳延興、林永豐、盧美貴、李文富、方德隆、陳聖謨、楊俊鴻、高新建、李懿芳、范信賢,2013)。

3. 核心素養的情境學習可透過「學習重點」呼應「領域／科目核心素養」

核心素養的情境學習可透過「學習重點」呼應「領域／科目核心素養」,就「領域／科目核心素養」而言,係指各教育階段核心素養結合領域／科目理念、目標與特性後,在各領域／科目內的具體展現其內涵,雖未必等同於各領域／科目的所有素養,但可引導各領域／科目「學習重點」之課程發展與設計。各領域／科目核心素養可考慮其領域／科目的獨特性而加以發展,不必涵蓋核心素養或各教育階段核心素養的所有面向,但「領域／科目核心素養」與「學習重點」需緊密結合,並重視學生在各領域／科目中的「學習內容」與「學習表現」以培養「核心素養」。

換言之,核心素養可以引導領域／科目內容的課程發展設計,各教育階段領域／科目的課程內涵,應具體統整並融入核心素養。特別是學習重點係由該領域／科目理念、目標與特性發展而來,透過「學習表現」及「學習內容」呼應並扣緊領域／科目核心素養,特別是學習重點應與「領域／科目核心素養」進行雙向檢核,以了解其對應情形(參見表4-5)。亦即,「學習重點」能展現該領域／科目的具體內涵,並能呼應該領域／科目核心素養的呈現(蔡清田、陳伯璋、陳延興、林永豐、盧美貴、李文富、方德隆、陳聖謨、楊俊鴻、高新建、李懿芳、范信賢,2013)。

「學習表現」強調以學習者為中心的概念,「學習表現」重視認知、情意與技能之學習展現,代表該領域／科目的非「內容」向度,應能具體展現或呼應該領域／科目核心素養。認知向度包括記憶、理解、應用、分析、評鑑、創造等層次;情意向度包括接受、反應、評價、重組、價值觀或品格陶冶等層次;技能向度包括感知、準備狀態、機械化、複雜的外在反應、適應、獨創等層次。「學習內容」需能涵蓋該領域／科目之重要概

表4-5　領域／科目核心素養與學習重點雙向細目表呼應（以國中社會、高中歷史科為例）

各領域／科目學習重點		各領域／科目核心素養
學習表現 （分學習階段）	學習內容 （分年或分學習階段）	
4-3-3理解科技的研究和運用為何需受專業倫理、道德或法律的規範。 4-3-4舉例說明因新科技出現而訂定的相關政策或法令，以及在立法和執法過程可能遭遇的困難。 4-3-5探討不同文化背景者在闡釋經驗、對待事物和表達方式等方面的差異。	7-2-5臺灣的環境問題與保護、臺灣的產業 8-2-4法律的內容與執行 9-1-3全球環境問題 9-2-3西方文明的崛起與擴張	B2科技資訊與媒體素養 社-J-B2具備科技倫理的素養，理解科技的發明和運用，皆與法律、倫理、道德等息息相關
4-4-3說明各種權利之間可能發生的衝突及紛爭解決的機制。 4-4-4說明法律與其他社會規範的差異及相互關係。 4-6-5探討當前全球共同面對的環境課題，以及可能的問題解決途徑。 4-6-7關懷全球環境和人類共同福祉，並身體力行。	8-1-1民主與法治 9-2-5社會上經濟事務的分工 7-2-3社會參與 9-4-7個人參與國際社會活動	C1道德實踐與公民意識 社-J-C1體認民主制度中尊重他人和適度妥協的重要性，並遵守法律規範、關心公共事務與實踐公民義務
由各學科專家與課程學者共同討論，並加以發展……	由各學科專家與課程學者共同討論，並加以發展……	……
5-1-1時序觀念／運用各種時間術語描述過去，認識幾種主要歷史分期方式。 5-1-2時序觀念／區別過去與現在的不同、兩個或更多時代之間的差異。 5-2-1歷史理解／能夠直接地就一歷史敘述文本的內容，進行認知與掌握。	10-1-3考古發掘與史前文化、臺灣的原住民 10-2-1隋唐帝國的新體制、歐亞交通網與東亞文化圈的形成 10-3-2晚清興洋務以自強、圖變法以保國 11-1-2希臘城邦與民主政治、羅馬與共和傳統	A2系統思考與解決問題 社／歷S-U-A2透過史料與證據分析，以建立時序觀念、進行歷史理解，並了解史料背後的歷史

各領域／科目學習重點		各領域／科目 核心素養
學習表現 （分學習階段）	學習內容 （分年或分學習階段）	
5-3-1歷史解釋／分辨不同的歷史解釋，說明歷史解釋之所以不同的原因。 5-4-1史料證據／運用思辨，判斷史料得以作為證據的適當性。 5-4-2史料證據／自行根據主題，進行史料蒐集的工作。	11-3-3從科學革命到啓蒙運動、東亞思想與學術的變化 11-4-1非洲與亞太地區：從被「發現」到被「殖民」	解釋，建構不同時期的系統性歷史思維
5-2-2歷史理解／能夠就一歷史事件，嘗試進行設身處地的認知。 5-3-2歷史解釋／理解歷史學科的因果關係，對歷史事件的原因與影響提出解釋。	12-2-4儒家思想及其家庭倫理與社會規範 12-3-1科舉、書院、官學與孔廟 12-5-3移民從「異鄉客」到「文化接受」和「認同感」的心態轉折 12-5-4選擇重要地區及重要時代為個案，討論從「華僑」到「海外華人」	C3多元文化與國際理解 社／歷S-U-C3認識世界多元文化的特質和演變及不同時期的文化內涵，能發展互為主體、彼此尊重的開闊胸襟

念、範疇與原理原則。因此，「學習內容」不應被窄化爲事實知識，「學習內容」尚有概念知識、程序知識與後設認知知識等。「學習內容」是該領域／科目的基礎、重要內容，可以引導課程、教學、學習與評量的前後一貫與緊密連結，進而提升「核心素養」。

　　以核心素養爲導向的「學習重點」兼重思考與行動、理解與應用，應考慮認知發展及課程統整，可規劃如統整性主題／專題／議題探究、社團活動與技藝課程、特殊需求課程或是其他類課程之「學習內容」，融入重大議題或新興議題，發展學生整合所學運用於眞實情境的素養。教師應調整偏重學科知識的灌輸式教學型態，著重扮演「助學者」的角色，以培養學生適應未來社會生活和解決問題的統整能力。教師可透過提問、討論、欣賞、展演、操作、情境體驗等有效的教學活動與策略，引導學生創造與省思，於課堂中提供學生更多參與互動及課後實踐的機會，以此強化學生

主動學習的角色。

　　值得注意的是，如表4-6健康與體育領域「學習重點與領域／科目核心素養呼應表參考示例」（高中教育階段），「學習表現」與「學習內容」至少可以「一對一」對照的方式呈現，如此才能進一步連結領域／科目核心素養與學習重點之間的關係，如果只有「學習表現」而沒有「學習內容」，或沒有「學習表現」而只有「學習內容」，或「學習表現」與「學習內容」分屬不同學習階段等，皆是不恰當的。特別是「領域／科目核心素養」係指核心素養在各領域／科目內的展現及其內涵，可引導各領域／科目「學習重點」之課程發展設計。「學習重點」係依各教育階段、各領域／科目之內涵進行發展，由各領域／科目的「學習表現」與「學習內容」兩個向度所組成，用以引導課程設計、教材發展、教科書審查及學習評量等，並配合教學加以實踐。學習重點之發展透過「學習表現」及「學習內容」呼應並扣緊領域／科目之核心素養，彼此具有對應關係，提供各領域／科目教材設計的彈性，在不同版本教材中，「學習表現」及「學習內容」可以有不同的對應關係。「學習表現」是強調以學習者為中心的概念，「學習表現」重視認知、情意與技能之學習展現，代表該領域／科目的非「內容」向度，應能具體展現或呼應核心素養。「學習內容」需能涵蓋該領域／科目之重要概念、範疇與原理原則。因此，「學習內容」是該領域／科目的基礎、重要內容，可以引導課程、教學、學習與評量的前後一貫與緊密連結，進而提升「核心素養」。這也呼應「核心素養」的「深度學習」兼重思考與行動、理解與應用，重視學生的「情境學習」，學生學習時，應培養能對周遭生活情境保持好奇心，並能進行主動地探索、體驗、試驗、尋求答案，積極正向地參與家庭、學校、社會生活，並能主動地與周遭人、事、物及生活情境的互動中觀察現象，尋求關係，解決問題，關注在如何將所學內容轉化為實踐知識，並落實於生活情境之中，以開放的心胸參與社會生活。

表4-6　健康與體育領域「學習重點與領域／科目核心素養呼應表參考示例」（高中教育階段）

	健康與體育領域學習重點		健康與體育領域核心素養
	學習表現	學習內容	
健康與護理	1a-V-1詮釋生理、心理、社會、情緒與心靈各層面健康的概念與意義。	Fa-V-3全人健康的身心探索與整合技巧	健體-U-A1 提升各項運動與身心健全的發展素養，發展個人運動與保健潛能，探索自我觀，肯定自我價值，有效規劃生涯，並透過自我精進與超越，追求健康與幸福的人生。
體育	4d-V-1完善發展適合個人之專項運動技能。	Bd-V-2熟練與應用各類技擊技能參與展演活動	
健康與護理	1b-V-3評估生活情境的健康需求，尋求有效因應的健康技能和生活技能。	Da-V-2傳統醫學的養生之道	健體-U-A2 具備系統思考、分析與探索體育與健康的素養，深化後設思考，並積極面對挑戰，以解決人生中各種體育與健康的問題。
體育	3d-V-2應用系統思考與後設分析能力，解決各種運動情境的問題。	Hb-V-1攻守入侵性運動技術綜合應用及團隊綜合戰術	
健康與護理	3a-V-2運用多元策略，將健康與自我照護技能彈性調整融入生活情境，展現出個人及群體的健康生活模式。	Ea-V-2飲食趨勢與健康體位管理	健體-U-A3 具備規劃、實踐與檢討反省的素養，並以創新的態度與作為，因應新的體育與健康情境或問題。
體育	4c-V-3規劃與反省個人體適能與運動技能的終身運動計畫。	Ab-V-1體適能運動處方設計、執行與評估	
健康與護理	3b-V-2精熟各種「人際溝通互動」技能。	Db-V-2健康親密關係經營能力的培養	健體-U-B1 具備掌握健康訊息與肢體動作的能力，以進行與體育和健康有關的經驗、思想、價值與情意之表達，能以同理心與他人溝通並解決問題。
體育	2c-V-2展現包容異己，溝通協調的適切人際互動技巧。	Ib-V-1自由創作與社交舞蹈動作編排與展演	

健康與體育領域學習重點		健康與體育領域核心素養
學習表現	學習內容	
健康與護理　4a-V-1運用有效的健康資訊、產品與服務，擬定健康行動策略。	Eb-V-1健康消費權利與義務	健體-U-B2　具備適當運用科技、資訊與媒體之素養，進行各類體育與健康之相關媒體識讀與批判，並能反思科技、資訊與媒體的倫理議題。
體育　4c-V-1批判與適當運用運動相關的科技、資訊和媒體、產品與服務。	Ab-V-1體適能運動處方設計、執行與評估	
健康與護理　2b-V-1樂於終生遵守健康的生活規範與價值觀。	Fb-V-1健康生活型態的改善與執行	健體-U-B3　具備運動與健康的感知、欣賞、表現與鑑賞能力，體會其與社會、歷史、文化之間的互動關係，進而對美善的人事地物，進行賞析、建構與分享。
體育　2d-V-2展現運動鑑賞和評析能力，體驗生活美學。	Ib-V-1自由創作與社交舞蹈動作編排與展演	
健康與護理　4b-V-4公開進行健康倡議，有效地影響他人促進健康的信念或行動。	Ca-V-1健康環境的整體營造	健體-U-C1　具備體育與健康的道德課題與公共議題之思考及對話素養，培養相關的公民意識與社會責任，主動參與有關的環保與社會公益活動。
體育　2c-V-1遵守運動規範，展現良好道德情操，並運用於生活當中。	Cb-V-2奧林匹克運動會精神的推展與分享	
健康與護理　4b-V-3客觀地接納他人的觀點，適時回應以增進健康立場之共識。	Fa-V-2身心失調的預防與處理	健體-U-C2　在體育活動和健康生活中發展適切的人際互動關係，並展現包容異己、溝通協調及團隊合作的精神與行動。
體育　2c-V-2展現包容異己，溝通協調的適切人際互動技巧。	Hd-V-1守備／跑分性運動技術綜合應用及團隊綜合戰術	

健康與體育領域學習重點		健康與體育領域核心素養
學習表現	學習內容	
健康與護理 2a-V-1主動關切與本土、國際等因素有關之健康議題。	Fb-V-2全球急、慢性病的辨識與防治	健體-U-C3 在堅定自我文化價值的同時，又能尊重欣賞多元文化，拓展國際化視野，並主動關心全球體育與健康議題或國際情勢，具備國際移動的能力。
體育 2d-V-3體會運動與社會、歷史、文化之間的互動關係，並尊重其發展。	Ic-V-1民俗性運動創新動作	

資料來源：修改自國家教育研究院課程及教學研究中心核心素養工作圈，2015，28。

（三）強調由傳統的「個別學習」，翻轉為「合作學習」

「核心素養」的第三種「深度學習策略」是「合作學習」，是關於人與他人的「社會參與」核心素養之深度學習策略，能促進社會參與核心素養的深度學習。「社會參與」的核心素養，呼應《十二年國民基本教育課程綱要》新課綱的「共好」之基本理念，因此，其學習策略強調由傳統的「個別學習」翻轉為協同的「合作學習」；特別是「社會參與」的「核心素養」包括現代社會生活與後現代未來社會生活情境所需要「道德實踐與公民意識」、「人際關係與團隊合作」、「多元文化與國際理解」等範疇內涵，這些「社會參與」的核心素養，都是現代公民生活在緊密連結的地球村之中，需要學習處理社會的多元性、需要發展如何與他人或群體良好互動、與人建立適宜的合作方式與人際關係以提升生活素質的必要素養，彰顯了「合作學習」的重要性（蔡清田、陳伯璋、陳延興、林永豐、盧美貴、李文富、方德隆、陳聖謨、楊俊鴻、高新建、李懿芳、范信賢，2013）。

過去的學習方式停留在教師講課、教室課堂裡的學生排排坐，學生上課乖乖坐著聽教師講課，這種學習模式雖然在以傳統紙筆考試為主的亞洲國家常見，但是比較不利學生之間互動，也不利學生合作學習，只能培

養製造業工廠生產線遵照上級指令組裝單一零件的技術裝配人員（鍾啓泉譯，2010），因此或可參考日本佐藤學的「學習共同體」理念，依據Dewey的民主主義和Vogtsky的社會建構論強調「合作學習」的重要性，尊重學習者的主體、肯定人人都能學習、相互學習，透過「合作學習」的相互學習過程，能讓學生重拾學習的樂趣。以「學習共同體」爲基礎的「合作學習」又稱協同學習，建立在「信賴」與「社群團體基礎之上」，有平等對話及相互學習、學思並重及知識建構、精通教科及伸展跳躍、提問思考及溝通表達等四大特點（鍾啓泉，2016），以「合作學習」爲基礎的「學習共同體」，協助學生和自我對話的「自主行動」實踐、認知世界事物的「溝通互動」實踐、與他人對話的「社會參與」實踐等三種對話的可能性（歐用生，2019；蔡清田，2019）。一則重視「人與生活世界」交織而成的學習歷程與學習結果，牽涉到「人與自己」的相遇與對話而能增進自律自主之「自主行動」，以協助個體自主行動反思學習「建構自我」；二則也涉及「人與事物」的相遇與對話能增進人與萬物之「溝通互動」，以人事物作爲溝通媒介進行活動學習以「建構世界」；三則更涉及「人與他人」的相遇與對話能增進人與他人之「社會參與」，以所參與的社群爲媒介進行合作學習以「建構同伴」（蔡清田，2018），特別是在互動協同合作的過程當中進行團隊學習的機會，讓學生以小組方式學習，上課多以討論方式進行，從重視單打獨鬥的孤立學習轉型到強調與他人互動的團隊合作，與他人互動而進行學習、生活與工作，透過協同合作的分組活動進行團隊合作學習，不僅要求個人認眞學習，也要求學生一起學習與學習如何學習，甚至師生一起學習，彼此有信任感並互助合作。

　　核心素養的「深度學習策略」強調每個學生都是學習的主角，教室沒有陪讀的「客人」，以學生學習爲中心課堂，透過自主學習、情境學習與合作學習，引導學生學會學習並且樂於學習，而且「合作學習」是教室中最重要的「協同」學習活動，建立在學生之間協同合作彼此「傾聽」學習與相互學習的協作互學「串聯」系統關係之上，尤其是透過分組報告的合作學習情境設計，一方面透過學生之間相互學習的相互提問、相互傾聽、相互鼓勵、相互商量與互惠學習，進行相互探究、探索未知、相互搭

鷹架、建構知識能力的「串聯」互學，將所學的知識能力傳遞分享「反芻」給其他組別的同學，如同歐用生（2019）描述讓新知識能力在教室迴盪，並讓其他組別同學對所學的知識能力進行補充、深化、拓展中形成文化網、心理網、情感網；一方面，進而透過教師適時「回歸」，引導學生「回到文本」，讓學生學到的新知識能力和文本對話，讓學生與新的世界對話，與他人對話，並「回到學生」，引導學生將所學的新知識能力，和學生的自身生活經驗對話，產生自己的「意義」，以豐富其核心素養的學習經驗，亦即，「合作學習」是協助學生與新世界的接觸與對話，並透過與教師、同學及自己的對話來挑戰學習並促進「伸展跳躍」，以豐富充實學生的學習經驗，並提升學生核心素養（蔡清田、陳伯璋、陳延興、林永豐、盧美貴、李文富、方德隆、陳聖謨、楊俊鴻、高新建、李懿芳、范信賢，2013）。換言之，教師可以透過合作學習的情境設計，教師可以掌握領域科目的「學習重點」的教學，少教一些不重要的內容，並讓學生之間相互學習的相互提問、相互傾聽、相互鼓勵、相互商量與互惠學習，多觀察一些學生所探討的「學習內容」並多引導學生展現的「學習表現」，如此教師可以達到「少教」一些內容，並可讓學生之間多一些相互學習，達成學生「多學」一些核心素養的「學習重點」之具體學習效果，這將會是「核心素養」的教與學的藝術化之極致展現（余文森，2017）。

　　例如：新北市府試辦「學習共同體先導學校計畫」，改變過去以「教師教學」為中心較著重「訓練」的教學模式，進行學習的翻轉革命，改以「學生學習」為核心，從教室出發的改革，透過社區、家長及教師共同通力合作，建立一個能夠關注每個孩子學習的「學習共同體」，創造在互動協同合作的過程當中進行團隊學習的機會，讓學生以小組方式學習，上課多以討論方式進行，從重視單打獨鬥的孤立學習轉型到強調與他人互動的團隊合作，與他人互動而進行學習、生活與工作，例如在國立中正大學教育學院研究進修的新北市國中教師陳玠汝（2016），便進行國中社會領域地理科實施學習共同體之行動研究，透過協同合作的分組活動進行團隊合作學習，不僅要求個人認真學習，而且創造在互動協同合作的過程當中進行團隊學習的機會，也要求學生一起學習與學習如何學習，甚至師生一起

學習，彼此有信任感並互助合作。在「合作學習」中，學習的主體是個別的學生，「合作學習」不強求「一致性」，而是「和而不同」地追求學生思考與見解的多樣性，「學習」並非在「一致性」下產生，而是在「差異性」之中形成並進行互助合作，不僅幫助弱勢學生獲得學習機會，也保障其獲得豐富的學習經驗；「合作學習」不強求小組內學生彼此思考與見解的「一致性」，這是不同於分組教學之處，特別是「合作學習」強調尊重學生彼此平等的思考與見解之相互碰撞與激盪出多元性與及異性，以達成教師可以「少教」而學生可以「多學」之理想。

　　「合作學習」的深度學習策略，能發揮同儕共同學習、截長補短的功能，發展學生的人際關係和合作精神，重視學生成為知識能力情意價值的分享者，有別於傳統學習或個別學習，它是團體分組的學習策略（Slavin, 1990）。合作學習不僅可以增進學科領域／科目方面的學習效果，並可促進社會及情意的學習效果（黃政傑、吳俊憲，2006）。合作學習乃鑒於「合作」是教育的本質，教育宜運用合作的理念和方法，讓學生實際體驗合作並讓合作成為學習和教學的有效媒介。Johnson與Johnson（1992）強調合作學習宜掌握以下五個元素：1.加強正向相互依存的學習；2.促進小組成員的人際關係；3.建立個人的責任感；4.培養小組成員的社交技巧；5.掌握有效的小組學習歷程。合作學習的核心概念不只是將學習者分組學習，而是為如何促進小組內的合作學習，達成共同的學習目標而努力，才能達成合作學習的有效性。特別是「學生小組成就區分法」（Student Teams-Achievement Divisions，簡稱STAD）是合作學習最常見的分組教學方法，且兼重個人學習分數成績與團體學習分數成績，較能激勵所有「快與慢」或「強與弱」的學生。「合作學習」透過團隊協同合作共同達成學習目標，以發揮團隊精神達成團隊共同目標，重視學生之間的互動（黃政傑、吳俊憲，2006）。

　　佐藤學的「學習共同體」和美國的「分組合作教學」，這兩種方式宜互相補充，以激發學生學習動機，使其學習與同伴合作並成為主動的學習者。教師可將「合作學習」與「學習共同體」的「分組學習」納入課程設計，現代教室不必如傳統的排排坐著聽課，而是可以建構彼此信賴與合作

關係並展開專題式學習，不再只是強調知識學習的「量」，轉而重視豐富學習的「質」，如此可呼應Gehlbach、Brinkworth與Harris（2012）主張當學生採用教師的論點且知覺他們更像他們的老師，如此一來可就會改變師生關係，也會改變學生的學習效能。當學校進行「合作學習」與「學習共同體」的「分組學習」之時，可藉由空間布置的改變而改變人的溝通互動方式，以利社會參與的「合作學習」，但是教育人員都應深切思考，當學生將教室座椅改為冂字形進行「分組學習」，學生是否已從傳統教師教學權力中解放，而能真正進行「合作學習」形成「學習共同體」，或是表面上學生是在「合作學習」，但是實際上學生仍是在教師嚴格管理控制的教學命令之下教導運作「合作學習」，卻未能真正進行「學習共同體」的「合作學習」的「深度學習」，這是值得再進一步深入研究的。

六、結語

本章「核心素養的學習論」，指出核心素養是「可以透過學習獲得成就」，因此建構「核心素養的SIE學習模式」提出「核心素養的學習原理」，重視透過「學習情境」以激發學生「學習動機」導向「學習目標」；透過「學習目標」統整知識、能力、態度呼應「核心素養」；透過「學習重點」發展學習活動並統整「學習內容」與「學習表現」，強化練習實踐力行表現，促成學習經驗的類化遷移，彰顯了核心素養「可以透過學習獲得成就」，展現「誠於中」而「形於外」的負責任行動，以因應社會情境的需要。本章進而提出「核心素養的深度學習策略」，強調由傳統的「淺層學習」翻轉為「深度學習」。特別是「自主行動」、「溝通互動」、「社會參與」等核心素養的深度學習，是透過人與自己、他人、生活世界的事物之關聯及參與互動，呼應了「學習共同體」的三種對話實踐的深度學習，包括和自我對話的「自主行動」實踐、認知世界事物的「溝通互動」實踐、與他人對話的「社會參與」實踐，說明「核心素養的SIE學習模式」及「核心素養的深度學習」，可作為建構「核心素養」的新學習取向之學習理論基礎，這些對「核心素養的評量」，也深具啟發意義，

本書下一章將針對此進一步探討。

參考文獻

白亦方、劉修豪、黃炳煌（2011）。行塑完美的國民：課程史的觀點。載於溫明麗主編，**我國百年教育回顧與展望**（pp.253-276）。新北市：國家教育研究院。

吳璧純、鄭淑慧、陳春秀（2017）。以學生學習爲主軸的生活課程素養導向教學。**教育研究月刊，275，**50-62。

尹後慶（2017）。核心素養要落地，學習方式必須改變。載於楊九詮主編，**學生發展核心素養三十人談**（pp.50-55）。上海市：華東師範大學出版社。

余文森（2017）。**《核心素養導向的課堂教學》**。上海市：上海教育出版社。

唐彩斌（2017）。培養終身學習者，培養負責任表達者。載於楊九詮主編，**學生發展核心素養三十人談**（pp.201-209）。上海市：華東師範大學出版社。

張豐（2017）。學會學習的意與義。載於楊九詮主編，**學生發展核心素養三十人談**（pp.102-108）。上海市：華東師範大學出版社。

林珮璇、李俊湖（2019）。發展深度學習的素養導向教學。載於林永豐主編，**邁向素養導向的課程教學改革**（pp.35-50）。臺北市：五南。

林崇德（主編）（2016）。**面向21世紀的學生核心素養研究**。北京市：北京師範大學出版社。

孫雙金（2017）。我們是如何落實小學語文核心素養的。載於楊九詮主編，**學生發展核心素養三十人談**（pp.210-216）。上海市：華東師範大學出版社。

洪裕宏、胡志偉、顧忠華、陳伯璋、高湧泉、彭小妍等人（2005）。**界定與選擇國民核心素養：概念參考架構與理論基礎研究**。行政院國家科學委員會專題研究計畫。臺北市：國立陽明大學。

洪裕宏（2011）。定義與選擇國民核心素養的理論架構。研習資訊，**28**(4)，15-24。

洪裕宏、胡志偉、顧忠華、陳伯璋、高湧泉、彭小妍等人（2008）。**界定與選擇國民核心素養：概念參考架構與理論基礎研究**。行政院國家科學委員會專題研究計畫成果報告（NSC 95-2511-S-010-001）。臺北市：國立陽明大學。

洪詠善、范信賢（主編）（2015）。**同行～走進十二年國民基本教育課程綱要總綱**。新北市：國家教育研究院。

胡志偉、郭建志、程景琳、陳修元（2008）。**能教學之適文化國民核心素養研究**。行政院國家科學委員會專題研究計畫成果報告（NSC95-2511-S-002-001）。臺北市：國立臺灣大學。

高湧泉、陳竹亭、翁秉仁、黃榮棋、王道還（2008）。**國民自然科學素養研究**。行政院國家科學委員會專題研究計畫成果報告（NSC 95-2511-S-005-001）。臺北市：國立臺灣大學。

郭華（2016）。深度學習及其意義。課程•教材•教法，**2016**(11)，25。

張鵬、郭恩澤（2017）。指向「深度學習」的教學策略研究。教育科學研究，**2017**(9)，13-17。

教育部（2011a）。**中華民國教育報告書：黃金十年百年樹人**。臺北市：作者。

教育部（2011b）。**十二年國民基本教育實施計畫**。臺北市：作者。

教育部（2014）。**十二年國民基本教育課程綱要總綱**（103年11月28日，臺教授國部字第1030135678A號）。臺北市：作者。

國家教育研究院（2014a）。**十二年國民基本教育課程發展指引**。臺北市：作者。教育部103年2月17日臺教授國部字第1030007735號函1030107。

國家教育研究院（2014b）。**十二年國民基本教育課程發展建議書**。臺北市：作者。

國家教育研究院課程及教學研究中心核心素養工作圈（2015）。核心素養發展手冊。臺北市：作者。取自www.naer.edu.tw/files/11-1000-1180.

php

陳伯璋（2010）。臺灣國民核心素養與中小學課程發展之關係。**課程研究，5**(2)，1-26。

陳伯璋、張新仁、蔡清田、潘慧玲（2007）。**全方位的國民核心素養之教育研究**。行政院國家科學委員會專題研究計畫成果報告（NSC 95-2511-S-003-001）。臺南市：致遠管理學院。

陳玠汝（2016）。**國中社會領域地理科實施學習共同體之行動研究**。嘉義：國立中正大學教育學院教學專業發展數位學習碩士在職專班論文。

陳國泰（2008）。情境學習在大學課程的應用。載於鄭博眞主編，**大學卓越教學法**（pp.197-228）。臺南市：中華醫事科技大學。

彭小妍、王瓊玲、戴景賢（2008）。**人文素養研究**。行政院國家科學委員會專題研究計畫成果報告（NSC 95-2511-S-001-001）。臺北市：中央研究院。

黃光雄、蔡清田（2015）。**課程發展與設計新論**。臺北市：五南。

黃政傑、吳俊憲編著（2006）。**合作學習：發展與實踐**。臺北：五南。

馮朝霖、范信賢、白亦方（2011）。**國民中小學課程綱要系統圖像之研究**。國家教育研究院委託研究報告。臺北市：國立政治大學教育研究所。

楊向東（2017）。基於核心素養的基礎教育課程標準研製。**全球教育展望，46**(9)，34-48。

楊九詮（主編）（2017）。**學生發展核心素養三十人談**。上海市：華東師範大學出版社。

楊俊鴻（2019）。**素養導向課程與教學：理論與實踐**。臺北市：高等教育出版社。

歐用生（2019）。**課程語錄**。臺北市：五南。

蔡清田（2008）。**課程學**。臺北市：五南。

蔡清田（2011）。**素養：課程改革的DNA**。臺北市：高等教育。

蔡清田（2012）。**課程發展與設計的關鍵DNA：核心素養**。臺北市：五

南。

蔡清田（2014）。**國民核心素養：十二年國民基本教育課程改革DNA**。臺北市：高等教育。

蔡清田（2015）。**教育行動研究新論**。臺北市：五南。

蔡清田（2016）。**50則非知不可的課程學概念**。臺北市：五南。

蔡清田（2017）。**課程實驗：課綱爭議的出路**。臺北市：五南。

蔡清田（2018）。**核心素養的課程發展**。臺北市：五南。

蔡清田（2019）。**核心素養的學校本位課程發展**。臺北市：五南。

蔡清田、陳延興、李奉儒、洪志成、鄭勝耀、曾玉村、林永豐（2009）。**中小學課程相關之課程、教學、認知發展等學理基礎與理論趨向**。國家教育研究院委託研究報告。嘉義縣：國立中正大學課程研究所。

蔡清田、陳延興、吳明烈、盧美貴、陳聖謨、方德隆、林永豐（2011）。**K-12中小學一貫課程綱要核心素養與各領域連貫體系研究**。國家教育研究院委託研究報告。嘉義縣：國立中正大學課程研究所。

蔡清田、洪若烈、陳延興、盧美貴、陳聖謨、方德隆、林永豐、李懿芳（2012）。**K-12各教育階段核心素養與各領域課程統整研究**。國家教育研究院委託研究報告。嘉義縣：國立中正大學課程研究所。

蔡清田、陳伯璋、陳延興、林永豐、盧美貴、李文富、方德隆、陳聖謨、楊俊鴻、高新建、李懿芳、范信賢（2013）。**十二年國民基本教育課程發展指引草案擬議研究**。國家教育研究院委託研究報告。嘉義縣：國立中正大學課程研究所。

顧忠華、吳密察、黃東益（2008）。**我國國民歷史、文化及社會核心素養之研究**。行政院國家科學委員會專題研究計畫成果報告（NSC 95-2511-S-004-001）。臺北市：國立政治大學。

鍾啟泉譯（2010），佐藤學著（2006）。**學校的挑戰：創建學習共同體**。上海市：華東師範大學出版社。

鍾啟泉（2016）。基於核心素養的課程發展-挑戰與課題，**全球教育展望，45**(1)，3-25。

鍾啟泉（2017）。學科教學的發展及其課題：把握學科素養的一個視角。

全球教育展望，**46**(1)，11-23。

鍾啓泉（2018）。**核心素養十講**。福州：福建教育出版社。

鍾啓泉、崔允漷（2018a）。**核心素養與教學改革**。上海市：華東師範大學出版社。

鍾啓泉、崔允漷（2018b）。**核心素養研究**。上海市：華東師範大學出版社。

Brown, J. S., Collins, A., & Duguid, P. (1989). Situated cognitive and the culture of learning. *Educational Researcher, 18*(1), 32-42.

Canto-Sperber, M. & Dupuy, J. P. (2001) Competencies for the good life and the good society. In D. S. Rychen & L. H. Salganik (Eds.). *Defining and selecting key competencies* (pp.67-92). Göttingen, Germany: Hogrefe & Huber Publishers.

Cattaneo, L. B. & Chapman, A. R. (2010). The process of empowerment: A model for use in research and practice. *American Psychologist, 65,* 646-659.

Chambliss, M. & Calfee, R. (1998). *Textbooks for learning: Nurturing children's minds*. Blackwell Publishing.

Cheng, K. M. (2017). *Advancing 21st Century Competencies in East Asian Education Systems*. Retrieved from http://asiasociety.org/files/21st-century-competencies-east-asian-education-systems.pdf

Collins, A., Brown, J. S., & Newman, S. (1989). Cognitive apprenticeship: Teaching students the craft of reading, writing, and mathematics. In L. Resnick (Ed.), *Knowing, learning, and instruction: Essays in honor of Robert Glaser* (pp.453-493). Hillsdale, NJ: Erlbaum.

European Commission (2005). *On key competences for lifelong learning.* Proposal for a recommendation of the European parliament and of the council. Brussels: Author.

Fullan, M.,. Quinn, J., & McEachen, J. (2018). *Deep Learning: Engage the World Change the World*. Thousand Oaks, CA: Corwin Press.

Gehlbach, H., Brinkworth, M. E., & Harris, A. D. (2012). Changes in teacher-student relationships. *British Journal of Educational Psychology, 82,* 690-704.

Giddens, A. (1984). *The constitution of society.* Cambridge: Polity Press.

Glatthorn, A., Bragaw, D., Dawkins, K., & Parker, J. (1998). *Performance assessment and standards-based curricula: The Achievement cycle.* N.Y.: Eye On Education, Inc.

Glatthorn, A. A. & Jailall, J. M. (2009). *The principal as curriculum leader: Shaping What Is Taught and Tested* (3rd). Thousand Oaks, CA: Corwin.

Goody, J. (2001). Education and competence: Contextual diversity. In D. S. Rychen & L. H. Salganik (Eds.). *Defining and selecting key competencies* (pp.175-189). Göttingen, Germany: Hogrefe & Huber Publishers.

Guerriero, S. & Révai, N (2017). Knowledge-based teaching and the evolution of a profession. In S. Guerriero (Ed.), *Pedagogical Knowledge and the Changing Nature of the Teaching Profession* (pp.253-269). Paris: OECD Publishing.

Habermas, J. (1988). *Postmetaphysical Thinking.* Cambridge: Polity Press.

Haste, H. (2001). Ambiguity, autonomy, and agency: Psychological challenges to new competence. In D. S. Rychen & L. H. Salganik (Eds.), *Defining and selecting key competencies* (pp.93-120). Göttingen, Germany: Hogrefe & Huber Publishers.

Johnson, D. W. & Johnson, R. T. (1992). Implementing cooperation Learing. *Contemporary Education, 63*(3), 173-180.

Kang, H. S. & Lee, J. E. (2016). Inquiry on Narrative's Application to Subject Matter Education: Focused on the 2015 Revised National Curriculum. *Asia-Pacific Journal of Educational Management Research, 1*(1), pp.109-114.

Kimura, D. & Tatsuno, M. (2017). *Advancing 21st Century Competencies in Japan.* Retrieved from http://asiasociety.org/files/21st-century-competencies-japan.pdf

Lave, J. & Wenger, E. (1990). *Situated Learning: Legitimate Peripheral Participation*. Cambridge: Cambridge University Press.

Levy, F. & Murnane, R. (2001). Key competencies critical to economic success. In D. S. Rychen & L. H. Salganik (Eds.), *Defining and selecting key competencies* (pp.151-173). Göttingen, Germany: Hogrefe & Huber Publishers.

Marton, F. & Saljo, R. (1976). On Qualitative Differences in Learning-Io Outcome and Process. *British Journal of Educational Psychology*, *46*, 4-11.

Morin, E. (1999). *The Seven Complex Lessons in Education for the Future*. UNESCO.

Organisation for Economic Co-operation and Development (OECD) (2018). *The Future of Education and Skills 2030*. Paris: OECD.

Ogle, D. M. (1986). K-W-L: A teaching model that develops active reading of expository text. *The Reading Teacher*, *39*, 564-570.

Paniagua, A. & Istance, D. (2018). *Teachers as Designers of Learning Environments: The Importance of Innovative Pedagogies*. Paris Educational Research and Innovation, OECD Publishing.

Pellegrino, J. W. (2017). Teaching, learning and assessing 21st century skills. In S. Guerriero (Ed.), *Pedagogical Knowledge and the Changing Nature of the Teaching Profession* (pp.223-252). Paris: OECD Publishing.

Perrenoud, P. (2001). The key to social fields: Competencies of an autonomous actor. In D. S. Rychen & L. H. Salganik (Eds.), *Defining and selecting key competencies* (pp.121-149). Göttingen, Germany: Hogrefe & Huber Publishers.

Pike, G. & Selby, D. (1988). *Global Teacher, Global Learner*. Hodder & Stoughton, London.

Rychen, D. S. & Salganik, L. H. (Eds.) (2001). *Defining and selecting key competencies*. Göttingen, Germany: Hogrefe & Huber Publishers.

Rychen, D. S. & Salganik, L. H. (Eds.) (2003). *Key competencies for a successful life and a well-functioning society*. Göttingen, Germany: Hogrefe & Huber Publishers.

Schleicher, A. (2018). Foreword. in *Teachers as Designers of Learning Environments: The Importance of Innovative Pedagogies*. Paris: OECD Publishing.

Schon, D. A. (1987). *Educating the reflective practitioner*. London: Jossey-Bass.

Schröder, M. (2015). Competence-oriented study programmes. Retrieved from http://www.fibaa.org/uploads/media/13_Werkstatt_Kompetenzorientierung_Mai_2015_V3_en_01.pdf

Slavin, R. E. (1990). *Cooperative Learning*. Cliffs, NJ: Prentice Hall.

Spencer, L. M. & Spencer, S. M. (1993). *Competence at Work: Models for Superior Performance*. New York: John Wiley and Sons.

Suchman, L. A. (1987). *Plans and Situated Actions: The Problem of Human-machine Communication*. New York: Cambridge University Press.

Thomas, W. I. & Thomas, D. S. (1928). *The child in America: Behavior problems and Programs*. New York: Knopf.

Trilling, B. & Fadel, C. (2009). *21st Century Skills: Learning for Life in Our Times*. San Francisco, CA USA: John Wiley & Sons, Inc.

Weinert, F. E. (1999). *Concepts of Competence*. DeSeCo Expert Report. Swiss Federal Statistical Office. Neuchâtel. Retrieved May 27, 2003, from http://www.statistik.admin.ch/stat_ch/ber15/deseco/weinert_report.pdf

Weinert, F. E. (2001). Concepts of competence: A conceptual clarification. In D. S. Rychen & L. H. Salganik (Eds.), *Defining and selecting key competencies* (pp.45-65). Göttingen, Germany: Hogrefe & Huber.

Young, M., Lambert, D., Robert, C., & Robert, M. (2014). *Knowledge and the future school: curriculum and social justice*. London: Bloomsbury.

第五章 核心素養的評量論

　　本書第四章「核心素養的學習論」說明核心素養是「可以透過學習獲得成就」，建構「核心素養的SIE學習模式」，指出「核心素養的深度學習策略」，強調「眞實學習」（authentic learning）的重要性。本章「核心素養的評量論」，闡述「核心素養的評量理念」，說明「核心素養」不僅具有研究的性質，也是可經過評量推估檢核（Assessment Appraisal）而得知（蔡清田，2018），是「可以透過評量加以推估」，本章根據核心素養「冰山模式」與「核心素養的SIE學習模式」，建構「核心素養的SIEA學習評量模式」（Social Situation, Implicit Mechanism, Explicit Action, Assessment Appraisal，簡稱SIEA），說明可運用「眞實學習」之評量〔簡稱「眞實評量」（authentic assessment）〕，評量推估「核心素養」的表現水準，以下分段論述之。

一、核心素養的評量理念

　　核心素養已經成爲當前課程改革的重要焦點，研究「核心素養」的發展趨勢和分析核心素養的理念特質，將有助於研發核心素養的學習評量以保障學習質量（雷浩、崔允漷，2018），因此，本章「核心素養的評量論」，特別指出核心素養的評量理論構念，具有兩種特質：（一）核心素養是「可教、可學」，須透過後天學習而獲得的，是有待研究的理論構念（theoretical concept），是具有「研究假設性質之理論構念」（hypothetical construct）。（二）核心素養具有「內隱的」（implicit）與「外顯的」（explicit）「冰山模式」特質，具有可評量推估的性質；而核心素養的表現水準，也是一個連續體的狀態，代表個體核心素養相關構成要素之高低水準。詳細而言，可從以下兩個面向來說明核心素養的評量理論構念之特質：

（一）核心素養具有「可教可學」的「研究假設」之理論構念特質

　　核心素養這種可教可學的理論構念，這種有待進一步研究的理論

構念，具有「研究假設性質之理論構念」特質。核心素養是涉及個體心理機制的認知、情意和技能的複合構念，而且核心素養是後天習得的構念（Weinert, 1999），核心素養是可從學習中獲得的（Stahl & Wild, 2006），可經由社會的、動機的、教學的觸動引發（Stoof, Martens, van Mrriënboer, & Bastiaens, 2002），在一定條件下，核心素養是可教的、可學的（OECD, 2005b; Weinert, 2001），這呼應了胡志偉、郭建志、程景琳與陳修元等人（2008）所進行的《能教學之適文化國民核心素養研究》之研究發現，核心素養是一種有待考驗的理論構念，具有「研究假設性質之理論構念」的特質（Malewski, 2010）。這彰顯了兩項要點，第一點是核心素養不是先天遺傳的，核心素養是經由後天學習而獲得的；第二點是核心素養可以透過每個教育階段之課程設計與教學實施引導學生經由學習而獲得，而且核心素養可以規劃設計、實施教學與評量（Rychen & Salganik, 2003）。

1. 核心素養不是先天或遺傳的，核心素養是經由後天學習獲得的

核心素養則不是先天或遺傳的，核心素養並非與生俱來，而是需要透過後天教育的培養，可以透過學習而獲得的（can be learned）（Stahl & Wild, 2006）。換言之，核心素養是後天學習獲得的，有別於非經學習的先天能力（張春興，1991），這彰顯了「核心素養」是不斷成長與改變的，特別是，核心素養會因學習經驗而不斷地發展而提升，並且重視學習情境設計，以增進學習者與生活情境的互動，進而形成一種交互作用動態互動的核心素養理論構念（洪裕宏、胡志偉、顧忠華、陳伯璋、高湧泉、彭小妍等人，2008）。有許多學者主張，學習歷程是學習者經過學習以獲得核心素養之重要條件，學習者才能成功地因應生活環境脈絡情境的複雜需要（Canto-Sperber & Dupuy, 2001）。

「核心素養」不是先天的遺傳，而是學習者經過後天的學習獲得。核心素養是指一個人學習後的狀態（Goody, 2001）。核心素養是指學生「經過學習」之後應該具備的重要知識、能力與態度，以因應社會生活的需要，並建立個人的優質人生（Rychen & Salganik, 2003）。核心素養並非只是單獨針對某一特定學校教育階段的特定需要，而是不同人生發展階段

的不同生活領域情境，學生可能需要學習獲得不同複雜程度的核心素養，以因應不同生活情境的需要，強調學生可以透過學習以獲得必要的核心素養，以因應社會生活的需要，並擁有個人成功的生活與優質的人生，進而能建立功能健全的社會，由此可知，核心素養可作為確保教育品質，成為提升個人生活與國家社會教育品質的重要依據。

這種以學習者為主體的核心素養學習論，合乎學者Jean Lave和Etienne Wenger於1990年所提出的《情境學習：合法的邊緣性參與》的論點（王文靜譯，2004），學習不再被定位為靜態的應付考試的知識之獲得，而是將學習視為有助於個人獲得核心素養，以因應社會生活各種場域情境工作任務之所需（Wenger, 2007）。從情境學習的論點而言，學習的目的在於使個人有能力處理未來生活中面臨的複雜工作，因此，應在真實情境中進行學習，不能與情境脈絡分離，如此才具有意義與應用價值（Brown, Collins, & Duguid, 1989）。核心素養是發生在有意義的「情境」脈絡之下，為了因應個體所處生活情境所觸動的複雜需求，可以透過教育機構的課程規劃與教學設計，引導學習者主動參與學習，以學習獲得所需要的核心素養，因應當代生活情境的複雜需求（demands），這也彰顯了「核心素養」具有動態發展的特質，是可學與可教的，是不斷成長與改變的，而且核心素養會因學習經驗而不斷發展，必須重視學習的情境分析設計，以增進學習者與情境的互動。這種論述也呼應了情境學習論所強調情境對於學習的重要性（Lave & Wenger, 1990）。

2. 核心素養可以透過每個教育階段之課程設計與教學實施，加以培養

從人力資源的論點來看，主張「核心素養」是可以教導的（Stoof, Martens, van Mrriënboer, & Bastiaens, 2002），核心素養會因教學指導而不斷地發展，可以用來指引並具體規劃每個教育階段之課程設計與教學實施，以培養國民因應現代與未來社會生活所應具備的核心素養，特別是可以規劃設計學生在國民基本教育結束時所應具備能有效參與社會生活所需的知識、能力與態度，以便有效地促成個人的成功生活與功能健全的社會（Canto-Sperber & Dupuy, 2001）。例如歐盟便將核心素養界定為知

識、能力與態度的統整，當個體進入學校之後，開始學習接受正規的學校教育，便可接受課程設計與教學實施培養而發展出核心素養，而且核心素養應該持續發展、維持與更新，並且成爲終身學習的一部分（European Commission, 2005）。這正好呼應了核心素養的特質（Stoof, Martens, van Mrriënboer, & Bastiaens, 2002），是動態發展的而且可以在一定的情境脈絡之中調整其意涵與範疇，並可透過各教育階段加以培養（Sampson, Karampiperis, & Fytros, 2007; Aspin & Chapman, 2000; Field, 2001; Gonczi, 2000; Koper & Tattersall, 2004; Lucia & Lepsinger, 1999）。換言之，核心素養並非單獨只針對某一特定教育階段的學習，核心素養可以透過幼兒教育、初等教育、前期中等教育、後期中等教育、高等教育、成人教育等不同的教育階段，而有不同的課程規劃設計與學習重點（王世英、張鈿富、吳慧子、吳舒靜，2009）。

　　核心素養可以透過每個教育階段之課程設計與教學實施加以培養，這項核心素養的學習特質，更呼應本書指出核心素養如同人體構造要素之DNA組織，不但綿密且環環相扣、結構嚴謹，可加強國民基本教育階段課程一貫性，使幼兒園、國民小學、國民中學、高中職教育階段的課程前後連貫，促成國民基本教育K-12年級課程的「連貫性」（coherence）、「統整性」（integration）與「銜接性」（articulation）（黃光雄、蔡清田，2015；黃政傑，1991；蔡清田，2016）。綜言之，核心素養可以透過每個教育階段之課程設計與教學實施加以培養。此外，「核心素養」是爲一種上位概念，作爲下位概念的課程教學，則必須依據教育階段而規劃設計，具有可變性之「學習表現」。因此，設計「核心素養」的評量工具時，應注意「學習表現」與「核心素養」的呼應情形。

（二）核心素養具有內隱的與外顯的「冰山模式」特質

　　核心素養是一種具有研究假設性質之理論構念，具有內隱的與外顯的「冰山模式」特質（Spencer & Spencer, 1993），核心素養像一座冰山一般，表面看到的外顯部分只是整體的一小部分而已，其餘許多「內隱的」潛在屬性是不容易被看到的，例如：Hoffmann（1999）表示，核心素養

的特質包括「外顯的」可觀察的行動展現結果，以及個人的「內隱的」（implicit）潛在屬性，其中，個人「內隱的」潛在屬性較難以利用觀察的方式加以確認。又如Wolf（1989）主張「核心素養」具有「外顯的」可見的明顯行動，但核心素養可能還具有「內隱的」不易直接觀察的特質，這是指內隱不明顯或隱藏而不可見（invisible）的內在心智運作，這也呼應了本書第四章指出「核心素養的SIE學習模式」之學習特質，核心素養的個體擁有許多內在的認知、技能、情意，但不是每一項認知、技能、情意都可以外顯展現出來，因爲核心素養與特定情境下的複雜需求有密切的關聯，而且核心素養包括使用認知、技能及情意價值與動機等「隱而不顯」的內在心智運作機制（Canto-Sperber & Dupuy, 2001）。

　　核心素養的理論構念，已經從「外顯的」知識、技術能力的「行動展現」，深入到重視「內隱的」態度情意等深層面向，不僅可從「外顯的」行動展現檢測評量，更強調人類精神等內在層次「內隱的」深層面向（王世英、張鈿富、吳慧子、吳舒靜，2009），特別是我國國民核心素養能展現出東方社會文化的教育色彩，必須重視「內隱的」潛伏人性問題與人類文明精神等內在層次的內涵價值之提升，顯得較爲深邃與宏觀（彭小妍、王瓊玲、戴景賢，2008）。是以，如將核心素養看成具有有待研究的「冰山模式」，特別是將核心素養看成認知、技能、情意等整體性（holistic）的理論構念，比較能在教育過程中，掌握學習者複雜且動態的知識、能力與態度，不過，這也提高了評量推估的困難程度（洪裕宏、胡志偉、顧忠華、陳伯璋、高湧泉、彭小妍等人，2008；OECD, 2005b）。

　　核心素養是個體在生活情境脈絡需求之下，具備知識、能力與態度，可以勝任被賦予的行動任務挑戰，核心素養是指個體具備足以完成某種行動表現的內外在狀態，包括個體內在「內隱的」潛在特質，亦包含個體可以有效達成任務之「外顯的」行動展現之特質。例如：Sawardekar（2002）便強調以工作任務或工作責任爲基礎的核心素養，因而強調「外顯的」可見的行動展現，希望「核心素養」是可觀察的、清楚且容易理解的、與社會生活相關的、可以具體陳述的。Delamare-Le Deist與Winterton（2005）亦強調，探討核心素養的理論構念時，若涉及核心素養的意涵、

特質與評量時，「核心素養」之「外顯的」行動展現，就有其不可忽略的重要性。

有趣的是，「特質難以眼見」（What is essential is invisible to the eye）。一個個體可能在「外顯的」面貌之下，有著「內隱的」浪漫情懷或夢幻靈魂，這是個體特質的一體兩面，也說明了核心素養是同時具有「內隱的」與「外顯的」理論構念，而且也是指一個人所具備的核心素養，就如同是一座冰山（Spencer & Spencer, 1993），同時包括「外顯的」特質和「內隱的」特質之總合。換言之，核心素養具有內隱的與外顯的「冰山模式」特質，核心素養的特質包括常人所容易觀察到的「外顯的」行動表像，也包括常人不易觀察到的「內隱的」潛在特質；其中，「外顯的」特質往往是比較容易描述而且容易觀察到的知識能力之外顯行動展現，「內隱的」特質則是指個人人格中較深層、持久的自我概念、態度情意價值、動機等特質，即使在不同的職務或工作中，都可藉由這些基本特質，加以解釋或推測其思考或行動表現（魏梅金譯，2002）。

值得注意的是，如圖5-1核心素養具有內隱的與外顯的「冰山模式」特質所示，核心素養之「外顯的」特質往往是比較容易描述而且容易觀察到的知識、能力，也比較容易培養發展與進行評量的；至於核心素養之「內隱的」特質之態度情意價值、動機，就較不易直接描述觀察而難以進行評量。雖然核心素養之「內隱的」特質不易直接觀察和評量，但是可以根據相關理論所建構的嚴謹研究工具，加以研究推估而得知其存在（McClelland, 1973），可透過適當的測驗評量以考驗研究假設性質之理論構念，並透過因果加以預測行動，並利用效標參照加以評量推估檢核，可以作為判斷行動展現的「表現標準」（Bunda & Sanders, 1979），特別是可以透過「行為事件的訪談」來辨識或確認「核心素養」（identifying competencies with behavioral-event interviews）（McClelland, 1998）。這呼應了Spencer和Spencer（1993）指出核心素養具有「內隱的」潛在特質，核心素養的此種「內隱的」潛在特質，會導致個人在工作和生活情境產生相關參照「表現標準」的效能；Parry（1998）也認為，核心素養是指個人工作主要的相關知識、態度與技能，這與工作上的績效表現有關，除

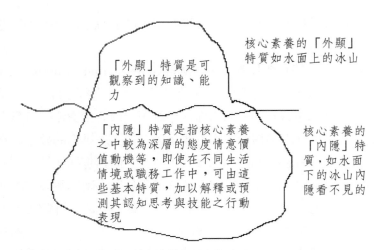

「外顯」特質是可觀察到的知識、能力

核心素養的「外顯」特質如水面上的冰山

「內隱」特質是指核心素養之中較為深層的態度情意價值動機等，即使在不同生活情境或職務工作中，可由這些基本特質，加以解釋或預測其認知思考與技能之行動表現

核心素養的「內隱」特質，如水面下的冰山內隱看不見的

圖5-1　核心素養具內隱的與外顯的「冰山模式」特質

了可用來作為評量的「表現標準」，亦可經由訓練和發展來加以提升。由此可見，核心素養是具有可教可學可評量的性質；雖然核心素養如同「冰山」一般不容易直接觀察全貌和完整測量其整體，但是，可以根據相關理論所建構的嚴謹研究工具加以研究推估而得知其存在，並可透過適當的測驗評量加以考驗，是以核心素養是可以評量的。

特別是圖5-1核心素養具內隱的與外顯的「冰山模式」特質，可以結合本書第四章圖4-1「核心素養的SIE學習模式」，成為如圖5-2「核心素養的社會情境、內隱機制、外顯行動、學習評量模式」，簡稱為「核心素養的SIEA學習評量模式」（Social Situation, Implicit Mechanism, Explicit Action, Assessment Appraisal，簡稱SIEA）具有四個重要構成要素：其一，「社會情境」（Social Situation，簡稱S）是指個體置身所處外部生活情境各種社會場域複雜需求，特別是指個體必須因應生活情境的各種社會場域之複雜需求；其二，「內隱機制」（Implicit Mechanism，簡稱I）是指個體內部心智運作機制的行動先決條件；其三，「外顯行動」（Explicit Action，簡稱E）是指個體展現負責任之核心素養行動，展現個體行動所需的知識、能力、態度；第四「評量推估」（Assessment Appraisal，簡稱A），特別是核心素養的學習評量（Learning Assessment），可以評估核心

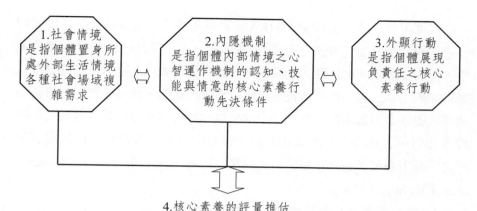

4.核心素養的評量推估

圖5-2　核心素養的社會情境、內隱機制、外顯行動、學習評量模式〔簡
　　　稱為「核心素養的SIEA學習評量模式」（Social Situation, Implicit
　　　Mechanism, Explicit Action, Assessment Appraisal，簡稱SIEA）〕

素養的「學習目標」（Objectives）及「學習表現」（Performance）之達
成程度。

　　就「核心素養的SIEA學習評量模式」詳細而言，學校教育工作者與
評量人員如能設計優質學習情境，可透過情境分析結合「社會情境」之外
來刺激環境需求，設計布置導向「學習目標」的學習評量脈絡情境，將能
引發個體展現「外顯行動」的「學習表現」，有助於「學習目標」的評
量，其「學習表現」水準是經過推估而得知的，可能是一個持續發展的連
續體之狀態，代表不同教育階段的每個個體核心素養相關構成要素之高
低水準；是以，教育人員可發展出「核心素養的SIEA學習評量模式」，
然後將此學習評量理論模式付諸實踐，將能直接或間接推估核心素養的
「學習表現」之水準。換言之，核心素養是可以經過評量推估而得知，
並且可以達成本書第三章「核心素養的OSCP教案設計模式」與第四章
「核心素養的SIE學習模式」之「學習情境」（Situation）及「學習目標」
（Objectives）以呼應「核心素養」，透過「教學設計」，活用實踐「學習
表現」（Performance），進行學習評量以推估核心素養「學習目標」的達
成程度。

簡而言之，「核心素養的SIEA學習評量模式」這種具有有待研究的「冰山模式」包括三項評量學習重點：第一點，是核心素養具有可評量性，可加以評量；第二點，是核心素養的「學習表現」水準，是經過推估而得知的；第三點，核心素養是一個連續體的狀態，代表個體核心素養相關構成要素之高低水準。更進一步地來說，核心素養可以指導各教育階段與學習領域之基本學力的建構內容；核心素養也是各教育階段與學習領域之「學習表現」逐漸累積的最終結果（Kim, Youn, Shin, Park, Kyoung, Shin, Chi, Seo, & Hong, 2007）。

1. 核心素養具有可評量性，可加以評量

核心素養是經由後天學習獲得的，是可教可學、可評量的，「核心素養」的評量，重視學生在真實情境下的核心素養表現，著重於評量學生在多樣複雜的情境中如何把所學的知識、能力、態度發揮出來，以評估學生的核心素養學習成效（蔡清田、陳伯璋、陳延興、林永豐、盧美貴、李文富、方德隆、陳聖謨、楊俊鴻、高新建、李懿芳、范信賢，2013）。核心素養具有可評量性，可加以評量（Barrett & Depinet, 1991; McClelland, 1973），亦即核心素養是可以評量評估的（McClelland, 1998），然而，並非每一項核心素養均容易以目前的工具或方法測出，對於不易測出的部分，也不見得不存在或不重要，也不見得就不屬於核心素養內涵（Quane, 2003）。因此，只靠紙筆測驗來評量學生的學習成效，將難以獲知核心素養之整體成效，需要設計合宜評量工具，評量核心素養（蔡欣坪，2013）。

例如1990年代之初，「經濟合作與發展組織」為促進各會員國在全球知識經濟體系中的競爭力，並能有效地發展人力資本，便著手籌劃進行跨國的學習成果比較。例如：「國際成人知能調查」（International Adult Literacy Survey，簡稱IALS）、「國際學生評量計畫」（Programme for International Student Assessment，簡稱PISA）、「成人知能與生活能力調查」（Adult Literacy an Life skills Survey，簡稱ALL）等，針對青少年人與成人參與社會所需的重要知識與能力（knowledge and skills）等「知能」（literacy）進行調查（Murray, 2003: 135; OECD, 2009b; Schleicher,

2003）。這些從1990年代早期調查以最基本的讀、寫、算等「知能」爲主（Tiana, 2004）；爲因應資訊社會的終身學習所需，「經濟合作與發展組織」運用「素養的界定與選擇」專案研究之整體架構，在2011年進行的「國際成人素養評量計畫」（Programme for the International Assessment of Adult Competencies, PIAAC）的成人素養調查（Green, 2004; OECD, 2010; Schleicher, 2008），將「知能」擴展並升級進化轉型爲「核心素養」，界定爲現代公民所需的核心素養，這是指爲了達成有效的社會參與的各種核心素養，特別是個體適當地使用社會一文化工具，包括資訊科技和溝通工具，以取得、管理、整合和評估訊息，建構新知識，以及與他人溝通的知識、能力和態度。「國際成人素養評量計畫」的成人素養調查評量包括兩大部分，第一部分是對成人核心素養的直接測量，所評量的主要素養有三：「語文素養」、「數學」（numeracy），以及新增的「在科技環境中解決問題的能力」（problem solving in technology-rich environments）（Green, 2004; OECD, 2010; Schleicher, 2008），主要是測量成人公民使用各種類型的資訊以解決問題的認知技能（Thron, 2009）；另一部分則是自陳報告式的大規模調查，內容除了背景變項資料、社會經濟結果（例如：就業、所得、經濟成長率、公民投票率等）之外，最重要的是新增的職場實際所需核心素養調查。這種從實際需求面進行的調查是「國際成人素養評量計畫」與之前調查最大的不同（OECD, 2010; Sabatini & Bruce, 2009; Schleicher, 2008）。

上述國際計畫之進行，乃與《素養的界定與選擇》之專案研究緊密相關。這是「經濟合作與發展組織」整合「國際成人知能調查」IALS和「成人知能與生活能力調查」ALL兩種大型國際成人素養調查的研究發現，並因應世界情勢變化及會員國需求所設計的全新跨國的成人素養調查計畫，主要的目的在於檢視教育投入如何轉換爲成人的核心素養，而成人的核心素養又如何反映在經濟及社會成果上，調查及評量的結果將作爲「經濟合作與發展組織」制訂教育政策以及協助各會員國國家發展的參考（Green, 2004; OECD, 2010; Schleicher, 2008）。此外，「經濟合作與發展組織」爲促進各會員國在全球知識經濟體系中的競爭力，並且能有效地發展人力

資本，特別自2007年開始著手籌劃進行「國際成人素養評量計畫」，並於2010年前建構完成調查工具與電腦平臺，俾能在2011年正式施測以及至2013年完成國際成人素養評量計畫報告書。「國際成人素養評量計畫」PIAAC主要關注的是，成人成功參與二十一世紀經濟與社會所需要的核心素養，這些核心素養係與終身學習緊密關聯，成人能力評量的範疇則包括科技環境中的問題解決能力、識字能力、數學能力，以及閱讀能力等四項範疇（OECD, 2008, 2009a）。同樣地，我國學者曾進行《公民語文素養指標架構研究》，旨在形成臺灣公民語文素養指標架構，完成的語文素養指標將公布以昭公信，並由不同的研究團隊繼續發展測量工具進行全民之檢測，此將有助於吾人了解我國18歲到65歲公民運用語文參與社會生活的情形，以及不同年齡、不同群族在不同語文素養層級的實際運作效能，用以檢討學校語文教育政策、發展社會教育及終身學習政策之參考（柯華葳、戴浩一、曾玉村、曾淑賢、劉子鍵、辜玉旻、周育如，2010）。

　　特別是「國際學生評量計畫」已針對閱讀、數學、科學等「溝通互動」的核心素養，進行國際之間的學生評量，但對於涉及跨文化情境因素的「自主行動」、「社會參與」等面向的核心素養，則考慮到跨文化情境的效度問題，過去並未進行國際間的學生評量。1997年「經濟合作與發展組織」所發起的「國際學生評量計畫」，其目的在於了解15歲學生在義務教育結束前，是否獲得溝通互動所需的素養，尤其是閱讀、數學、科學等學科內容之分析、推理與溝通之學科素養（OECD, 2005）。儘管這些評量都是透過紙筆測驗，而且其焦點大都是集中在「能互動地使用語言、符號與文本」等面向的素養。但是，學生個人成功生活與社會健全發展需要的是更為寬廣的核心素養，也應針對跨領域科目核心素養進行評量。因此，「國際學生評量計畫」已針對其過去之不足，採用本書第一章所提《素養的界定與選擇》（DeSeCo）的架構，開始重視個人自主學習與學習動機兩個面向評量，同時考慮到認知與非認知的能力與情意之評量或針對高層次的複雜心理活動如「系統思考與解決問題」等進行評量。傳統的學校考試與大規模的校外考試及聯合甄試，往往只重視素養中的「認知」，而忽略了「技能」與「情意」的層面。因此，也要特別注意素養的「認知層面」

與「非認知層面」的評量，因為核心素養並非僅是知識與能力的總合而已，核心素養尚且包含態度情意，因此「國際學生評量計畫」已經就此加以改進，其主要是藉由另一份的問卷調查表，推估學生的「學習態度」與學習動機，以提供某些相關資訊，例如顯示學生在學習方面能自主控制學習歷程的程度，而科學評量除了評量學生的認知能力之外，也同時以問題探討學生對科學議題的相關性與重要性的態度看法。

　　核心素養具有可評量性，即可加以評量（Barrett & Depinet, 1991）。但是，如何能確定核心素養的培育，則必須要有具體可行的評量的方式。有些核心素養無法於短期之內可以培養完成及可評量，例如「團隊合作」的核心素養，前述核心素養雖然不容易直接觀察和評量，但若於學校內實施核心素養之培育工作，應可根據相關理論所建構的嚴謹研究工具，力求發展每一個核心素養的評量方式及工具，再加以研究推估而得知其存在（Bunda & Sanders, 1979），更可透過因果加以預測行動，並利用效標參照加以評量推估檢核的理論構念，作為判斷行動表現的「表現標準」（陳伯璋、張新仁、蔡清田、潘慧玲，2007）。換言之，就核心素養的學習評量論點而言，核心素養難以全面具體評量，因核心素養的多種構成要素是無法直接測量或觀察而得知，但可以透過觀察許多真實生活情境之下的個體實作表現行動，而間接地推估核心素養及其構成要素（Rychen & Salganik, 2003）。誠如物理科學家愛因斯坦（Albert Einstein）所言：「許多重要的特質是不易被量化的。」（Not everything that can be counted counts, and not everything that counts can be counted.）雖然這些個體表現行動的核心素養，以及核心素養的多種構成要素是無法直接測量或觀察而得知，但是，這是可以透過觀察許多真實生活情境之下的個體實作表現行動（Barrett & Depinet, 1991; McClelland, 1998），而間接地推估核心素養及其構成要素（Gonczi, 2000; Weinert, 2001）。例如：「國際學生評量計畫」（PISA）便已針對閱讀、數學、科學等「能互動地使用工具」的核心素養，進行國際之間的學生評量（Schleicher, 2003）。進一步地，「國際學生評量計畫」（PISA）已經開始進行針對「態度情意」進行評量。其主要是藉由另一份的問卷調查表，詢問學生的學習態度與動機，這可以提供

某些相關的資訊，例如：顯示學生在學習方面能運用自律自主以控制學習歷程的程度，這是以目標來檢核其所學習的內容。而2006年的「國際學生評量計畫」的科學評量，除了評量學生的認知能力之外，也同時以問題探討了學生對於科學議題的相關性與重要性的態度看法。

2009年「國際學生評量計畫」（PISA）之評比結果公布，中國上海15歲青少年在閱讀、數學、科學等三個項目，都以高分獨占鰲頭，全世界排名第一。此一結果公布當天，「上海高分震驚教育界」就登上美國《紐約時報》教育版的頭條，並將此和1957年蘇聯發射世界第一枚人造衛星的震撼相提並論。值得注意的是，「國際學生評量計畫」（PISA）可以幫助各國比較有科學數字「實際證據」地看到學校教育的「可能問題」，以及進而可以提出改善學校教育的「可能方向」，成為其制定教育政策並調整中小學教育內容及方法策略，以進行課程改革的參考依據。例如：上海在中小學教育改革所進行的「教材教法」的大幅改變，是其核心素養能全面大幅提升的關鍵因素（賓靜蓀，2011，36）。同樣地，「國際學生評量計畫」（PISA）評比成績中，香港閱讀在全世界排名第四、數學與科學則是全世界排名第三，由於香港自2003年便開始進行中小學課程改革，將「知識取向」與教師主導的課程，改為「核心素養取向」與學生主導的課程，香港中文大學課程與教學系教授劉潔玲指出，這是因為香港課程改革理念和「國際學生評量計畫」（PISA）吻合，尤其是一方面香港保留華人對學習的正面「態度」，對文學欣賞、背誦「習慣」的重視，運用考試引導教學；但另一方面也加上「實用性文本練習」，以及改從不同層次「評量」學生「閱讀素養的方法」，以合乎「國際學生評量計畫」（PISA）重視核心素養取向的精神（賓靜蓀，2011，37）。

2. 核心素養的學習表現水準，是經過評量推估而得知的

核心素養不容易直接觀察和評量，但可透過適當工具轉化為可被評量的面向。核心素養，可基於觀察其「學習表現」所獲得證據而推估得知（Barrett & Depinet, 1991），可透過設計許多不同環境脈絡情境下的評量，以測量得知個體在適應該環境脈絡情境所需要之表現（McClelland, 1998）。但是，如何能確定核心素養的培育成果，則須有具體可行的評量

方式。例如有些核心素養，雖然不容易直接評量，但若於學校內實施「自主行動」、「社會參與」、「溝通互動」等核心素養之培育工作，應可根據相關理論所建構的嚴謹研究，開發每項核心素養的評量工具，並利用效標參照加以評量檢核，作爲判斷其「表現標準」。換言之，核心素養雖難以全面評量，因核心素養的多種構成要素是無法直接測量或觀察而得知（蔡欣坪，2013），但可透過眞實生活情境之下的個體實作表現，間接地推估核心素養及其構成要素。尤其是「自主行動」、「社會參與」、「溝通互動」等核心素養，必須先經過課程發展設計，作爲規劃課程目標、教材教法及學習評量之重要依據，以提升學生學習效能，並加以評量檢測（蔡清田，2019）。

　　核心素養的「學習表現」水準，亦即個體所具有的核心素養之水準，基本上是經過推估而得知的（Barrett & Depinet, 1991; Tiana, 2004），是基於行動表現的觀察所獲得的證據而間接推估得知，而且也可以透過設計許多不同環境脈絡情境之下的評量（McClelland, 1998），以評量得知個體在適應該環境脈絡「情境」所需要之行動表現。因此若要對「核心素養的學習評量」有更進一步的理解，「情境」要素就愈顯重要，不僅是個體有關核心素養的學習是如此，從國際評量發展經驗之比較研究，亦發現此種趨勢，特別是在「國際學生評量計畫」（PISA）中，情境是有關閱讀、數學與科學的評量之重要成分（王世英、張鈿富、吳慧子、吳舒靜，2009）。如果要針對生活當中實際需要的「團隊合作」之核心素養進行評量，往往必須在眞實「情境」中透過觀察才能進行評量（Murray, 2003）。Hoffmann（1999）指出，若將核心素養以「外顯行動」的展現作爲重要內涵，則不可忽視工作任務的「情境」特殊性。「情境因素」會影響個體的素養「學習表現」與學習評量，因此，學生必須透過眞實情境進行「眞實學習」（authentic learning），並透過眞實情境進行「眞實評量」或「擬眞情境評量」（authentic scenario-based assessment），以評量核心素養的「學習表現」（learning performance），是以教育人員必須思索在那些情境下，學生會應用到某種素養並具體描述該素養的應用情境內涵，並指出學生在該情境下的可能反應或選擇，以作爲設計「眞實學習」並透過眞實

情境試題進行「眞實評量」之依據（鍾啓泉，2017）。

　　但是，究竟需要透過何種證據來推論核心素養的存在呢？如果能在許多不同的情境之下，進行多次相關外顯行動展現的「學習表現」之觀察，將可強化核心素養存在的證據（Oates, 2003）。當然，這必須根據構成該核心素養的認知、技能、情意等行動的先決條件之重要層面，而進行該核心素養的推估（Rychen & Salganik, 2003）。特別是，傳統的學校教室考試與大規模的校外考試及聯合甄試，往往都只有重視核心素養當中的「知識」要素，而忽略了「能力」要素與「態度」要素的層面。因此，宜注意核心素養的「認知層面」與「非認知層面」的評量，這些都是值得進一步研究評估的。有關核心素養的評量，應該要考慮到核心素養是同時涵蓋知識、能力與態度的整體層面，因此，應該同時考量到認知與非認知的能力與情意之評量（Gilomen, 2003），或是針對高層次的心理複雜性如批判思考能力、反思統整能力等進行評量（Murray, 2003）。核心素養除了可以作爲閱讀、數學與科學等科目課程的評量之參考架構之外，也應針對跨科目課程的核心素養（cross-curricular competencies），例如公民意識（civics）的素養、自我精進（self-improvement）、問題解決（problem-solving）等核心素養進行評量（Owen, 2003）。

　　因應此種國際教育改革趨勢，臺灣地區近幾年來大學指定科目考試國文科試題【選擇題特色】文學性非常高且選材廣泛，取材紅樓夢、西遊記、古龍武俠小說、詩詞、散文、戲曲，閱讀層次提高：包含語文基礎能力、閱讀理解、分析比較，與高難度的文學批評、文學理論、文法常識，題目設計活潑如表格判讀，以資料方式談古代稱謂的文化現象，如以題組評量圖表、作品與作者關係，如以題題組考閱讀理解並搭配古文的字義解析；而且【非選擇特色】合乎核心素養導向評估，期望學生能夠深層的探索思考，而且合於學生生活經驗，顯現學生對自我與社會的觀察與思考能力。配合新課程綱要的核心素養，未來各考科都將推出「非選擇題」，類似問答與申論題組，由考生書寫短篇論述文章。特別是「開放性試題」的非選擇題，沒有標準答案，考生要提出證據，給予評價和說明態度，「學習表現」的評量重點就在於使用證據是否恰當。值得注意的是2018年1月

26日大學入學考試學科能力測驗，朱宥勳先生便指出其中「國文科」試題內容有三大趨勢：「情境式命題」、「跨領域、跨學科的綜整題型」、「整合運用能力」。「情境式命題」考題中會出現許多來自生活中的情境，以讀懂麻醉風險分級表、桌遊遊戲規則為例，充分結合生活所見素材；「跨領域、跨學科的綜整題型」取代零碎、片斷記憶與背誦型知識，以黑天鵝理論，貼合經典小說需隨時應變，跨域整合；「整合運用能力」著重在閱讀理解、圖表判讀等整合運用知識的能力。除了純文字外，是否能精確解讀表格、繪圖、地圖等也是重點，所需核心素養是面對變動不居與能挑戰未來須強化的核心素養。全國教師會聯合會認為「社會科」試題具鑑別度，約有三分之一的跨科統整試題，題組題多融入歷史、地理、公民三科，多以歷史為開始軸心，變化優於往年；全國高中教育產業工會則指出，歷史科考題有重大改變，跨科題組與歷史相關者多達6題，比以往增加很多，有助於培養學生跨科閱讀素養；全教會認為公民題目多以描述情境的方式測驗專有名詞，公民試題展現高度社會關懷、跨三科統整題型儼然為日後「核心素養」融入測驗題型的試行雛形（蘋果日報，2018/01/26）。

3. 核心素養是一個連續體的狀態，代表個體核心素養的構成要素之高低水準

「核心素養」具有「外顯的」與「內隱的」特質，兩者都是具有可評量性，雖然「內隱的」特質不容易直接觀察和評量，但這兩種「外顯的」與「內隱的」特質，都可以根據相關理論所建構的嚴謹研究工具加以研究推估而得知其存在，也可加以評量與評鑑，並可透過適當評量工具加以轉化為具體且可被觀察及評量的面向項目，甚至進而可發展成為可評量的「表現標準」，並利用效標參照加以評量推估檢核，以作為判斷行動的「表現標準」。各種評量類型，只要能有效評量學生的應用、分析等高層次能力都可能是素養導向評量。經過適切設計，且符合素養導向評量要素的標準本位評量，亦可為素養導向評量的一種模式。每個人的「學習表現」是跟既定的評量標準做比較，跟自己過去的「學習表現」做比較，以了解是否合乎各領域／科目核心素養的「學習表現」標準。

　　例如因應十二年國教新課綱開始實施，國中教育會考計分方式維持「精熟」、「基礎」及「待加強」三等級制，題型仍以單一選擇題為主，僅寫作測驗與部分數學科試題為非選題，試題設計則會強化核心素養導向，增加「生活實踐題」，透過真實情境脈絡提問，包含日常生活情境或是學術探究情境，同時也會適度融入跨領域素材與新課綱所列相關議題，希望經由試題的引導，讓學生思考、探究課堂所學與生活之關聯性。未來國中教育會考仍是採用「標準參照模式」計分，將學生「學習表現」區分三等級，各科各等級的表現描述，依新課綱的核心素養具體內涵與「學習表現」調整，例如國文的精熟即是能具備與教材相關的語文知識，能深入的理解、評鑑各類文本的內容與形式，並能適切統整應用以處理問題。

　　臺灣師範大學心理與教育測驗研究發展中心針對「標準本位評量」進行了長期的研究，標準本位評量是將學生學習的成果對照於事先訂定好的評量標準，以了解學生在各領域素養中達到的狀態。如表5-1體育類科標準本位評量，將體育類科分為認知、情意、技能與行為等四大面向，而每個面向則依據學生表現進行等級畫分，分為A～E五個等級，其代表意義如下：A表「優秀」；B表「良好」；C表「基礎」；D表「不足」；E表「落後」（國民中小學學生學習成就素養導向標準本位評量，2018）。學生要獲得不同「學習表現」等級所要達到的基礎表現水準，為「學習表現」的「表現標準」之主要撰寫考量。這些「學習表現」的「表現標準」反映出現場學生「學習表現」樣態，並以名詞指出欲評量的概念、知識、技能等元素；或副詞或形容詞指出如深入地、廣泛地、大致地、部分地、有限地，為該次主題之廣度，並以形容詞（副詞）、動詞與名詞（受詞）之文字交互運用加以劃分，以呈現不同等級中學生表現之程度差異，各向度學生表現程度差異的評量規準設計要領參考如下（https://www.sbasa.ntnu.edu.tw/SBASA/HomePage/index.aspx）。因此，核心素養具有可評量性。

　　又如「國際學生評量計畫」的閱讀評量報告，將學生表現分為六種不同的精熟程度水準，某位學生如果只能進行文本當中的資訊與日常知識之間的簡單連結，則會被歸類為該量表上的「第一級」，另一位學生能批判地評鑑研究假設並處理被認為是對立的概念，則可被歸類為量表上的最高

表5-1　體育類科標準本位評量

內容標準		表現標準				
主題	次主題	A	B	C	D	E
認知	運動知識	能深入地了解各項運動基礎原理和規則、身體發展與動作發展、運動和營養的關係等與運動相關的知識,以及評估運動風險與維護安全的運動情境。	能完整地認識各項運動基礎原理和規則、身體發展與動作發展、運動和營養的關係等與運動相關的知識,以及評估運動風險與維護安全的運動情境。	能大致地知道各項運動基礎原理和規則、身體發展與動作發展、運動和營養的關係等與運動相關的知識,以及評估運動風險與維護安全的運動情境。	僅能部分地明白各項運動基礎原理和規則、身體發展與動作發展、運動和營養的關係等與運動相關的知識,以及有限地評估運動風險與維護安全的運動情境。	未達D級
	技能原理	能深入地了解運動技能原理,各項策略在運動比賽中的應用技巧,並反思自己的動作技能。	能完整地認識運動技能原理,各項策略在運動比賽中的應用技巧,並反思自己的動作技能。	能大致地知道運動技能原理,各項策略在運動比賽中的應用技巧,並反思自己的動作技能。	僅能部分地明白運動技能原理,反思自己的動作技能,但無法明白各項策略在運動比賽中的應用技巧。	未達D級
	十二年國教課綱學習表現	1c-IV-1了解各項運動基礎原理和規則。 1c-IV-2評估運動風險,維護安全的運動情境。 1c-IV-3了解身體發展與動作發展的關係。 1c-IV-4了解身體發展、運動和營養的關係。 1d-IV-1了解各項運動技能原理。 1d-IV-2反思自己的動作技能。 1d-IV-3應用運動比賽的各項策略。				

資料來源:國民中小學學生學習成就素養導向標準本位評量(2018)。國小宣
　　　　導北1區簡報檔(p.37)。

級。美國「國家成人素養評量」(National Assessment of Adult Literacy,
NAAL),在2003年以成人在實際生活中會面對的語言任務進行評量,結
果將成人素養分成四級:「低於基礎」、「基礎級」、「中級」和「精

通」級（U.S. National Center for Education Statistics, 2006）。

　　當然，要完整地評量學生如何接受動機去反省思考地使用知識，是相當不容易的，一開始的起點是，評量學生是否有能力去反省書面文本的深層意義，進而由低層次的知識取得和辨識訊息，提升到評估與反思。因此，「國際學生評量計畫」的閱讀評量報告，不只是報告學生是否能定位並解釋資訊，而且可以了解學生是否能反省並評鑑其所閱讀的內容。特別是「國際學生評量計畫」的閱讀評量報告，將學生的閱讀表現分為六種不同的精熟程度水準，一位學生如果只能進行文本當中的資訊與日常知識之間的簡單連結，則會被歸類為該量表上的「第一級」（Tiana, 2004），若一位學生能批判地評鑑研究假設並處理被認為是對立的概念，則可被歸類為量表上的最高級，亦即「第五級」（OECD, 2005b）。另一方面，美國在1992年進行了首次的全國性成人素養調查，到了2003年，則改為直接評量，以美國成人在實際生活中會面對的語言任務進行測量，測量所用的文章、表格和文本數據都是從真實的資料而來的，並改稱為美國「國家成人素養評量」，評量的結果將成人素養分成四級：「低於基礎」、「基礎級」、「中級」和「精通」級（U.S. Institute of Medicine, 2004; U.S. National Center for Education Statistics, 2006）。

　　由此可見，核心素養的相關構成要素是一個連續體的狀態，也是代表個體某種專長核心素養的相關構成要素之高低水準，從測驗評量的論點而言，可以建構一個由低到高的理論量表，或可採用操作型指標之定義，範圍涵蓋最低層次到最高層次的評量（吳舒靜、吳慧子，2010），進而界定其核心素養表現之明確範疇與具體指標，如可分為「低」、「中」、「高」等三等第，或「初級」（preparetory）、「入門」（work-ready）、「中級」（intermediate）、「進階」（advanced）、「專家」（specialist）等精熟水準程度，或「差」、「可」、「中」、「良」、「優」的五等第之階梯，以描述個體面對情境時所需的核心素養之高低水準。因此，所以個體的核心素養之表現，可能不是「有」或「無」的問題，而是程度「高」或「低」的問題（Kegan, 2001），此外，核心素養取向的學習系統還需要有一套持續的個人核心素養「學習表現」的系統紀錄

（Griffin, 1999; Williamson, Bannister, & Schauder, 2003）。

　　綜上所述，就「核心素養的評量特質」而言，核心素養具有「可教、可學」的「研究假設」之理論構念特質；核心素養具有「內隱的」與「外顯的」「學習表現」之評量特質，核心素養不僅具有有待研究的性質，也是具有可評量的性質；核心素養是「可以透過評量加以檢核的」，核心素養不只是可以具體明確陳述的理論構念，而且也可以透過直接或間接方式進行評量測驗的研究假設之理論構念。換言之，核心素養不僅具有「可教、可學」的「研究假設」之理論構念特質，核心素養更具有「內隱的」與「外顯的」「學習表現」之可評量性，可加以評量，而且核心素養的「學習表現」是經過推估而得知的，核心素養是一個連續體的狀態，代表個體核心素養相關構成要素之高低水準。此外，核心素養取向的學習系統需要有一套持續的個人核心素養表現紀錄，以便於長期培育與追蹤評量（Griffin, 1999; Williamson, Bannister, & Schauder, 2003）。

二、核心素養的學習評量

　　十二年國教課程改革重視以「核心素養」為依據的學習評量，強調學習評量應依據能呼應「核心素養」的「領域／科目學習重點」（簡稱「學習重點」）進行學習評量，以了解學生在「核心素養」的「學習重點」之學習進展，並有效進行追蹤，長期評估學生在「學習重點」的「學習內容」與「學習表現」之成長與進步。特別是，「學習表現」是指該領域／科目關鍵而重要的「核心」認知、技能、情意等有價值的「表現」，能呈現該領域／科目有關「非內容」（non-content）面向的學習特質，引導學生學習達成認知、技能、情意之「學習表現」而達成學習目標，且能呼應領域／科目核心素養的重要、關鍵、必要之特質（蔡清田，2014）。「學習表現」是強調以學習者為中心的概念，重視認知、情意與技能之學習展現，代表該領域／科目的非「內容」向度，應能具體展現或呼應該領域／科目核心素養。認知向度包括記憶、理解、應用、分析、評鑑、創造等層次；情意向度包括接受、反應、評價、價值組織、價值性格化等層次；技

能向度包括感知、準備狀態、引導反應（或模仿）、機械化、複雜的外在反應、調整、獨創等層次。

「核心素養」的「學習表現」水準，是經過評量推估而得知，是一個連續體的狀態，代表「核心素養」相關構成要素之高低水準，可根據常模測驗評量解釋其意義（蔡清田，2012）。「核心素養導向的學習評量」，係指以學生為學習主體，學生能活用所學的核心素養並實踐於行動中的一種學習評量取向。這種「核心素養」導向的學習評量必須關注學生的「學習表現」，宜彈性運用各種測驗、觀察、問答、面談、檔案等方法，探求學生在歷經專題、體驗、探究、實作等「做中學」活動的學習情況（潘慧玲，2016）。

就核心素養之學習評量而言，核心素養的評量應參照課各領域／科目課程綱要「核心素養」呼應的「學習重點」來評估學生知道什麼與能做什麼，完整的評量系統最好參考「學習內容」與「學習表現」相互對應之雙向分析表，「學習內容」是預期學生能知道與做什麼，涉及課程內容的難度和廣度，「學習表現」是敘述做到怎樣才算「優」，學生學習課程後可以達到什麼樣的程度，並給予對應的描述，藉由老師在以「學習內容」和「學習表現」為基礎發展的評量作業中，取得學生具有代表性的實際表現，可用「學習表現」的等級來描述學生應該達到核心素養的「學習表現」等級水準，並考慮學生生活背景、經驗現象或任務、問題，兼重思考與行動、理解與應用，以引導並促進學生更具主體性的學習。因此，就核心素養之學習評量而言，宜注意以下五個重要原則：（一）核心素養之學習評量宜依據各領域／科目課程綱要的「學習重點」，（二）透過「學習重點」可指引學習評量，（三）核心素養之學習評量策略宜多元，（四）核心素養之學習評量的工具類型宜有彈性，（五）核心素養之學習評量報告及其結果應用等原則，茲分項說明如下：

（一）核心素養之學習評量宜依據各領域科目課程綱要的學習重點

　　核心素養之學習評量宜依據各領域／科目課程綱要的「學習重點」，特別是「以學習重點爲依據的學習評量」，考量學生生活背景與日常經驗，妥善運用在地資源，發展眞實有效的學習評量工具，以「學習重點」爲主軸的學習評量，須兼顧整體性和連續性，以了解學生在「學習重點」之學習進展，並有效進行追蹤，長期評估學生成長進步（教育部，2014）。

　　核心素養的學習評量應能兼顧學生在認知、技能、情意等不同層面的達成情形，教師應依領域／科目及活動之性質，選用適合評量工具，採用紙筆測驗、學習單、實作評量、及檔案評量，包含習作作業、隨堂測驗、定期評量、書面報告、口頭報告、展演、科學實驗等多元評量方式，並應避免偏重紙筆測驗，以反映核心素養的達成情形。由於各種學習評量方法及工具皆有其限制，它可引導教學設計並了解及改善學生學習，但難以完全涵蓋所有學習的層面及成果，宜依學校課程及教學性質，妥善調整運用，以掌握學生素養表現的程度（范信賢，2016，18），因爲學習評量目的不同，可以多元方式進行評量學生學習成就，可以包含檢核表、評量規準、課堂測驗、地圖、自我評量、同儕評量、圖表組織、概念構圖、學習檔案、會談等，以反映學生學習情形或應用之成效，並進行有效評估與回饋，依據呼應「領域／科目核心素養」的「學習重點」，考慮學生生活背景與日常經驗，妥善運用在地資源，發展包含知識、能力、態度等面向的眞實有效的學習評量工具。

　　就核心素養之學習評量注重面向而言，核心素養的評量應考量學生生活背景、經驗現象或任務、問題，兼重思考與行動、理解與應用，以引導學生學習（范信賢，2016，15）。特別是核心素養之學習評量，可依據各「領域／科目學習重點」進行評量，換言之，核心素養之學習評量宜依據能呼應「領域／科目核心素養」的「學習重點」進行評量。換言之，以核心素養爲依據的學習評量內容應考量學生身心發展、個別差異、文化差異及核心素養內涵，並兼顧認知、技能、情意等不同層面的「學習表現」。

因此，可設計生活化、情境式的評量題目，以便示範及說明如何評量「學習重點」的「學習內容」與「學習表現」，長期追蹤對應於核心素養的「學習內容」之學生「學習表現」，以評估學生是否整體性和連續性的習得「最低共同要求」。

（二）透過學習重點可指引學習評量

「學習重點」可指引學習評量，作為學校教師平時進行學習評量與協助學生準備升學考試的依據，「學習重點」除能達成課程教學連貫之外，若能透過課程綱要實施通則中有關學習評量方式的訂定，作為教師實施學習評量的準則，並決定適當的評量方法，以進行檢核回饋，將可縮減從課程、教學、學習到評量的落差，促進其課程、教學、學習與評量的一致，將有利於學生核心素養的學習與提升。「學習重點」可以建立各領域／科目的「學習表現」檢核基準，呼應「學習目標」和「表現目標」，可引導學生學習「學習內容」以達成學習目標，並透過學業學習達成目標並展現認知、技能、情意之表現目標，據以了解學生在學習一段時間後的各「學習階段」之「學習表現」成效，而且可與「經濟合作與發展組織」所推動「國際學生評量計畫」或其他國際組織的學生「學習表現」資料庫等進行評比。學習重點除可作為評量學生學習結果的參考，並可依據評量結果作為對於課程綱要各學習階段學習重點進行檢核與修正之依據。

特別是，「學習表現」是指該領域／科目關鍵而重要的「核心」認知、技能、情意等有價值的「表現」，能呈現該領域／科目有關「非內容」面向的學習特質，以引導學生學習達成認知、技能、情意之「學習表現」而達成「學習目標」，且能呼應領域／科目核心素養的重要、關鍵、必要之特質（蔡清田，2012），但毋須像過去的課程綱要一樣列出所有能力指標，以避免指標過多數量龐大或流於繁瑣而難以掌握或不當重複或脫節遺漏之缺失。「學習表現」是強調以學習者為中心的概念，「學習表現」重視認知、情意與技能之學習展現，代表該領域／科目的非「內容」向度，應能具體展現或呼應該領域／科目核心素養。認知向度包括記憶、理解、應用、分析、評鑑、創造等層次；情意向度包括接受、反應、評

價、價值組織、價值性格化等層次；技能向度包括感知、準備狀態、引導反應（或模仿）、機械化、複雜的外在反應、調整、獨創等層次。特別是學生之思辨與創新的學習評量更顯重要，不再只要求學生進行一般「解題」（解答考題），而是更深刻的「解題」（解決問題），期待學生將所習得的核心素養應用於生活之中。

（三）核心素養之學習評量策略宜多元

核心素養之學習評量策略宜多元，核心素養導向的多種教學策略會導致多元評量，是以專題、體驗、探究、實作、表現、活用為核心，教師可以運用測驗、觀察、問答及面談、檔案等多元評量的方式，重視與生活的連結（林靜，2017）。核心素養的學習評量，應兼顧形成性評量與總結性評量，重視形成性評量的重要，應用於評估先備知識與思考歷程；也不應只評量記憶性知識，應評量一定深度的理解，並可視實際需要，實施診斷性評量、安置性評量或學生轉銜評估。教學過程中宜選用問答、討論、習作、小考等形成性評量方式，以評估與輔導學生學習，並可引導學生建置學習歷程檔案，包括專題研究、學習筆記、作品、競賽資料、小論文、自評和同儕互評等，長期追蹤學生的表現與能力養成。因此，為了解學生的學習過程與成效，應使用多元的學習評量方式，並依據學習評量的結果，提供不同需求的學習輔導，可設計生活化、情境式的評量，以便示範及說明如何評量所強調的「核心素養」及「學習內容」與「學習表現」。

教師宜在教學與評量相互搭配交替運作的歷程中，評估單元教學內應有哪些形成性與總結性評量，並在總結性評量中進行核心素養的評量（吳璧純，2017）。核心素養的學習評量方式應依領域／科目及活動之性質，採用紙筆測驗、實作評量、檔案評量等多元形式，如歷程檔案評量，學校提供資訊科技，讓學生能討論並記錄整個學習過程和結果；適性評量由學校提供電腦適性評量系統，以發展學生個別的技能與內容，培養學生在活動中展現創意與成果，並應避免偏重紙筆測驗（蔡清田、陳伯璋、陳延興、林永豐、盧美貴、李文富、方德隆、陳聖謨、楊俊鴻、高新建、李懿芳、范信賢，2013）。

　　例如2018年國教署國中小組便指出素養導向學習評量因應十二年國民基本教育「核心素養」的108課綱——國民中小學相關配合措施規劃，有關國中教育會考之素養導向評量，持續發展設計整合概念、知識與技能的評量工具，評量學生應用及實踐的能力、態度或行為習慣，確實掌握學生學習成效，以培植學生轉化為生活的能力與素養，以期學生能學以致用，解決生活問題。大學入學考試中心公告十二年國民基本教育108新課綱的「核心素養」導向命題精進方向，第一方面強調「情境化」，試題素材引用生活情境或學術探究情境；第二方面強調「整合運用能力」，考察學生是否能夠整合運用知識與技能以處理真實世界或學術探究的問題，包括閱讀理解、邏輯推論、圖表判讀、批判思考、歷史解釋辨析、資料證據應用等；第三方面重視「跨領域或跨學科」，考察學生是否能夠融會貫通，善用不同領域或學科所學來處理一個主題中的相關問題。因為一項情境所面對的問題，通常不是單一領域或學科知識就能解決，而往往是跨學科的。特別是配合「核心素養」的十二年國民基本教育新課綱，將實施以核心素養導向的大學入學試題方向，將以素養導向的題目為命題重點，朝向情境化、整合運用能力、跨領域或跨學科、表達說明能力等面向調整，將生活情境納入試題，考察學生是否能夠整合運用不同領域知識，對問題進行邏輯判斷。

　　《十二年國民基本教育課程綱要總綱》的實施要點明確指出，評鑑方法應採多元化方式實施，蒐集學生學習結果與平時學習情形的表現資料，同時注重質與量的評鑑，兼重形成性和總結性評鑑，並定期提出學生學習報告。評鑑的內容須涵蓋認知、技能及情意等方面，而教學評量，同時可按領域／科目性質與評量目的之差異性，掌握適當時機採用觀察、實作、表演、口試、作業、練習、研究報告、筆試等各種多元而變通之評鑑方式（教育部，2014，32）。「核心素養導向的學習評量」，在於幫助學生導向核心素養的學習，幫助教師實施有效的核心素養導向教學。教師宜具備更多的評量專業素養，一方面宜分別採用「促進學習的評量」（assessment for learning）、「評量即學習」（assessment as learning），以及「學習結果的評量」（assessment of learning）（Earl, 2003），另一

方面必須蒐集學生不同面向的表現來判斷學生的整體學習品質，並且透過評量的實施、結果的詮釋，和成績等第的運用等促進學生的學習動機與成效（吳璧純，2017）。

　　因此，有三種「核心素養導向的學習評量」可供參考（Cedefop, 2010）：1.採取「學習表現本位評量」（learning performance-based assessment），從「真實情境」或任務賦予，評量學生分析、團隊工作、訪談、角色扮演、實驗、解決問題、展示等能力；例如透過學生展示、實驗、團隊工作、訪談、角色扮演以評量學生是否能共同合作以解決問題以進行「實作評量」（performance assessment），其目的就是為了彌補傳統紙筆測驗的不足，檢測學生的高階思維及其運用知識去解決真實、有意義問題的核心素養；因為「實作評量」任務是真實生活世界中的真實學習任務，具有情境的真實性，而且是複雜的學習結果，所以，學生在完成真實學習任務時必須進行建構反應，也必須透過「實作評量」加以檢驗。2.可以鼓勵採取實施「卷宗評量」（portfolio assessment）——評估學生將知識、能力與態度運用於適當情境脈絡中的歷程，以及學生在某種「學習表現」項目上進步或改變的情形；例如：透過「學習檔案」，尤其是學習歷程檔案評量，可以在適當情境脈絡中評價學生在運用某種學習項目的知識、能力與態度的進步或改變情形。3.可以採用學生的「自我評量」（self-assessment），由學生評量自己的學習結果，對於自己學到什麼樣的程度能進行自我判斷，透過管理與控制自己的學習歷程，要求學生自我管理與評量，提升後設認知的能力，並提升系統思考與解決問題的「後設思考」核心素養。惟學習評量方法及工具有其限制，它可引導教學設計並趨近性的了解及改善學生學習，但難以完全涵蓋所有學習的層面及成果，宜依學校課程及教學性質，妥善調整運用，以掌握學生的「學習表現」水準程度，並作為課程規劃及教學設計改進的依據（洪詠善、范信賢，2015）。

（四）核心素養之學習評量的工具類型宜有彈性

　　核心素養之學習評量的工具類型宜有彈性，因應十二年國民基本教育新課程綱要的正式實施，各級學校將改為核心素養導向教與學，學習評量

方式也將更多元而有彈性。因應新課程綱要的實施，《國民小學及國民中學學生成績評量準則》，將彈性學習課程納入評量範圍，而且中小學各學習領域課程及彈性學習課程，應由授課教師評量，並在每學期初，向學生及家長說明評量計畫。國中小學生的成績評量時機，分為平時評量及定期評量二種。其中各領域學習課程評量，應兼顧平時評量及定期評量；彈性學習課程評量，則以平時評量為主，但可視需要進行定期評量。平時成績評量時應，紙筆測驗使用頻率應以最小化為原則。至於定期評量的紙筆測驗次數，仍維持每學期至多三次。

因此，教師應依據學習評量需求選用適當評量工具類型，評量的內容應考量學生身心發展、個別差異、文化差異及核心素養內涵，並兼顧認知、技能、情意等不同層面的「學習表現」（教育部，2014），因此，學校教師可彈性運用考卷測驗、作業、學習單、活動單、觀察、紀錄、問答及面談、檔案，透過這些多元評量工具，兼顧整體性和連續性，綜合判斷學生「核心素養」的達成水準等級。因為單憑一份書面作業、紙筆試卷絕對不足以準確判斷學生核心素養的表現等級，而且某一學習主題所涵蓋的核心素養「學習表現」很可能無法藉著單一作業或試卷測出，常需透過各種類型的評量工具，始能較為明確的判斷學生「學習表現」。所以每一次的作業、試卷僅能評量到部分核心素養「學習重點」，若要真正確認、區別學生能力等級，則必須借助多次且多元的評量工具進行綜合評估（國民中小學學生學習成就素養導向標準本位評量，2018），以反映學生學習情形或應用之成效，並進行有效評估與回饋（蔡清田、陳伯璋、陳延興、林永豐、盧美貴、李文富、方德隆、陳聖謨、楊俊鴻、高新建、李懿芳、范信賢，2013）。

（五）核心素養之學習評量報告及其結果應用

就核心素養之學習評量報告及其結果應用而言，學習評量報告應提供量化資料與質性描述，以協助家長了解學生學習情形。質性描述可包括學生「學習目標」的達成情形、學習的優勢、課內外活動的參與情形、學習動機與態度等（教育部，2014）。因應十二年國民基本教育新課綱的實

施，《國民小學及國民中學學生成績評量準則》指出各學習領域課程及彈性學習課程之評量結果，必須兼顧質性描述及客觀數據，並且視學生身心發展及個別差異，採取多元評量方式，包括紙筆測驗及表單，如學習單、習作作業、紙筆測驗、問卷、檢核表、評定量表等。實作評量則注重學生的問題解決、技能、參與實踐及言行表現，可參酌書面或口頭報告、聽力與口語溝通、實際操作、作品製作、展演、鑑賞及行為觀察等表現來評分。特別是，整體評分方式除了原本的紙筆測驗外，還在實作評量部分增列「聽力」及「鑑賞」等面向，希望讓學習不再限於背誦，讓學生有更多了解與實作機會。

因此，學校教師在研擬學習評量時，可參考各「學習表現」等級的描述，利用各種評量方式，觀察學生的「學習表現」，以判斷其學習成果應落於何項等級。舉例來說，教師可於選定評量目標後，藉由開放性之問題，審視學生答題完整性與精確性之程度，以此作為判斷學生「學習表現」等級的依據。而在教學歷程的最後一項環節，給予學生回饋時，則宜告知其在該主題下所得之「學習表現」等級與相對應之質性描述為何，使學生得以自我監控學習成效（國民中小學學生學習成就素養導向標準本位評量，2018）。質性描述可包括學生「學習目標」的達成情形、學習的優勢與弱勢、參與情形、學習動機與態度等。評量的內容應考慮學生身心發展、個別差異、文化差異及核心素養內涵，並兼顧認知、技能、情意等不同層面的「學習表現」。評量的內容不宜偏限於低層次的記憶、理解能力，而應引導學生表現分析、統整、批判與創新的高層次能力。是以核心素養的評量應引導學生能對周遭環境保持好奇心，並能進行主動地探索、體驗、試驗、尋求答案與合作學習（范信賢，2016，16）。

就核心素養的學習評量結果應用而言，學習評量本於證據為基礎之資料蒐集，其結果應妥為運用，除作為教師改進教學及輔導學生學習外，並可作為學校改進課程之參考依據。教師應依據學習評量結果與分析，診斷學生的學習狀態，據以調整教材教法與教學進度，並提供學習輔導。透過學習評量結果，教師對於學習速度慢者，應以課堂即時輔導為主，課後補救教學為輔；對於學習速度較快或資賦優異學生，應進行充實性教學，提

供具挑戰性的教材與教學活動，進行加深加廣學習。換言之，對於學習落後學生，應調整教材教法與進行補救教學；對於學習快速學生，應提供加速、加深、加廣的學習（蔡清田、陳伯璋、陳延興、林永豐、盧美貴、李文富、方德隆、陳聖謨、楊俊鴻、高新建、李懿芳、范信賢，2013）。

　　例如為鼓勵高中生適性發展，自起2018年（107學年）8月高中一年級新生建立「學習歷程檔案」，以了解高中學生否對相關領域有興趣，蒐集高中三年的修課紀錄，保障學生在高中三年課程適性學習完整，參考高中生在升學考試成績以外的「學習表現」，讓選修課及學生在校學習歷程，讓各高中職將學生的社團活動、競賽成績等「綜合學習資料」上傳資料庫，建立「高中生學習歷程資料庫」，適時適量逐步試辦取代備審資料成為《大學申請甄試的參考》，以達考試減量與招生簡化，這份高中生三年的修課紀錄的個人檔案就可應用在各項甄選入學管道，作為2021年（110學年）申請入大學書面審查備審資料的參採依據，提供大學適性選才的參考資料。

三、核心素養的真實評量

　　本章「核心素養的評量論」，重視「核心素養」的「真實學習」與「真實評量」（authentic assessment）的重要性。特別是「真實學習」與「真實評量」，是學生根據所面臨的情境需要、問題、機會、自主特質、個人興趣等所選擇的實際學習，是主動建構深層知能與情意，以便能在面對真實情境脈絡中解決所遭遇的問題而展現「學習表現」，因此，彰顯了在情境中「真實學習」與「真實評量」的重要性，「真實學習」是學生根據所面臨的情境需要、問題、機會、自主特質、個人興趣等所選擇的實際學習，以便能在面對真實情境脈絡中解決所遭遇的問題，因而彰顯「真實評量」之重要性，可透過生活情境所需要的核心素養「真實學習之評量」，評量推估「核心素養」的表現水準（蔡清田、洪若烈、陳延興、盧美貴、陳聖謨、方德隆、林永豐、李懿芳，2012）。

　　由於一般人對傳統紙筆測驗不甚滿意，光憑紙筆測驗來評量學生的

學習成效，將難以獲知學生核心素養的整體成效（許家驊，2019），因此，需要設計合宜的學習評量方式與評量時間，並擬定適宜的「表現標準」，實施實作評量（performance assessment）、檔案評量（portfolio assessment）等「真實評量」（Gareis & Grant, 2015; White, Moye, Gareis, & Hylton, 2018）。例如：要能在路上有「素養」地開車，要先有「知識」通過駕駛執照的筆試，也要有「能力」通過駕駛路考，更要能展現高尚優雅的開車「態度」，而不只是具備開車知識及能力，更要有安全駕駛的知識能力與優雅態度，具有同理用路人的安全駕駛「素養」。是以，需透過情境分析設計，引導學生習得因應生活所需的核心素養，並透過「真實評量」推估其「核心素養」的表現水準（蔡清田、陳伯璋、陳延興、林永豐、盧美貴、李文富、方德隆、陳聖謨、楊俊鴻、高新建、李懿芳、范信賢，2013），因此，教育專家建議以學生就其所學實際操作、演練示範、表演展現等實作方式來進行「真實學習的評量」或稱「真實評量」，以便能在真實情境中推估其「核心素養」的實作「學習表現」（performance）；而不只是為了學習應試的表面淺層知識（Glatthorn, Bragaw, Dawkins, Parker, 1998）。因此，本章特別探討闡述「核心素養」的「學習表現本位評量」，從真實情境進行「真實評量」之重要性。

　　「真實評量」其焦點著重在真實生活世界的「實際工作任務」，引導教師協助學生思考與解決實際生活問題，並統整所學到的知識能力態度。例如：寫作可訓練考生統整與表達能力，論文寫作測驗，是屬於一種實作表現的真實學習之評量，其評量的實施可以是在單元結束之際、學期或年度結束時，以及各級學校教育階段告一段落時，如國小階段或國中階段或高中階段結束時，所進行的學習評量。因此，自2006年國中基本學力測驗開始加入寫作測驗，並自2007年將作文併入國中基本學力測驗總分計算。在過去的會考試題中，國中教育會考的形式雖以紙筆測驗為主，部分試題都是以生活化脈絡來設計，已初步具有素養精神，例如2016年國中教育會考數學科第19題，評量學生是否能整合情境中的數量關係，以此列出不等式並求解，即是符合十二年國教課綱數學領域綱要中的核心素養：「數-A3具備轉化現實問題為數學問題的能力，並探索、擬定與執行解決問題計

畫，以及從多元、彈性與創新的角度解決數學問題，並能將問題解答轉化運用於現實生活」。在新課綱實施後，教育會考的內容將與新課綱精神內涵緊密結合，將以各領域／科目課程綱要核心素養與學習重點為命題依據，而教學只要能符合新課綱的核心素養內涵，學生並加以融會貫通、習得相關核心素養，應足以作答教育會考試題（國家教育研究院，2014b）。

核心素養導向的評量，往往可以經由一個設計的「真實情境」中，引發出「問題」，再由解決問題的整個過程中，考量各階段心智活動所需的素養，如引導省思、提出假設、提供策略、規劃工作、執行、處理調適、到對所獲得結果的詮釋和評判，是以國家教育研究院（2019）指出，核心素養導向評量意味著期望透過適當的評量實務，引導並落實能夠培養學生核心素養和領域／科目核心素養的課程與教學。其學習評量有兩大要素，第一是佈題強調真實的情境與真實的問題：以往的測驗多著墨於知識和理解層次的評量，核心素養導向則較強調應用知識與技能解決真實情境脈絡中的問題。第二，評量強調總綱核心素養或領域／科目核心素養、學科特質及「學習重點」的「學習內容」與「學習表現」。

「真實評量」可能比傳統測驗要花更多的時間，要花更多的時間與運用各多的方式去進行評量（Wiggins, 1989）。首先，可以先反省檢討學生可能表現「真實學習」的方式，設計「真實評量」的適當表現機會；其次，考慮「真實評量」的目的，是要診斷學生的優點與問題、或進行學習回饋、教學引導、表現的動機、評量或評分、方案評量，而且要了解「學習目標」，希望學生在某一學習階段之後，所要獲致的預期認知、技能與情意等「學習目標」；第三，可透過腦力激盪方式，思考可能加以運用的學習機會與學習任務之評量，研擬「真實評量」的步驟，是將教學目標分析成為具體的「學習目標」，從一般目標細分成具體任務的「學習表現」；第四，可對腦力激盪的結果進行初步「真實評量」，並結合相關論念，選擇最佳的論念。教師可根據就腦力激盪的結果，進行「效度檢核」與「真實檢核」；第五，可發展該項「真實評量」的場景情節，教師可以規劃一個課程單元的場景情節，作為評量「真實評量」的效能方法，課程單元的場景情節是一幅心像，以指出該課程單元是如何開始發展與結束；

第六，「眞實評量」的初稿，並隨後加以修正，注意「學習表現」，是否適切地評估學生所要精熟的核心素養；第七，規劃「眞實評量」的「評量規準」與「評等／評分」規準說明，以評量學生眞實學習；第八，利用「評量規準」與「評等／評分」規準說明的格式，將所有的決定加以系統化組織；第九，是安排並進行適當課程單元之眞實評量，每一個課程單元都應該經過許多類型的評量，教師可利用自己規劃的或參考其他的評量要務，和同事進行形成性評鑑，定期檢查以確保設計出高品質的課程單元之學習材料。當完成該課程單元的準備後，便應該根據評量基準進行評量。在進行必要的修正之後，便可以邀請將要使用此課程單元的教師進行檢討與評量，以便提供改進建議。第十，是實施「眞實評量」的結果，就實施以核心素養爲依據的課程單元而言，單元設計完成之後，教師便可實施該單元，確保學生學習獲得必要的知識技能，以便能在將要進行「眞實評量」上有良好的表現。詳細地說，「眞實評量」，可以採取如下歷程進行：

（一）反省檢討學生可能表現「真實學習」的方式

　　首先「眞實評量」的作法，可以先反省檢討學生可能表現「眞實學習」的方式，設計「眞實評量」的適當表現機會；反省檢討學生可能表現「眞實學習」的方式，設計「眞實評量」的適當表現機會，教師可以參考「眞實評量」之分類（McTighe & Ferrara, 1998）：如建構理念反應的評量：簡答、圖表、視覺符號如概念圖；學習成果的評量：短文、研究報告與實驗報告、剳記、故事、戲劇、詩歌、檔案、藝術展覽或科學展覽、模型、錄音帶或錄影帶、傳單；實作的評量：口頭報告、舞蹈表演、科學實作、運動競賽、戲劇閱讀、工作表現、論辯對答、吟誦朗讀；歷程的評量：口頭質詢、觀察、訪談、會議、歷程描述、學習剳記、思考歷程和紀錄。

（二）考慮「真實評量」的目的

　　其次，考慮「眞實評量」的目的，是要診斷學生的優點與問題、或進行學習回饋、教學引導、表現的動機、評量或評分、方案評量，而且要了解「學習目標」，希望學生在某一學習階段之後，所要獲致的預期認知、

技能與情意等「學習目標」；考慮「眞實評量」的目的，是要診斷學生的優點與問題、或進行學習回饋、教學引導，並根據評量目的不同，設置不同的評量方案，而且要了解「學習目標」，希望學生在某一學習階段之後，所要獲致的預期認知、技能與情意等「學習目標」。

（三）透過腦力激盪方式，思考可能加以運用的學習機會與學習表現之評量

第三，可透過腦力激盪方式，思考可能加以運用的學習機會與「學習表現」之評量，研擬「眞實評量」的步驟，是將教學目標分析成為具體的「學習目標」，從一般目標細分成具體任務的「學習表現」；透過腦力激盪方式，思考可能加以運用的學習機會與「學習表現」之評量，研擬「眞實評量」的步驟，是將教學目標分析成為具體的「學習目標」，從一般目標細分成具體任務的「學習表現」。

（四）對腦力激盪的結果進行初步「真實評量」，並考量相關觀念之後，選出最佳的觀念

第四，可對腦力激盪的結果進行初步「眞實評量」，並結合相關論念，選擇最佳的論念。教師可根據就腦力激盪的結果，進行「效度檢核」與「眞實檢核」；對腦力激盪的結果進行初步「眞實評量」，並考量相關觀念之後，選出最佳的觀念。教師可根據就腦力激盪的結果，進行「效度檢核」。一方面效度檢核，可回答：「此一眞實評量，能否有助於學生展現學習目標的認知技能情意？另一方面，眞實檢核可回答：「此一眞實評量在教室中可行嗎？」教師可以考慮學生的興趣，所需的知識來源、所花的時間、可能性。

（五）發展該項「真實評量」的場景情節，教師可以規劃一個課程單元的場景情節，作為評量「真實評量」的有效方法之一

第五，可發展該項「眞實評量」的場景情節，教師可以規劃一個課程

單元的場景情節，作為評量「真實評量」的效能方法，課程單元的場景情節是一幅心像，以指出該課程單元是如何開始發展與結束；發展該項「真實評量」的場景情節，教師可以規劃一個課程單元的場景情節，作為評量「真實評量」的有效方法之一。課程單元的場景情節是一幅心像，以指出該課程單元是如何開始發展與結束，而且最好反省下列事項：分析的結果、學生、目標及其相對應的核心素養、「學習內容」、「學習表現」與可運用的資源等。

（六）「真實評量」的初稿，並隨後加以修正

第六，「真實評量」的初稿，並隨後加以修正，注意「學習表現」，是否適切地評估學生所要精熟的核心素養；「真實評量」的初稿可隨後加以修正，並可利用表5-2所列的規準進行「真實評量」，應注意「學習表現」，是否適切地評估學生所要精熟的核心素養（改自Glatthorn, Bragaw, Dawkins, & Parker, 1998）。

表5-2　評鑑以核心素養為依據的「真實評量」

該項「真實學習」的「學習表現」是否
・密切而完整的呼應所要評估的「學習目標」與「核心素養」？ ・要求學生運用先前知識以獲得新知，並達成學習任務的「學習目標」？ ・要求學生運用創造思考等高階層次思考歷程？ ・有目的，不只合乎脈絡情境的意義，而且是「真實學習」？ ・引起學生的興趣？ ・要求學生以多種方式，向同學及他人溝通說明其運用的過程與獲得的結果？ ・要求學生在某一重要階段時間內繼續努力？ ・提供學生選擇自由？ ・在學校教室情境下是可行的，沒有要求不尋常的資源或製造不合宜的爭端？ ・對所有人傳達公平的感受，而且沒有偏見？ ・對學生具有挑戰性，且不會使學生挫折？ ・包括學生「學習表現」的評量規準與「評等」或「評分」評量規準說明？ ・同時提供團體工作與個別工作，並給予適當的績效責任？

（七）規劃「真實評量」的「評量規準」與「評等／評分」規準說明，以評量學生真實學習

第七，規劃「真實評量」的「評量規準」與「評等／評分」規準說明，以評量學生真實學習；規劃「真實評量」的「評量規準」與「評等／評分」規準說明，以評量學生真實學習。就真實評量而言，特別是從「評量規準」而言，有必要根據核心素養發展為「學習表現」的成就評量方向，可以參照2001年修正Bloom的目標分類架構，並應隨著時間修正調整以發展「學習表現」的成就評量方法，為能夠持續發展，最好要能夠長期有計畫地徵集各個核心素養在不同領域、不同年級的學習事例，讓教師容易釐清「評等／評分」的等級水準，並作為參考應用與比較。指出同一個核心素養，在不同的學習階段裡，有著不同層次水準的「學習表現」水準。例如：閱讀理解，三年級的閱讀理解到哪一個層次水準的「學習表現」程度，算是過關，六年級到哪一個層次水準的「學習表現」；因此，有必要確定評量規準與「評等／評分」評量規準說明。

（八）利用「評量規準」與「評等／評分」規準說明的格式，將所有的決定加以系統化組織

第八，利用「評量規準」與「評等／評分」規準說明的格式，將所有的決定加以系統化組織；其步驟是利用「評量規準」與「評等／評分」規準說明的格式，將所有的決定事項加以系統化組織。有經驗的教育專業人員們發現有脈絡情境、「學習表現」、「評量規準」與「評等／評分」規準說明等三要素的格式相當有用。

（九）安排並進行適當課程單元之真實評量

第九，是安排並進行適當課程單元之「真實評量」，每一個課程單元都應該經過許多類型的評量，教師可利用自己規劃的或參考其他的評量要務，和同事進行形成性評鑑，定期檢查以確保設計出高品質的課程單元之學習材料。當完成該課程單元的準備後，便應該根據評量基準進行評

量。在進行必要的修正之後，便可以邀請將要使用此課程單元的教師進行檢討與評量，以便提供改進建議。值得特別注意的是安排並進行適當課程單元之真實評量，每一個課程單元都應該經過許多類型的評量，教師可利用自己規劃的或參考表5-3所列出的評量要務。當設計完成了該課程單元，應該和同事進行形成性評鑑，定期檢查以確保設計出高品質的課程單元之學習材料。尤其是當完成該課程單元的準備後，便應該根據評量基準進行評量。在進行必要的修正之後，便可以邀請將要使用此課程單元的教師進行檢討與評量，以便提供改進建議。應該根據這些建議，並加以具體轉化成為另一次的修正改進。此處最重要的評量要務，是該課程單元的效能，是否有效協助學生精熟該項核心素養的「學習表現」，教師應該提供書面回饋資料，以說明學生的特定「學習表現」水準（Glatthorn, Bragaw, Dawkins, & Parker, 1998）。

表5-3　課程單元的「真實評量」要務

此課程單元是否
1.協助學生精熟該項「真實學習」的「學習目標」之「學習表現」？ 2.具體展現「真實學習」的要素？ 3.運用了實際的時間架構？ 4.形式、組織與內容皆有助於教師的使用？ 5.包括了政府部門所指定課程的「學習內容」？ 6.有效且正確地運用語言？

（十）實施「真實評量」的結果

　　第十，是實施「真實評量」的結果，就實施以核心素養為依據的課程單元而言，單元設計完成之後，教師便可實施該單元，確保學生學習獲得必要的知識技能，以便能在「真實評量」上有良好的「學習表現」。實施「真實評量」的結果，就實施以核心素養為依據的課程單元而言，單元設計完成之後，教師便可實施該單元，確保學生學習獲得必要的知識技能，以便能在將要進行「真實評量」上有良好的「學習表現」。一種有效掌握「真實評量」的作法，是在公布欄上張貼該項「真實評量」的「學習表

現」水準分析結果，學生便能在教師的指導之下，確定其是否在該節課中
學習獲得了有關核心素養之進步，教師也應該進行檢查，以確定是否發生
「眞實學習」，進行「眞實評量」，並利用「眞實評量」結果，明確指出
學生在「眞實學習」的「學習表現」水準，有效了解學生的「學習表現」
成就（Glatthorn, Bragaw, Dawkins, & Parker, 1998）。

四、結語

　　本章「核心素養的評量論」，根據核心素養「冰山模式」與「核心素
養的SIE學習模式」，建構「核心素養的SIEA學習評量模式」，說明可運
用眞實學習之評量，透過「「眞實評量」評量推估「核心素養」的表現水
準，未來可研擬「核心素養的評量指引」作爲研發各核心素養評量方式與
研擬核心素養試題進行施測之基礎。因此，本章進而闡述了「核心素養」
的「學習表現本位評量」，從眞實情境進行「眞實評量」之重要性及其重
要步驟，可透過「學習表現」加以檢核。核心素養之學習評量，可依據各
領域／科目課程綱要的「學習重點」，並考慮學生生活背景與日常經驗或
問題，妥善運用在地資源，發展「眞實學習」評量工具類型，可彈性運用
測驗、觀察、問答及面談、檔案等多元工具，兼顧整體性和連續性，尤應
重視核心素養的知識、能力與態度在實際生活應用之檢核，以反映學生學
習情形或應用之成效，並進行有效評估與回饋。因此，可以透過「眞實評
量」，以確定是否發生「眞實學習」，進而運用「眞實評量」結果，明確
指出學生在「眞實學習」的「學習表現」水準，有效了解學生的核心素養
之「學習表現」成就。

　　本章「核心素養的評量論」強調核心素養之學習評量，宜注意核心素
養之學習評量宜依據「學習重點」、透過「學習重點」可指引學習評量、
核心素養之學習評量策略宜多元、核心素養之學習評量的工具類型宜有彈
性、核心素養之學習評量報告及其結果應用等原則，強調在經過設計的眞
實情境中學習統整知識、能力、態度，並引導學生後設學習，知道學習什
麼、如何學習、爲何學習（蔡清田，2016），這不僅呼應了「情境學習」

所強調情境對於「真實學習」的重要性，更回應了本書第一章所指出「核心素養的ECTLA理論模式」，說明了「核心素養」是「可以透過教育加以引導」、「可以透過課程加以規劃」、「可以透過教學加以培養」、「可以透過學習獲得成就」、「可以透過評量加以推估」，更強調核心素養的「教育論」、「課程論」、「教學論」、「學習論」、「評量論」之間的動態密切關係如同連鎖反應，教育情境改變可能促動課程、教學、學習、評量的更新調整，以回應教育情境之新改變，尤其是核心素養的教育理念改變，可以引導教育理念、課程理念、學習理念、教學理念、評量理念及其實踐的改進，可以有效引導學校教育、課程、教學、學習與評量的緊密連結，縮短「核心素養」教育理念與教學現場的落差，將「核心素養」落實於學生學習經驗與生活情境中，進而培養具有「核心素養」之健全公民，一方面，協助個人發展獲得「優質生活」，另一方面，促進社會發展協助人類因應未來「優質社會」的生活挑戰，達成「核心素養」的理想願景與教育功能。

參考文獻

王文靜譯（2004），J. Lave & E. Wenger著（2001）。情境學習：合法的邊緣性參與（*Situated Learning: Legitimate Peripheral Participation*）。上海市：華東師範大學出版社。

王世英、張鈿富、吳慧子、吳舒靜（2009）。歐美澳「公民關鍵能力」發展之研究。臺北市：國立教育資料館。

王俊斌（2009，11月）。世界主義與共同責任意識——全球化狀況下的公民教育議題。發表於國家教育研究院籌備處主辦「民主深化過程中的國家教育發展國際學術研討會」。國家教育研究院籌備處豐原院區。2009年11月7-8日。

呂秀蓮（2017）。十二年國教107課綱核心素養的評量。臺灣教育評論月刊，**6**(3)，1-6。

何縕琪（2017）。素養導向教學的設計與評量。臺灣教育評論月刊，

6(3)，15-19。

許家驊（2019）。十二年國教課綱核心素養導向學習評量之理念、設計實務與省思。臺灣教育評論月刊，**8**(8)，37-42。

范信賢（2016）。「2.素養導向」。潘慧玲主編，**十二年國民基本教育普通高中課程規劃及行政準備手冊**（pp.15-18）。新北市：國家教育研究院。

師保國（2017）。核心素養的「教」與「評」。人民教育，**2017**（3/4期），47-50。

葉坤靈（2017）。由歐盟核心素養的評量省察我國中小學核心素養評量之相關議題。臺灣教育評論月刊，**6**(3)，7-14。

羅寶鳳（2017）。因應時代改變的終身學習素養導向的教學與評量。臺灣教育評論月刊，**6**(3)，24-27。

吳璧純（2017）。素養導向教學之學習評量。臺灣教育評論月刊，**6**(3)，30-34。

吳璧純、詹志禹（2018）。從能力本位到素養導向教育的演進、發展及反思。教育研究與發展期刊，**14**(2)，35-64。

吳舒靜、吳慧子（2010）。經濟合作與發展組織」（OECD）與歐洲聯盟（EU）推動「公民關鍵能力」發展之國際經驗分析。教育研究月刊，**189**，40-52。

胡志偉、郭建志、程景琳、陳修元（2008）。**能教學之適文化國民核心素養研究**。行政院國家科學委員會專題研究計畫成果報告（NSC95-2511-S-002-001）。臺北市：國立臺灣大學。

柯華葳、戴浩一、曾玉村、曾淑賢、劉子鍵、辜玉旻、周育如（2010）。**公民語文素養指標架構研究**。行政院國科會專題研究成果報告（NSC 98-2511-S-008-010）。桃園：國立中央大學。

林永豐（2014）。素養的概念及其評量。教育人力與專業發展，**31**(6)，35-47。

林靜（2017）。核心素養指向的STEAM教育校本實施建議。載於楊九詮主編。**學生發展核心素養三十人談**（pp.179-185）。上海市：華東師

範大學出版社。

洪詠善、范信賢（主編）（2015）。同行～走進十二年國民基本教育課程綱要總綱。新北市：國家教育研究院。

洪裕宏、胡志偉、顧忠華、陳伯璋、高湧泉、彭小妍等人（2005）。界定與選擇國民核心素養：概念參考架構與理論基礎研究。行政院國家科學委員會專題研究計畫。臺北市：國立陽明大學。

洪裕宏、胡志偉、顧忠華、陳伯璋、高湧泉、彭小妍等人（2008）。界定與選擇國民核心素養：概念參考架構與理論基礎研究。行政院國家科學委員會專題研究計畫成果報告（NSC 95-2511-S-010-001）。臺北市：國立陽明大學。

張春興（1991）。現代心理學。臺北市：東華書局。

陳伯璋、張新仁、蔡清田、潘慧玲（2007）。全方位的國民核心素養之教育研究。行政院國家科學委員會專題研究計畫成果報告（NSC 95-2511-S-003-001）。臺南市：首府大學。

彭小妍、王瑷玲、戴景賢（2008）。人文素養研究。行政院國家科學委員會專題研究計畫成果報告（NSC 95-2511-S-001-001）。臺北市：中央研究院。

教育部（2014）。十二年國民基本教育課程綱要總綱。臺北市：作者。

國家教育研究院（2014a）。十二年國民基本教育課程發展指引。臺北市：作者。教育部103年2月17日臺教授國部字第1030007735號函1030107。

國家教育研究院（2014b）。十二年國民基本教育課程發展建議書。臺北市：作者。

國家教育研究院（2019）。素養導向「紙筆測驗」要素與範例試題（定稿版）。資料取自https://www.naer.edu.tw/files/11-1000-1591-1.php?Lang=zh-tw◎參照第1-2頁

國民中小學學生學習成就素養導向標準本位評量（2018）。國小宣導北1區簡報檔（pp.37, 82）。2018年6月6日，取自https://www.sbasa.ntnu.edu.tw/SBASA/WorkshopData/WorkshopData.aspx?type=1

黃光雄、蔡清田（2015）。課程發展與設計。臺北市：五南。

黃政傑（1991）。課程設計。臺北市：東華。

黃崑巖（2004）。黃崑巖談教養。臺北市：聯經。

黃崑巖（2005）。黃崑巖談人生這堂課。臺北市：健行文化。

黃崑巖（2009）。黃崑巖談有品社會。臺北市：聯經。

賓靜蓀（2011）。PISA閱讀評比效應，領先的國家做了什麼。親子天下，**20**，36-37。

雷浩、崔允漷（2018）。如何建構核心素養評價的質量標準，載於肖思漢、雷浩主編基於核心素養的課程建構（pp.38-52）。上海市：華東師大出版社。

潘慧玲主編（2016）。十二年國民基本教育普通高中課程規劃及行政準備手冊。新北市：國家教育研究院。

蔡欣坪（2013）。歐盟終身學習核心素養與評量。教育研究月刊，**236**，131-146。

蔡清田（2011）。素養：課程改革的**DNA**。臺北市：高等教育。

蔡清田（2012）。課程發展與設計的關鍵**DNA**：核心素養。臺北市：五南。

蔡清田（2014）。國民核心素養：十二年國教課程改革**DNA**。臺北市：高等教育。

蔡清田（2015）。十二年國民基本教育課程改革的核心素養，上海教育科研，**335**，5-9。

蔡清田（2016）。**50個非知不可的課程學概念**。臺北市：五南。

蔡清田（2017）。課程實驗：課綱爭議的出路。臺北市：五南。

蔡清田（2018）。核心素養的課程發展。臺北市：五南。

蔡清田（2019）。核心素養的學校本位課程發展。臺北市：五南。

蔡清田、陳延興、李奉儒、洪志成、鄭勝耀、曾玉村、林永豐（2009）。**中小學課程相關之課程、教學、認知發展等學理基礎與理論趨向**。國家教育研究院委託研究報告。嘉義縣：國立中正大學課程研究所。

蔡清田、陳延興、吳明烈、盧美貴、陳聖謨、方德隆、林永豐（2011）。**K-12中小學一貫課程綱要核心素養與各領域連貫體系研究**。國家教育

研究院委託研究報告。嘉義縣：國立中正大學課程研究所。

蔡清田、洪若烈、陳延興、盧美貴、陳聖謨、方德隆、林永豐、李懿芳（2012）。**K-12各教育階段核心素養與各領域課程統整研究**。國家教育研究院委託研究報告。嘉義縣：國立中正大學課程研究所。

蔡清田、陳伯璋、陳延興、林永豐、盧美貴、李文富、方德隆、陳聖謨、楊俊鴻、高新建、李懿芳、范信賢（2013）。**十二年國民基本教育課程發展指引草案擬議研究**。國家教育研究院委託研究報告。嘉義縣：國立中正大學課程研究所。

魏梅金譯（2002），L. M. Spencer & S. M. Spencer著（1993）。**才能評鑑法——建立卓越績效的模式**（*Competence at Work: Models for Superior Performance*）。臺北市：商周。

鍾啓泉（2016）。基於核心素養的課程發展-挑戰與課題，**全球教育展望，45**(1)，3-25。

鍾啓泉（2017）。學科教學的發展及其課題：把握學科素養的一個視角。**全球教育展望，46**(1)，11-23。

蘋果日報（2018.1.26）。學測社會　教師團體：跨科考題大爆發。取自 https://tw.appledaily.com/new/realtime/20180126/1286353/

Archibald, D. & Newman, F. (1988). *Beyond standardized testing: Authentic academic achievement in the secondary school*. Reston, VA: National Association of Secondary School Principals.

Aspin, D. N. & Chapman, J. D. (2000). Lifelong learning: Concepts and conceptions. *International Journal of Lifelong Education, 19*(1), 2-19.

Barrett, G. V. & Depinet, R. L.(1991). Are consideration of testing for competence rather for intelligence. *American Psychologist, 46*, 1012-1024.

Brown, J. S., Collins,A., & Duguid, P. (1989). Situated cognition and the culture of learning. *Educational Researcher, 18*(1), 32-42.

Bunda, M. A. & Sanders, J. R. (Eds.) (1979). *Practices and problems in competency-based education*. UMI: A Bell and Howell Company.

Canto-Sperber, M. & Dupuy, J. P. (2001). Competencies for the good life and the good society. In D. S. Rychen & L. H. Salganik (Eds.). *Defining and selecting key competencies* (pp.67-92). Göttingen, Germany: Hogrefe & Huber Publishers.

Cedefop (2010). Learning outcomes approaches in VET curricula: A comparative analysis of nine European countries. Luxembourg: Publications Office of the European Union. http://www.cedefop.europa. eu/EN/Files/5506_en.pdf

Delamare-Le Deist, F. & Winterton, J. (2005). What is competence? *Human Resource Development International, 8*(1), 27-46.

Drake, S. M. (2007). *Creating Standards-Based Integrated Curriculum*. N.Y.: Corwin.

Earl, L. (2003). *Assessment as learning: Using classroom to maximize student learning.* Thousand Oaks, CA: Corwin Press.

European Commission (2005). *On key competences for lifelong learning.* Proposal for a recommendation of the European parliament and of the council. Brussels: Author.

Field, J. (2001). Lifelong education. *International Journal of Lifelong Education, 20*(1/2), 3-15.

Gareis, C. R. & Grant, L. W. (2015). *Teacher-made assessments: How to connect curriculum, instruction, and student learning* (2nd ed.). Oxford, United Kingdom:Routledge.

Gilomen, H. (2003). Desired outcomes: A successful life and a well-function society. In D. S. Rychen & L. H. Salganik (Eds.) *Key competencies for a successful life and a well-functioning society* (pp.109-134). Göttingen, Germany: Hogrefe & Huber Publishers.

Glatthorn, A., Bragaw, D., Dawkins, K., & Parker, J. (1998). *Performance assessment and standards-based curricula: The Achievement cycle.* N.Y.: Eye On Education, Inc.

Goody, J. (2001). Education and competence: Contextual diversity. In D. S. Rychen & L. H. Salganik (Eds.). *Defining and selecting key competencies* (pp.175-189). Göttingen, Germany: Hogrefe & Huber Publishers.

Gonczi, A. (2000). Competency-based learning: A dubious past-an assured future? In D. Boud & J. Garrick (Eds.), *Understanding learning at work.* London: Routledge.

Good, C. V. (1959). *Dictionary of Education: Prepared Under the Auspices of Phi Delta Kappa.* New York: McGraw-Hill.

Goody, J. (2001). Education and competence: Contextual diversity. In D. S. Rychen & L. H. Salganik (Eds.), *Defining and selecting key competencies* (pp.175-189). Göttingen, Germany: Hogrefe & Huber Publishers.

Green, A. (2000). Lifelong Learning and the Learning Society: different European models of organization. In A. Hodgson (Ed.), *Policies, Politics and the Future of Lifelong Learning* (pp.35-48). London: Kogan Page.

Green, F. (2004). Programme for the international assessment of adult competencies: Piloting the job requirements approach in three countries. OECD. http://www.oecd.org/document/28/0,3343, en_2649_201185_44429596_1_1_1_1,00.html

Griffin, C. (1999). Lifelong learning and social democracy. *International Journal of Lifelong Education, 18*(5), 329-342.

Hoffmann, T. (1999). The meanings of competency. *Journal of European Industrial Training, 23*(6), 275-285.

Keen, K. (1992). Competence: What is it and how can it be developed? In J. Lowyck, P. de Potter, & J. Elen (Eds.), *Instructional design: Implementation issues* (pp.111-122). Brussels, Belgium: IBM Education Center.

Kegan (2001). Competencies as working epistemologies: ways we want adults to know. In D. S. Rychen & L. H. Salganik (Eds.). *Defining and selecting key competencies* (pp.192-204). Göttingen, Germany: Hogrefe & Huber

Publishers.

Kim, M., Youn, S., Shin, J., Park, M., Kyoung, O. S., Shin, T., Chi, J., Seo, D., & Hong, S. et al. (2007). A review of human competence in educational research: Levels of K-12, college, adult, and business education. *Asia Pacific Education Review, 8*(3), 500-520.

Kurz, R. & Bartram, D. (2002). Competency and Individual Performance: Modelling the World of Work. In I. Robertson, M. Callinan, & D. Bartram (Eds.), *Organizational Effectiveness: The Role of Psychology* (pp.227-255). London: John Wiley & Sons.

Koper, R. & Tattersall, C. (2004). New directions for lifelong learning using network *technologies. British Journal of Educational Technology, 35*(6), 689-700.

Lave, J. & Wenger, E. (1990). *Situated Learning: Legitimate Peripheral Participation*. Cambridge: Cambridge University Press.

Lucia, A. D. & Lepsinger, R. (1999). *The art and science of competency models: Pinpointing critical success factors in organizations*. San Francisco, CA: Jossey-Bass.

Malewski, E. (Ed.) (2010). *Curriculum studies handbook-The next moment*. N.Y.: Routledge.

Marzano, R. & Kendall, J. (1996). *Issues in brief: The fall and rise of standards-based Education*. N.Y.: MCRel Resources Center.

Mashayekh, F. & Bazargan, A. (2009). Key competences for lifelong learning (Recommendation of the European Parliament and of the Council). Retrieved April 25, 2009, from http://www.pedagogy.ir/index.php?option=com_content&view=article&id=328:key-competences-for-lifelong-learning-recommendation-of-the-european-parliament-and-of-the-council&catid=120:key-competencies&Itemid=158

McClelland, D. C. (1973). Testing for competence rather than for "intelligence". *American Psychologist, 28*, 1-14.

McClelland, D. C. (1998). Identifying competencies with behavioral-event interviews. *Psychological Science, 9*(5), 331-339.

McTighe, J. & Ferrara, S. (1998). *Assessing learning in the classroom.* Washington, DC: National Education Association.

Murray, T. S. (2003). Reflections on international competence assessments. In D. S. Rychen & L. H. Salganik (Eds.), *Key competencies for a successful life and a well-functioning society* (pp.135-159). Göttingen, Germany: Hogrefe & Huber Publishers.

OJEU (2006). Recommendation of the European Parliament and of the Council of 18 December 2006 on key competences for lifelong learning (2006/962/EC). Brussels, Official Journal of the European Union.

Organisation for Economic Co-operation and Development (OECD) (1998). *Education Policy Analysis 1998.* Paris: Author.

Organisation for Economic Co-operation and Development (OECD) (1999). *Measuring student knowledge and skills.* Paris: Author.

Organisation for Economic Co-operation and Development (OECD) (2000a). *Measuring student knowledge and skills: The PISA 2000 assessment of reading, mathematical, and scientific literacy.* Paris: Author.

Organisation for Economic Co-operation and Development (OECD) (2000b). *From initial education to working life: Making transitions work.* http://www.oecd.org/document/5/0,3343,en_2649_39263238_2465989_1_1_1_1,00.html

Organisation for Economic Co-operation and Development (OECD) (2001). *Education Policy Analysis 2001.* Paris: Author.

Organisation for Economic Co-operation and Development (OECD) (2005a). *Education Policy Analysis 2005.* Paris: Author.

Organisation for Economic Co-operation and Development (OECD) (2005b). *The Definition and Selection of Key Competencies: Executive Summary.* Paris: Author. Retrieved June 12, 2010, from http://www.deseco.

admin.ch/bfs/deseco/en/index/02.parsys.43469.downloadList.2296. DownloadFile.tmp/2005.dskcexecutivesummary.en.pdf

Organisation for Economic Co-operation and Development (OECD) (2007). *Qualifications Systems: Bridges to Lifelong Learning*. Paris: Author.

Organisation for Economic Co-operation and Development (OECD) (2008). *The OECD Programme for the International Assessment of Adult Competencies*. Paris: Author.

Organisation for Economic Co-operation and Development (OECD) (2009a). *PISA PISA 2009 Assessment Framework: Key Competencies in Reading, Mathematics and Science*. Paris: Author.

Organisation for Economic Co-operation and Development (OECD) (2009b). *OECD Programme for the International Assessment of Adult Competencies (PIAAC)*. Retrieved May 29, 2009, from http://www.oecd. org/document/35/0,3343,en_2649_201185_40277475_1_1_1_1,00.html

Organisation for Economic Co-operation and Development (OECD) (2010). PIAAC (Programme for the International Assessment of Adult Competencies). Retrieved February 22, 2011, from http://www.oecd.org/ documentprint

Organisation for Economic Co-operation and Development (OECD) (2016). Global competency for an inclusive world. Retrieved March 5, 2017, from http://www.oecd.org/pisa/aboutpisa/Global-competency-for-an-inclusive-world.pdf

Owen, E. H. (2003). Afterwords. In D. S. Rychen & L. H. Salganik (Eds.), *Key competencies for a successful life and a well-functioning society* (pp.187-190). Göttingen, Germany: Hogrefe & Huber Publishers.

Parry, S. B. (1996). The quest for competences: Competency studies can help you make HR decision, but the results are only as good as the study. *Training, 33*, 48-56.

Parry, S. B. (1998). Just what is a competency? And should you care?.

Training, 6, 58-64.

Pepper, D. (2011). Assessing Key Competences across the Curriculum-and Europe. *European Journal of Education, 46*(3), 335-353.

Posner, G. J. & Rudnitsky, A. N. (2001).*Course design: A guide to curriculum development for teachers* (6th ed.). New York: Longman

Quane, A. (2003). Defining and Selection Key Competencies in Lifelong Learning. In D. S. Rychen, L. H. Salganik, & M. E McLaughlin (Eds.), *Selected contributions to the 2nd DeSeCo Symposium* (pp.133-142). Neuchâtel: Swiss Federal Statistical Office.

Rychen, D. S. (2001). Introduction. In D. S. Rychen & L. H. Salganik (Eds.), *Defining and selecting key competencies* (pp.1-15). Göttingen, Germany: Hogrefe & Huber Publishers.

Rychen, D. S. (2003). Key competencies: Meeting important challenge in life. In D. S. Rychen & L. H. Salganik (Eds.), *Key competencies for a successful life and a well-functioning society* (pp.63-107). Göttingen, Germany: Hogrefe & Huber Publishers.

Rychen, D. S. (2004). Key competencies for all: an overarching conceptual frame of reference. In D. S. Rychen & A. Tiana (Eds.), *Developing Key Competencies in Education* (pp.5-34). Paris: UNESCO.

Rychen, D. S. (2006). *Key competencies identified-OECD conceptual framework*. Paper Presented at the International Workshop on Key Competencies. Taipei: National Yang Ming University.

Rychen D.S. & Salganik, L. H. (2000). *A Contribution of the OECD Program Definition and Selection of Competencies: Theoretical and Conceptual Foundations*. Definition and Selection of Key Competencies. INES GENERAL ASSEMBLY 2000. Retrieved June 12, 2010, from http://www.deseco.admin.ch/bfs/deseco/en/index/02.parsys.69356. downloadList.26477.DownloadFile.tmp/2000.desecocontrib.inesg.a.pdf

Rychen, D. S. & Salganik, L. H. (Eds.) (2001). *Defining and selecting key competencies*. Göttingen, Germany: Hogrefe & Huber Publishers.

Rychen, D. S. & Salganik, L. H. (2003). A holistic model of competence. In D. S. Rychen & L. H. Salganik (Eds.), *Key competencies for a successful life and a well-functioning society* (pp.41-62). Göttingen, Germany: Hogrefe & Huber Publishers.

Rychen, D. S. & Salganik, L. H. (Eds.) (2003). *Key competencies for a successful life and a well-functioning society*. Göttingen, Germany: Hogrefe & Huber Publishers.

Rychen, D. S., Salganik, L. H, & McLaughlin, M. E. (Eds.) (2003). *Contributions to the 2nd DeSeCo Symposium*. Neuchâtel: Swiss Federal Statistical Office.

Rychen, D. S. & Tiana, A. (Eds.) (2004). *Developing Key Competencies in Education: Some Lessons from International and National Experience (Studies in Comparative Education)*. Paris: UNESCO.

Sabatini, J. P. & Bruce, K. M. (2009). PIAAC reading components: A conceptual framework. OECD. http://www.oecd.org/edu/workingpapers

Sampson, D., Karampiperis, P., & Fytros, D. (2007). Developing a common metadata model for competencies description. *Interactive Learning Environments, 15*(2), 137-150.

Sanghi, S. (2007). *The Handbook of Competency Mapping: Understanding, Designing and Implementing Competency Models in Organizations*. N.Y.: SAGE Publications.

Sawardekar, N. (2002). *Assessment centres: Identifying potential and developing competency*. Thousand Oaks, Calif: Sage Publication.

SCADPlus (2006). *Key competences for lifelong learning*. Retrieved April 12, 2009, from http://europa.eu/scadplus/leg/en/cha/c11090.htm

Schleicher, A. (2003). Developing a long-term strategy for international assessments. In D. S. Rychen & L. H. Salganik (Eds.), *Key competencies for a successful life and a well-functioning society* (pp.151-179).

Göttingen, Germany: Hogrefe& Huber Publishers.

Schleicher, A. (2008). PIAAC: A new strategy for assessing adult competencies. *International Review of Education, 54,* 627-650.

Schröder, M. (2015). Competence-oriented study programmes. Retrieved from http://www.fibaa.org/uploads/media/13_Werkstatt_ Kompetenzorientierung_Mai_2015_V3_en_01.pdf

Sizer, T. (1984). *Horace's compromise: The dilemma of the American high school.* Boston: Houghton Mifflin.

Spencer, L. M. & Spencer, S. M. (1993). *Competence at Work : Models for Superior Performance.* New York: John Wiley and Sons.

Stahl, C. & Wild, F. (2006). *Automated Competence Assessment.* Retrieved May 07, 2009, from http://ieeeltsc.files.wordpress.com/2009/03/2006___ stahl-wild___automated-competence-assessment___8000.pdf

Stenhouse, L. (1975). *An introduction to curriculum research and development.* London: Heinemann.

Stiggins, R. J. (1987). *Design & development of performance assessments.* Washington, DC: National Council on Measurement in Education.

Stoof, A., Martens, R. L., van Mrriënboer, J. J. G., & Bastiaens, T. J. (2002). The boundary approach of competence: A constructivist aid for understanding and using the concept of competence. *Human Resource Development Review, 1*(3), 345-365.

The European Association for University Lifelong Learning (2009). The Recommendation on Key Competences for Lifelong Learning. Retrieved August 18, 2008, from http://einsteini.boumort.cesca.es/index. php?option=com_content&task=view&id=73&Itemid=35

The Partnership for 21st Century Skills (2009). *21st century leaning environments* (white paper). Tucson, AZ: Author. Available online: http://www. p21.org/documents/le_white_paper-1.pdf. Retrieved on March 29, 2010.

Thron, W. (2009). International Adult literacy and basic skills surveys in the

OECD area. OECD. Retrieved February 22, 2011, from http://www.oecd. org/edu/workingpapers

Tiana, A. (2004). Developing key competencies in education systems: some lessons from international studies and national experiences. In D. S. Rychen & A. Tiana (Eds.), *Developing Key Competencies in Education* (pp.35-80). Paris: UNESCO.

U.S. National Center for Education Statistics (2006). *The health literacy of America's adult*s: Results from the 2003 National Assessment of Adult Literacy. Retrieved June 16, 2011 from http://nces.ed.gov

U.S. Institute of Medicine (2004). Health Literacy: A prescription to end confusion. Washington, DC: Institute of Medicine, Board on Neuroscience and Behavioral Health, Committee on Health Literacy. http://www.iom.edu/Reports/2004/Health-Literacy-A-Prescription-to-End-Confusion.aspx

Weinert, F. E. (1999). *Concepts of Competence*. DeSeCo Expert Report. Swiss Federal Statistical Office. Neuchâtel. Retrieved May 27, 2003, from http://www.statistik.admin.ch/stat_ch/ber15/deseco/weinert_report.pdf

Weinert, F. E. (2001). Concepts of competence: A conceptual clarification. In D. S. Rychen & L. H. Salganik (Eds.). *Defining and selecting key competencies* (pp.45-65). Göttingen, Germany: Hogrefe& Huber.

Wenger, E. (2007). *Communities of practice：learning, meaning, and identity*. Cambridge: Cambridge University Press.

White, J. W., Moye, J. J., Gareis, C. R., & Hylton, S. P. (2018). Improving Teacher made assessments in technology and engineering education. *Technology & Engineering Teacher*, *77*(5), 23-28.

White, R. H. (1959). Motivation reconsidered: The Concept of Competence. *Psychological Review, Vol. 66*, 297-323.

Wiggins, G. (1989). Teaching to the (authentic) test. *Educational Leadership*, *46*(7), 41-47.

Wiggins, G. & McTighe, J. (2012). The Understanding by design guide to advanced concepts in creating and reviewing units. Alexandria, VA: Association for Supervision and Curriculum Development (ASCD).

Williamson, K., Bannister, M., & Schauder, D. (2003). Developing an interpretative approach to competency-based training and learning. *Australian Academic and Research Libraries, 34*(2). Retrieved June 23, 2006, from http://alia.org.au/publishing/aarl/34.2/full.text/williamson.html

Winterton, J., Delamare Le Deist, F., & Stringfellow, E. (2005). *Typology of Knowledge, Skills and Competences: clarification of the concept and prototype.* Thessaloniki: CEDEFOP.

Wolf, A. (1989). Can competence and knowledge mix? In J. W. Burke (Ed.), *Competency based education and training* (pp.39-53). London: Falmer Press.

中英文重要名詞索引

二、英文索引

國家圖書館出版品預行編目資料

核心素養的課程與教學／蔡清田著. -- 初版.
　-- 臺北市：五南, 2020.01
　　面；　公分
　ISBN 978-957-763-796-3（平裝）

1.核心課程　2.課程規劃設計

525.34　　　　　　　　　　108020866

117H

核心素養的課程與教學

作　　　者 ― 蔡清田（372.1）

發 行 人 ― 楊榮川

總 經 理 ― 楊士清

總 編 輯 ― 楊秀麗

副總編輯 ― 黃文瓊

責任編輯 ― 郭雲周、李敏華

封面設計 ― 姚孝慈

出 版 者 ― 五南圖書出版股份有限公司

地　　　址：106台北市大安區和平東路二段339號4樓

電　　　話：(02)2705-5066　　傳　　　真：(02)2706-6100

網　　　址：https://www.wunan.com.tw

電子郵件：wunan@wunan.com.tw

劃撥帳號：01068953

戶　　　名：五南圖書出版股份有限公司

法律顧問　林勝安律師事務所　林勝安律師

出版日期　2020年 1 月初版一刷
　　　　　2020年11月初版二刷

定　　　價　新臺幣450元

經典永恆・名著常在

五十週年的獻禮——經典名著文庫

五南,五十年了,半個世紀,人生旅程的一大半,走過來了。

思索著,邁向百年的未來歷程,能為知識界、文化學術界作些什麼?

在速食文化的生態下,有什麼值得讓人雋永品味的?

歷代經典・當今名著,經過時間的洗禮,千錘百鍊,流傳至今,光芒耀人;

不僅使我們能領悟前人的智慧,同時也增深加廣我們思考的深度與視野。

我們決心投入巨資,有計畫的系統梳選,成立「經典名著文庫」,

希望收入古今中外思想性的、充滿睿智與獨見的經典、名著。

這是一項理想性的、永續性的巨大出版工程。

不在意讀者的眾寡,只考慮它的學術價值,力求完整展現先哲思想的軌跡;

為知識界開啟一片智慧之窗,營造一座百花綻放的世界文明公園,

任君遨遊、取菁吸蜜、嘉惠學子!